U0153142

當代國際法（下）

吳嘉生 著

五南圖書出版公司 印行

目　錄

第九章　承認法

1.明示承認

「明示承認」（express recognition）是指通過明白語言直接和明白地以語言或文字表達承認之意思，如發表聲明，或向被承認國家或政府發表照會或函電之方式，明白表示承認。明白承認是目前多數國家所使用的承認方式。

2.默示承認

「默示承認」（implied recognition）則是不直接明白地以語言或文字表達承認之意思，而是藉由與新國家或新政府之交往，間接地表示對該新國家或新政府之承認，例如與新政府建立外交關係或簽署政治性的友好同盟條約、通商航海條約或和平條約等、提案或投票贊成特定國家成為聯合國會員國，亦可構成承認。

3.附條件承認

從承認的各個面向觀察，承認既非契約性協議，亦非「政治協議」（A Political Concession），而是對特定事實存在之宣示。因而承認應該僅就特定社團是否已然該當得經承認為國家的要件、特定政府是否該當政府承認的要件、內戰中的叛亂團體是否該當可經承認的要件相關事實為考量，再加上其他條件是予以承認應該是不適當的。

4.國家承認之效果

一個國家被承認後，它與承認國之間就享有國際法上一切國家的權利，如主權豁免、在承認國進行訴訟、它過去和將來的立法與行政命令在承認國均可依當地法律被認為有效，並繼承或處理在承認國的前政府的財產。

　　國家承認有溯及既往的效力，即溯及到新國家開始建立之日，但限於當時在其有效管轄區域內的事務，並不能推翻在其有效管轄區域以外的前政府的行為。

5.政府承認之效果

　　政府承認的效果與國家承認的效果相似，因為國家本身必須有政府，任何有關國家的事務均是由政府出面辦理、權利由其主張及義務由其承擔。

　　與國家承認的效果相似，政府承認有溯及既往的效力，即回溯到新政府成立之時為止。但是此種效力只對在新政府控制區內的人、事、物有效；在前政府控制的地區內，前政府在承認新政府前的一切對人、事、物的決定均仍有效。對在承認國境內或管理地區內，前政府在為新政府承認替代前，一切作為或決定均仍有效。

第二部分：專題研究與論述

■專題：承認之國際法檢視──兼論臺灣關係法

壹、前言

　　承認（recognition）是國際法上特有的制度，在國內法中並無相似的制度。在國內法上，一個自然人、法人或不具法人資格的會社，是否為國內法上的主體，均由法律規定；如有糾紛，由法院裁判解決，沒有什麼承認的問題；但在國際法上，一個政治實體（political entity）是否具有國家的資格，並無一個國際機構來作有拘束力的決定，而是由國際社會中的其他國家各自決定，而這決定的方式就是承認，因此國際法上有國家承認的

問題。在國際法上，如果一國發生政府不經憲法程序更換的情況，如革命或政變，舊政府被推翻或流亡國外，並沒有一個國際上的機構來決定新政府是否有權代表該國，而是由國際社會的其他國家來決定，而決定的方式就是承認，因此國際法上有政府承認的問題。

表面上來檢視，一國對另一國所作之「承認」的行為，當然會產生法律上的效果，而且在各該國家法院的適用國內法亦有相當程度的影響，特別是一個未被承認的國家或政府，在一個不承認它的國家，享有國際法上享有一個國家的外交官員的特別待遇或是在其國家作為原告或被告的訴訟能力，這都是信手捻來就會思考到的問題；而在臺灣的中華民國就因為美國卡特政府的「承認」中華人民共和國為代表中國的唯一「合法」政府。進而使得中華民國政府，面臨了以上諸多國際法上的問題，這就是寫作本文之主要動機，並且亟圖透過美國聯邦國會所通過之「臺灣關係法」，來尋求在臺灣的中華民國在21世紀的今天，能否有一個務實而可行之出路。

貳、承認之意義與性質

國際法有關承認的規則，多半是國際習慣法，但也有些條約規定了承認問題。不過必須注意，雖然國際法上有關國家的要件已有共識，即人民、領土、政府及與他國建立交往關係的能力[1]；而國家在決定一個政治實體是否能被承認為「國家」時，在理論上應依是否符合此四要件來決定[2]，但在實踐上國家對是否承認一個政治實體為國家時，是以自己國家的利益及政策考慮為主[3]。

---

[1] 見1933年12月26日簽訂的美洲間國家權利義務公約（Inter-American Convention on Rights and Duties of States），第一條。LNTS, Vol. 165, p.19，另請參閱Henkin, 2nd ed., pp.229, 233; Starke, p.95。

[2] 如學者勞特派特就作此主張。H. Lauterpacht, Recognition in International Law, Cambridge, United Kingdom: Cambridge University Press, 1947, pp.32-33。

[3] 丘宏達，現代國際法，臺北，三民書局，民國84年，第314頁。

在政府承認方面問題更多，因為國家間對政府承認的要件並無共識；有些認為只要一個政府有效控制了一個國家的領土，就應被承認，但也有認為尚須有其他條件[4]。在實踐上，國家對一個新政府的承認，也是以國家利益與政策為主要考慮因素。對他國內戰時關於叛亂份子交戰地位等的承認，也是如此。

一、承認之意義

國際法上的國家或政府之「承認」（recognition），係指在國際社會裡遇有新國家誕生或既存國家之政府發生更迭以後，他國政府對其存在及地位加以正式確認、並表明願意與之建立外交關係的行為；此一行為之決定雖然具有政治性質，但是產生法律的結果，直接影響被承認者在國際法及在承認國國內法下的行為能力、權利和特權[5]。

任何此種變局，對國際社會的法律秩序和原有各國的利益都可能直接或間接發生相當程度的影響；因此在這種變局發生以後，理宜由國際社會依一定程序來確認其法律地位，明定其在國際社會的法律關係；但由於國際社會尚無中央權力機構以司其事，因此對某種變局是否承認、何時承認及如何承認，均完全任憑各國政府自由裁量[6]。

「承認」問題乃由各國自由裁量；則在實踐上，其政策性質遠超過法律性質。而承認國的政策，通常係以保障其自己的國家利益為考慮前提；因此，承認問題的處理便產生矛盾和缺乏制度化的現象[7]。

二、承認之性質

在討論國家和政府的承認之前，必須先就「承認」之目的、性質及

---

[4]　同前註。
[5]　俞寬賜，國際法新論，臺北，啟英文化公司，民國91年，第117頁。
[6]　同前註。
[7]　同前註。

有無承認之義務等分別加以說明[8]；首先就承認之目的而言，本質上，
「承認」並不只是就某國家或政府應具備的各項要素和條件加以「認知」
（cognition）。在國際實踐上，某國家或某政府在具備此等要素和條件之
後，他國仍不予以承認。究實言之，承認之宗旨在於與被承認之國家或
政府建立正式外交關係；一旦承認之後，就不得對被承認者之資格進行質
疑，所以「承認」之給予必須慎審。

其次，「承認」之性質、功能和效果究竟如何？學者對這個
問題所持之理論可分「構成說」（Constitutive Theory）和宣示說
（Declaratory Theory）兩派[9]：前者認為唯有「承認」才能創造國家之國格
（statehood），才能賦予一個新政府在國際社會的權威或地位。換言之，
「承認」乃是國家或政府之構成要件；實際存在之國家或政府在未獲他國
承認前，即不是國家或政府；反之，後者則認為國家之國格或政府之權威
是先於「承認」而獨立存在的；「承認」只是對既存事實正式予以認知
而已[10]。或者說：「承認」只是國家或政府存在之證據。所以宣示說又稱
「證據說」（Evidentiary Theory）。此一宣示或證據說並曾在有關國家及
政府承認之判例中獲得適用，例如「德波混合仲裁法庭」（The German-
Polish Mixed Arbitral Tribunal）贊成大多數國際法學家之意見，認為「對
於國家之『承認』沒有『構成』性質，而僅係宣示而已」。或者說，「承
認」只是對國家之存在加以宣告而已，並不具備有被承國是否是一個國際
社會所認可的是不是一個國家的認定之國際法效力。只要合乎國家構成的
那四個法律要素——領土、人民、有效統治的民主政府以及與其他國家建
立交往關係的能力，那就是國際法上所認定之國家了。

尤有進者，關於「承認」的國際法規則也顯然支持「證據說」。例
如[11]：

（一）在國內法院發生關於某新國家或政府成立之日期問題時，法院

---

[8] 同前註，第118頁。
[9] 同前註。
[10] 同前註。
[11] 同前註，第119頁。

不必考慮該國家或該政府與外國所訂條約之生效日期，而是以該國或該政府開始取得國格或權威之日期為準據。

（二）對新國家或新政府之「承認」，其效力回溯自該新國家誕生或該新政府成立之日起。

此等法律規則之所以如此，主要法理在於國家的主權或政府的權威不得中斷；否則，凡對私人至為重要的各種契約、交易、法律地位之改變等，將因其係在新國家或新政府未被承認期間完成而歸於無效。美洲國家組織憲章明定：國家之政治性存在，與他國之承認無關。

參、國家承認與政府承認

國家承認是指針對新國家的承認，而政府承認則是指承認新政府為國家的正式代表。只有在有了國家的前提之下，才可能出現政府承認的問題，這是不難理解的。在國際實踐上，國家承認與政府承認，有時是一致的：當一個新國家出現時，總是同時會有新政府的建立；因此，承認新國家就意味著承認代表該國家的新政府。但是，在另外一種情況下，國家承認與政府承認又不相同。即當現存國家發生革命或政變，導致政權更迭；而此一國家的國際法主體不受影響時，則會發生政府承認的問題，而不至於有國家承認的問題，這在法理上是不會有什麼問題的。

有效和獨立政府之存在，乃是國家構成的要素之一，已如前述。因此，承認某國家，亦即承認該國之政府。這兩者之承認雖然密切關聯，但非必然具有相同的性質。從理論上說，「政府承認」（recognition of government）與「國家承認」（recognition of State）可從四方面加以區別[12]：

第一、兩種承認問題發生的時機不同：國家承認問題發生在新國家誕生之時，而政府承認問題則發生在既存國家的政體改變或元首更迭之時。

---

[12] 同前註，第122頁。

當然，一國政府或元首的合法更迭，如美國依照聯邦憲法改選而產生新的總統，或如英王駕崩而由其長子（女）繼承等，對他國而言，並不發生承認的問題。只有經由革命、暴力、政變等非法程序而引起的政府改變，才導致承認問題。

第二，兩種承認的意旨不同：對國家之承認，是承認它具有國家構成的要素和國際法人的資格，有能力履行其參與國際社會的條件和義務。而對政府的承認則是承認該政府有資格代表特定的既存國家及有能力行使該國家的統治權力。

第三、對國家的承認，必然包括對該國政府的承認。因為政府是國家運作的代表機構，凡是受國際法規範的一切國家行為，都由政府負責推動。因此在邏輯上，既存國家如果承認某一新的國家，即自動承認了該新國家的政府；不可能只承認其國家而不承認其政府。也唯其如此，所以國際間對於新國家的承認特別慎重。反之，對某國新政府給予承認時，則並無重複承認其國家的意思。因為一國政府的改變，甚至其憲法的改變，並不影響其國家的繼續存在。此時，他國如果拒絕承認其新政府，該國也並不因此而失去其已獲承認之國際法人地位。如法國在1791至1875年間，其憲政體制發生一連串的改變：由君主到共和、再到帝制、重返君主、最後到第三共和，但法國之為國家及其國際法人身分並未改變；其所享受的國際法權利及所負擔之國際法義務，也均維持不變。

肆、臺灣關係法之承認模式

美國的卡特政府之承認中華人民共和國為代表中國的唯一合法政府，乃是長久以來美國對中華人民共和國推行「關係正常化」（Normalization）外交政策的必然結果，祇是卡特總統（President Jimmy Carter）完全出人意料地全面的屈服於中華人民共和國的建交條件之下，讓世人震驚；特別是美國參議院與眾議院的聯邦國會會議更是憤怒，認為美國總統卡特濫用了美國聯邦憲法所賦予的總統之「外交權」（Foreign

Relations Power），美國聯邦參議員高華德（Barry Goldwater）甚至對卡特總統提起了有關憲法權限的訴訟。其後，美國聯邦參、眾兩院的議員，為了彌補美國與中華人民共和國建交之後的美國與臺灣之間的「關係」，乃有了「臺灣關係法」之產生。其制定過程與結果，大致如下[13]：

卡特總統於與北平達成協議後第2天，即1978年12月15日（臺灣時間16日）片面宣布自翌年1月1日起終止其與臺北之外交關係，前於4個月內撤退剩餘的全部駐臺美軍人員，及1年後廢止「中美共同防禦條約」。對於這一決定，美國高華德（B. Goldwater）等參議員向美國法院控告卡特擅自通告廢約的行為違法；臺北則提出嚴正的抗議和要求美國本照「持續不變、事實基礎、安全保障、妥定法律、政府關係」五項原則，重建雙方新關係。

卡特總統相繼採取多項措施，其中包括：（一）派副國務卿克里斯多福（Warren Christopher）率團到臺談判；（二）於12月30日頒布美國與臺灣「未來關係備忘錄」（Memorandum on the Future U.S. Taiwan Ties），指示其政府各部門繼續維持和執行它們與臺灣的各種計畫、交易及其他關係（programs, transactions, and other relations），並繼續執行雙方間原有一切條約和協定，以待國會立法授權；（三）於1979年1月10日向哥倫比亞特區法院公證處登記設立「美國在臺協會」（American Institute in Taiwan），負責處理雙方未來關係；（四）要求國會立法授權政府與臺北建立非官方的關係。

國會參、眾兩院自1979年1月15日集會以後，卡特於同月26日向國會提出「維持未來中美關係綜合法案」（以下簡稱「綜合法案」（Omnibus Legislation Act）。兩院外交委員會隨即分別舉行聽證會，邀請學者專家和政府有關官員及民間領袖作證，然後於2月下旬進行廣泛討論，擬具法案初稿，交由參、眾兩院於3月上旬進一步辯論和修改；直到3月14日辯論結束後，參議院以90對6票及眾議院以345對55票的壓倒多數，分別通過法案。繼由兩院各推議員8人組成「協商會議委員會」（Conference

---

[13] 同前註，第146頁至147頁。

Committee），研擬統一的法律條文，再送眾議院於3月29日以339票贊成、50票反對、5票棄權通過，隨即送交參議院於3月30日以85對4票的壓倒多數通過。繼由國會於4月2日轉交白宮，由卡特總統於4月10日簽署成為法律；是即「臺灣關係法」（Taiwan Relations Act），其全銜為「協助維持西太平洋和平、安全與穩定，並授權維持美國人民與臺灣人民商務、文化與其他關係，以促進美國外交政策與其他目的之法律」；其效力則優於美國哥倫比亞特區或任何一州或政治低層機構之任何法律、規章、條例或命令（第6條C項）。

伍、結論

　　臺灣關係法之制定，雖然在形式上屬於美國之國內法，但是美國聯邦憲法第6條說得很清楚，那就是聯邦法律（臺灣關係法即是）與國際條約及美國聯邦憲法的本身，三者均是美國「土地上的最高法」（Supreme Law of Land）。它的地位在美國政府與憲法上具有崇高的法律地位與效力，這一點是無庸置疑的。

　　總之，「臺灣關係法」實質上容納了國際法關於「承認政府」的主要法律效果，規定臺灣有權利用美國各級法院，有權保有和維護在1978年12月31日以前所擁有及此後所獲得或賺得的任何有形無形財產，其中包括雙橡園等駐美大使館的房地資產；並承認臺灣駐美新機構及人員享有優例與豁免權；承認雙方現有各種雙邊和多邊的條例、協定和公約繼續有效；並確認臺灣在任何國際金融機構和任何其他國際組織之會籍[14]。

　　不過，這一「承認」係由美國國會以立法方式給予的，因此也可稱為「立法承認」，以別於通常由政府行政部門給予的「行政承認」。學者在支持此一立法承認之餘，強調前述「事實承認」和「法律承認」乃是傳

---

[14] 可參閱俞寬賜，〈「臺灣關係法」之剖析和評議〉，《憲政時代》，第五卷第一期（68年7月），頁51-61。

統國際法的舊世遺跡（relics of past centuries），常太僵硬，不能適應現代
國際情勢之需要[15]。因此，臺灣關係法所隱含的「承認」乃非「事實」或
「法律」承認所可比擬的另一種承認（recognition sui generis）[16]。

　　因此，臺灣的百姓與政府在面對未來的複雜「外交關係」環境下，不
必懷憂喪志，更無須怨天尤人；臺灣關係法的維持美國與中華民國政府與
人民的關係是一個「立法承認」的創舉，雖然不比正式的外交關係，但是
卻也相當程度的在國際法上建立了一個嶄新的「承認模式」。我們不必去
忙著推動什麼「金援外交」或是什麼「烽火外交」。外交關係的建立與維
持，必須要有信心，穩紮穩打，並作長遠的安排，一步一步的去推動，才
會開花結果。在目前的國際現實環境之下，以「臺灣關係法」的模式去爭
取無邦交國家的「外交關係」，不失為一個「雖不滿意，但是卻可以接
受」的模式，去爭取與國尋求奧援的可行之作法。

---

[15] J. K. Javits, "Congress and Foreign Relations: the Taiwan Relations Act," Foreign Affairs, Fall 1985, p.51.

[16] 可參閱俞寬賜（Steven K. T. Yu）. "Republic of China's International Legal Status As Exemplified By the Taiwan Relations Act," paper presented at the 24th Annual Convention of International Studies Association, held in Maxico, 1983; YU Wang (ed.), The China Question, Praeger, 1985, p.63.

第十章　國際條約法

1.條約

　　依據維也納條約法公約第2條之規定：稱「條約」者，謂國家間所締結而以國際法為準之國際性的書面協定。凡是國家與國家之間為了規範彼此之間的權利與義務關係，而達成的任何類型的書面或口頭的協議；而不論其所具備的形式及名稱如何；亦不論其締結的情勢或背景為何，均為條約。「條約」一詞，是有關國際協定的一個總名稱。雖然維也納條約法公約規定：條約僅指國家與國家之間所締結的書面協定，但是實務上亦可包括國際組織相互之間或國際組織與國家之間所締結的協定。因此，可以認定條約是兩個以上的國際法主體，為了釐定相互之間的權利義務關係，依據國際法所締結的書面協定。

2.條約之形式

　　條約之形式，在國際法的角度來看，並無形式的規定。在實務上，國際條約的主要形式，大致上有下面7種：（1）元首之間的條約；（2）政府間的條約；（3）國與國之間的條約；（4）各國部長間的條約；（5）各國行政部門間的條約；（6）各國政府領袖間的條約；與（7）軍事首長間的條約。國際條約採取的形式為何，正式條約或非正式條約，在法律性質上，並沒有什麼區別。如果締約雙方對於影響其將來國家之間的關係之協定有意遵守，則不論其所採取的形式為何，與該條約本身之存在無關。問題之核心乃是在於締約國的意思所在，至於將其意思載於一個條約、或公約、或議定書、甚或是列於會議紀錄的一個宣言中，均無關緊要。

3.條約之批准

　　條約或公約於簽署之後，如果在約文中有明示或默示之規定，尚待締

約國批准者，締約代表必須將該條約送請其本國政府，完成其批准程序。國際法規行之批准制度，係在19世紀逐漸形成的。批准制度之形成，原先，僅是一種正式而作用有限的手續，即由一國之君主在條約擬定之後，對其先前所發給條約談判代表的「全權證書」，再次的予以確認或作最後的證實。當時，批准並非對條約本身之核可，而是「確認」奉有談判條約之權，且談判結果並未逾越其權限。在此情形之下，君主具有對其代表所持之合格全權證書，有「批准」之確認權利。其後，此項再次之確認權則演變成為立法機關或議會掌控行政機關訂約權力的手段，批准的意義即發生了根本上的實質變化。結果條約本身必須完成經締約國政府簽約後的批准，方始具有拘束力，遂成為締結條約的一個必須完成的程序。在理論上，批准係指締約國元首或政府對於其代表所簽署之條約所作的認可。然而，經過演進的結果，批准的意義已經不僅是締約國對於條約的簽署，所作出的最後認可行為；而被認為是締約國正式宣告其遵守條約義務的意思表示。所以，條約依維也納條約法公約第2條之規定，稱「批准」（Ratification）者，係指一國據以在國際上確定其同意承受條約拘束之國際行為。為了符合此項規定，「批准」不含有追溯既往之效力，僅自簽署之日實施條約之義務。

條約之是否需要批准，從國際法的角度來審視，並無一定之規則可循；基本上，國際實踐均以締約當事國之意思為依據。各國之認定條約必需要完成批准的程序，乃是基於以下4個理由：

（1）締約國在承擔條約義務之前，應該有機會來對其締約代表所簽訂之條約加以審核，以示慎重。

（2）基於國家主權至高無上的理論，締約國有權獨立地行使其本國之意思，自其已簽署之任何條約中自由地退出。

（3）為了實現所簽訂條約之義務，在一些情形之下，往往需要對締約國之國內法加以修正、補充或是重新制定國內法，否則所簽訂之條約義務，難以履行。在簽署之後到批准之時的這一段期間，應該要讓締約國能夠完成其必要的修法或立法的工作，以使得該國的國會得以進行「批准」的工作。特別是在碰到聯邦國家，此等考慮至為重

要：如果需要修正或補充立法，用以實施條約內容的規定，而此項立法權限又專屬於聯邦所屬之各州時，聯邦政府在事實上就必須在批准條約之前，與各州政府先行諮商與協調。

（4）一國政府的締結條約，應該先行徵詢社會大眾的輿論支持，與國會的贊同，這才是民主政治的真諦。如果條約之締結沒有辦法獲得輿論或國會的支持與同意，締約國就不能予以「批准」，此乃民主政治的常軌。

4.條約之生效

對於條約之生效日期，國際法沒有統一的規定。一般國際常例是看條約本身是怎麼規定，或依談判國的協議。許多條約是在簽署之日即行生效，不過有些條約則需要完成批准之後，方始生效。一般均在條約的結尾部分寫明。長久以來，國際社會所奉行的一般方式是：一項條約於全體簽署國交換或存放「批准書」之後生效。

維也納條約法公約第24條就規定：條約生效之方式及日期，依條約本身的規定或是依談判國的協議。在國際社會的條約之實踐來檢視，雙邊條約之生效方式，大致上有下列3種方式：

（1）自簽字之日起生效：亦即簽字之當日生效，無須批准，亦無須交換「批准書」。此種條約多半是一些經濟、貿易或技術合作的協定，主要的是一些年度協定。

（2）自雙方批准之日起生效：也就是條約在簽字之後，尚需完成雙方有權機關的批准，方始生效。但不必交換批准書。如果雙方是在同一日批准條約，那麼條約即在該日生效。如果日期不同，有一前一後的情形發生，則自締約國一方最後通知的日期生效。

（3）自互換批准書之日起生效：亦即條約在簽字、批准以後，尚不能立即生效，還必須俟雙方互換批准書，自批准書相互交換之日起生效。此種方式是通常的方式。舉凡意義重大的條約、政治性的條約或永久性的邊界條約……等，通常均會採取此種方式。

　　多邊條約的生效日期，則較為複難。一般而言，簽字以後，要求一定
數目的國家提交批准書或加入書之後，始生效力。某些重要的國際條約，
還會要求特定的國家或某種類別的一群國家的批准，始生效力。

　　在一般情形之下，條約中都會規定，該條約對於批准或加入國家，於
其存放批准書或加入書之日起生效，或於其存放批准書或加入書的一定日
期之後，方始生效。而在此種情形，通常是90日。有些國家則會規定一定
的條件發生，才發生效力，例如，某一國家非制定必要的立法之後，不對
該國生效。另外，除非條約中另有明文規定外，條約內容中所載之權利與
義務，對於各當事國是自條約對於各該國家生效之日起發生效力。因此，
這樣的規定即證實了「否認」批准可以有「追溯既往」之法律效果。也就
是說，不會發生條約自簽署之日起生效的結果。

5.條約執行之分類

　　近代各國憲政制度的發展，除了國家元首外，其他機關往往亦被賦予
締約權；因而增加了條約批准之重要性。這樣「批准」程序的執行，在民
主政治之下，顯現出「三權分立」下的立法機關與行政機關相互制衡的效
果，在民主憲政的機制之下，代表著某種程度的重要意義。

　　另外，每一個國家對於條約批准的手續，亦各有不同的規定。例如，
一個條約，在其內容的本文中雖然有明確的規定，自簽署之日起即發生效
力，但是有些國家卻依賴其本國法（多半是憲法）的規定，該條約必須經
過國會的審議表決通過後，該條約對該國始生效力。而另外也有一些國家
就完全依照條約本身的規定，簽署後無須再經過國會批准的手續，就發生
條約之效力。前者，即是大多數英美法系國家的作法。而後者則是大多數
大陸法系國家的作法。

　　就英國的情形而論，並沒有法律條文明文規定，所有英國政府簽訂的
條約，在批准之前均須國會通過。但是依照英國的慣例，某些條約必須送
請國會批准。例如，同盟條約必須先經國會通過，然後批准才可生效。理
論上，英國依照慣例得自由批准任何條約，而無需經過國會的同意。但是
基於人民的付託，凡是牽涉人民的權利義務關係，或是增加人民負擔的條
約，國會必須予以審查通過。

　　而在美國的情形，又略有不同於英國，而是和大英國協以外的大部分民主國家一樣，由代表立法權行使的國會來參與條約的批准程序。國際條約雖然在美國聯邦憲法上把它定位成「全國之最高法律」（Supreme Law of the Land）。但是，這並不表示所有的國會條約，美國的法院都可以直接加以適用。因為根據美國聯邦憲法的規定，總統基於其外交權的行使，有權與其他國家締結條約，但是必須有參議院的「諮詢與同意」（Advice and Consent），必須要有參議院三分之二的多數通過，條約才算是批准。也唯有完成這樣的批准程序的條約，才算是美國國內法的一部分，而與聯邦憲法本身及經過聯邦國會通過的聯邦法律，同樣成為美國的最高法律。

　　就條約的執行層面來看，根據美國聯邦最高法院的解釋，條約可以區分為「自動履行條約」（Self-executing Treaty）與「非自動履行條約」（Nor-self-executing Treaty）。唯有「自動履行條約」方能在美國讓法院直接加以適用，而「非自動履行條約」法院不能直接對其加以適用。所謂「自動履行條約」是指那些條約或其中之條款明白規定不須經過國會作補充立法或是依條約之性質不必經過國會採取立法的動作，就可以被法院直接加以適用，而在美國國內自動生效。反之，「非自動履行條約」則法院非經國會完成「補充」之立法工作，法院不得加以適用，而無法在美國國內自動生效。

　　至於國際條約與美國國內法之間，效力孰優的問題要如何解決？雖然，美國聯邦憲法明白指出國際條約為美國領域內的最高法律，已如前述。但這並不是說，在美國的法律體系之內，國際條約的效力最高。因為美國聯邦憲法第6條就明白指出：本憲法，與依據本憲法所制定之美國法律（即聯邦法律），及以美國之權力所締結或將締結之條約，均為全國之最高法律。簡言之，美國聯邦憲法、聯邦法律及以美國名義所簽訂之國際條約，就美國而言均為美國之最高法律。然而，三者之間，彼此之優先順位又是如何？在實踐上，其標準大致是以下列3點作為依歸：

（1）自動履行條約不得與美國聯邦憲法相牴觸，否則無效；

（2）自動履行條約與美國聯邦法律的效力關係，則適用「後法優於前法」的原則；

（3）條約與美國各州法律的關係，則以條約之效力為優先。

6.行政協定

　　美國總統羅斯福在二次世界大戰期間，為了迅速而有效的處理與盟國之間的「協議」；創造了跳過參議院的「諮詢與同意」權的行使方式，而有「行政協定」（Executive Agreement）的出現。此種協定與條約最大不同之處有三：（1）無須經過參議院的批准；（2）其內容不得牴觸聯邦的任何法律；（3）行政協定的效力優於各州的法律。

第二部分：專題研究與論述

■專題：研析國際條約之保留

壹、前言

　　隨著「地球村」的提早到來，國際社會的成員在彼此間的交往較以往更加的密切與頻繁。伴隨而來的是國際社會的變化日益迅速，國際經濟活動亦日益活絡。以上的現象反映在國際社會的表徵上則是國際社會的成員，彼此之間的生存與發展走向相互需要與「相互依存」（Interdependent）的國際體制。國際社會之所以形成這樣的國際體制，無可避免的應可追溯到兩、三百年前的「工業革命」（Industrial Revolution）所帶來的結果；其中最重要的是在交通與通訊方面，自二次世界大戰以來所展現的革命性的發展與進步，使得整個世界在時空上不斷的縮小，進而使得國與國之間產生了更緊密的交往關係。

　　整個國際社會的狀況就像是從一個原本空曠的大草原在短短的幾十年間蓋滿了高樓大廈，使得生活在內的國際社會成員，突然感到擁擠窒塞起

來。在一個空曠的場所，其成員或許還能容許彼此之間偶爾的或不經意的衝撞與磨擦；但是若彼此處於狹隘的空間裡，前述的偶爾的衝撞與磨擦或許就無法讓生活於其間的成員所容許或忍受。於是有人便警告：「國家必須循規蹈矩，小心翼翼的約束自己的行為，以免侵犯了其他的國家。這種觀念所闡述的相互依存的意義與體認，被認為將有助於國際合作與和平」[1]。更重要的是如果將此種觀念加以延伸並加以具體化，那麼國際社會的成員在彼此交往所自然形成的國際關係上，就必須要自願地或非自願地發生或處理一些「交涉」（Negotiation）行為。而這些「交涉」的結果多半會產生一些約束國際社會成員其行為時的準據或規則。如果國際社會的成員彼此同意或取得共識而承諾願意遵從，則這些交涉結果所獲得的準據或規則，即會形成約束各個國家在國際社會行為的規範。而此等國際社會成員所作出的「承諾」經過彼此的認可與同意，即成為國際條約（或可簡稱為條約）。換句話說：國際條約是國際社會成員在進行交往時所訂立的「協議」（Agreement）。

因此，可以這麼說：國際條約是國際法上規範雙邊或多邊的交涉行為，在國際法制中占有支配性的地位。因為國際條約是現時拘束國家行為之規則的主要淵源，同時也管理了大部分國際社會的交涉事務。再者，就現今大多數的國際社會成員而言，絕大多數均為聯合國的會員國，會員國有遵守「聯合國憲章」（United Nations Charter）的義務。而聯合國憲章第33條即明文規定國家間有和平解決爭端的法律義務。因此，武力之使用以解決國家之間彼此的爭端，便成為非法；而基本上，國際條約之簽訂則是解決國際爭端的主要法律途徑。條約既如此重要，國際條約的保留問題，長久以來即是一個在國際法上爭論較大的問題。縱使是在1969年所召開的聯合國第二次條約法會議上，日本代表鶴同（TsuruoKa）就曾經指出：「國際條約的保留問題是當代國際法最困難和最有爭議的課題之一，

---

[1] 關中著，變動世界秩序中的國際問題，臺北：時報文化出版事業有限公司，民國71年，第289頁。

它已經引起了學術界的爭論並且成為國家實踐上的難題」[2]。因此，對於國際條約的「保留」問題，有必要作一徹底之認識與了解，以利國人及政府當局在對外交涉、談判條約時有一明顯的指針可資依循。此為作者研究本文之主要動機與目的。同時藉由分析的研究方法，期盼能達成以上的目的。

貳、保留之意義

國際社會的成員，針對某一國際爭端或事件，達成初步之共識或協議，於簽署、批准或加入條約時，或有希望不接受或限制條約中某一（些）條款的效力。欲實現此一目的，通常來說有下列三種方式：（1）條約本身訂有關於保留的規定；（2）締約國之間彼此有此協議；或（3）加入國以適當之方式提出保留。原則上，國際條約中的所有條款對於全體締約國均有同等之國際法效力。而保留則是變更了以上的原則，基本上變動了締約國之權利義務關係，使條約的效力或多或少的受到限制或變更。狹義的保留是指，締約當事國排除某一（些）條款之規定，使其不適用於該當事國，亦即不能拘束該國而言。而廣義的保留則尚包括，以「解釋宣言」（Interpretation Declaration）的方式，特別針對條約中的某一（些）條款或文字作特定意義之解釋，使其在適用時受到相當的限制或排除部分條文之適用於相關當事國：亦即條約之相關當事國不受該條約某些規定之拘束，此種方式亦被稱作「宣示性解釋」。此外，在國際實踐上，更應注意「維也納條約法公約」（Vienna Convention on the Law of Treaties：簡稱條約法公約）的規定。條約法公約第17條規定：一國同意承受條約一部分之拘束，僅於條約許可，或其他締約國同意時有效；一國同意承受許可選擇不同規定之條約之拘束，僅於指明其所同意之規定時有效。

依條約法公約第2條之規定：「稱『保留』（Reservation）者，謂一

---

[2]　United Nations Conferences on the Law of Treaties, Second session, Vienna, 1969, pp. 109-110.

國於簽署、批准、接受、贊同或加入條約時所作之片面聲明，不論措辭或名稱為何，其目的在摒除或更改條約中若干規定對該國適用時之法律效果」。所以當事國在交涉、談判時所作的聲明、簽署、批准、接受、贊同、加入或存放條約時所作的聲明，乃至於在其他任何場合或情勢下所作的聲明，只要是沒有「摒除或更改條約中若干規定對該國適用」之目的者，無論是口頭的或書面的方式，均不是條約法公約所稱之「保留」。再者，簽署國或締約國所表示對條約中某文字的了解或對於某條款所作的解釋，或者對於條約如何適用所發表的聲明，如果並不改變簽署國之間的權利義務關係，則並非條約法公約所指之「保留」。

　　一般來說，在雙邊條約並不發生「保留」的問題。因為在談判條約時，雙方對於不同意的條款，可以不列入條約當中，或者可以透過繼續的談判、交涉，謀求雙方均可接受的解決之道；如果到最後一直無法達成協議，則該條約基本上即不能成立，無庸「保留」。而在多邊條約方面，則因涉及國家較多，關係複雜；而各國對同一問題或爭端多半會有不同的立場及衝突的利益存在；因此，往往無法凝聚一致共識的約文，以致簽署時，會有談判國提出保留的情事。簽署後，非談判國在接受、贊同或加入條約時，更會有提出保留者。若干多邊條約，為了達到發起者的心願，或者為了爭取最廣泛的參與，縱使不以明文表示准許保留，也避免規定禁止一切保留[3]。

參、保留形成之緣起

一、保留形成之歷史軌跡

　　自15、16世紀民族國家興起至18、19世紀止其間政治思想的主流為各國「主權」（Sovereignty）意識的高漲，而在法學思想方面則由實證法學

---

[3]　陳治世著，條約法公約析論，臺北：臺灣學生書局，民國81年，第41頁。

家同時而且亦曾任常設國際法院法官安吉諾提（Anzilotti, 1867-1950）極力主張的「條約神聖原則」（Pacta Sunt Servanda）逐漸成為國際法學的主流。此項原則被認定為國際法體系一項絕對的理論基礎；其主要意義即為：「各國必須遵守其相互締結的條約」，所有國際法規則的拘束力都是由此原則演繹而生；而此原則乃成為國際法的最高規範。因此在主權意識及「條約神聖原則」的相互激盪之下，國際社會普遍認為「合意」是締約國間成立條約的基礎，而國際法則是國家意志所接受的規則；因此，國際條約之締結乃是所有締約的當事國對於某些爭議的事項或彼此的爭端，為了尋求解決之道而自願的限制其主權所接受的條件。在這樣的理論之下，國際條約之締結，基本上亦是各國主權行為之意志表示。

　　「保留」在基本上雖然變動了締約國之間的「條約」上的權利義務關係；但是各國在行使「保留」時，依其行使之性質，應可將之視為締約各國的主權行為。因為一個主權國家有權對國際條約中的某一（些）條款提出保留，就如同一個主權國家有權拒絕某項條約批准一樣，是國家主權的行使。因此，自19世紀以來乃至於20世紀中葉，國際社會所依循的傳統國際法規則一向都是：任何一個締約當事國對於國際條約所提出的保留，必須得到所有其他締約國的明示或默示的同意，方能成立、才能生效。這就是傳統國際法對於條約之保留所採取的「一致同意原則」（Unanimity Rule）。其例證可由以前的「國際聯盟」（League of Nations）及現在的聯合國可看出；它們的秘書處在擔任許多國際條約的存放工作時，即是遵守所謂的「一致同意原則」[4]。

　　但是在同一時期內「泛美聯盟」（Pan American Union）卻開始了一個新的模式，它採用了一個創新的制度，就是：任何一個國家所提出的保留，卻未必要得到其他全體締約國的同意。在1932年5月4日，其理事會所通過的決議案，針對附有「保留」的條約，其效力規定如下[5]：

---

[4] Report of the International Law Commission to the General Assembly Covering the Work of Its Third Session, May 16-27, July 1951, U.N. Doc. A/1858, in YILC, 1951, Vol. 2, pp.126-127.

[5] 同前註，第127頁。

　　（一）該條約簽訂時之約文，在不附保留而批准該條約草擬並簽訂時，原有約文之國家間有效。

　　（二）該條約在附有保留之批准國與接受該項可能變更該條約之保留條款之簽字國間有效。

　　（三）該條約在附有保留之批准國與批准條約但不接受此項保留條款之另一國間無效。

　　另外，「國際勞工組織」（International Labour organization）所通過的國際勞工公約，因其性質的不同，國際勞工組織認為：國際勞工公約不能給予附條件的批准或保留。因為國際勞工公約在制定時，有非政府的代表參加；如果在通過後可以由政府單方作片面的保留，而排除某些條款的適用，將會使得非政府代表參與制定公約之事，成為名實不符[6]。

　　至此，對於國際條約的保留，在1951年以前，一般均認為任何一締約國所提出之保留，必須為其他所有締約國所接受或至少不反對。但是此一所謂的「一致同意原則」卻被「國際法院」（International Court of Justice）在1951年5月28日所打破。它在「防止及懲治殘害人群罪所附保留問題諮詢意見」（Advisory Opinion on Reservations to the Convention on the Prevention and Punishment of the Crime of Genocide；簡稱殘害人群罪公約）中首度提出了所謂的「和諧一致原則」（Compatibility Doctrine），意即：條約的任何一締約國所提出之保留之容許，應視保留之內容是否符合條約的目的和宗旨而定；如果保留的內容對條約之目的和宗旨不生影響，仍得以使條約和諧運作，則可允許提出保留。雖然國際法院所提出的這一「諮詢意見」立意良好，亦屬空前創見；但是卻未獲得聯合國「國際法委員會」（International Law Commission）的認同。聯合國國際法委員會認為前述國際法院的諮詢意見，並不宜普遍適用於所有的多邊條約，而建議：各國於擬訂多邊條約時考慮可否於公約中增列關於是否准許保留及保留具有何種效力之規定；並認為應該維持保留必須獲得所有當事國同意

---

[6] 同前註。

之規定[7]。

　　儘管如此，1952年的聯合國大會卻作出了一項決議，否定了前述國際法委員會的意見。該屆聯合國大會決議要求聯合國秘書長僅擔任提出保留或反對保留文件之保存者；而不再如以往一樣還要審查此等文件之法律效果。但是應該將這些文件送交所有相關國家，由她們自行引出法律上的後果；這就是所謂的「伸縮性制度」（The Flexible System）[8]。就這樣在將近二十年的時間流程，幾經折騰，才形成了1969年之條約法公約的保留制度。此一保留制度之精神是：一個締約國所提出之保留是否有效，依其是否符合條約的目的和宗旨為標準，由其他締約國各自決定。這其實是對一1951年國際法院諮詢意見和1952年聯大會議決議的擴大綜合適用，是當代國際法的一個新發展[9]。

二、保留形成之動因

（一）新獨立國家的大量興起

　　有學者認為這是促成保留制度的外在因素。自第二次世界大戰結束以後，一時之間民族獨立的浪潮蓬勃發展，在亞洲、非洲及拉丁美洲新生的獨立國家大量興起。這樣的情形使得國際社會結構，除了量變，更發生了質變。也就是說維持國際社會穩定的國際法規範，受到了巨大的挑戰與衝擊；再加上國際法主體的迅速擴增，其結果是國際交流較以往更加頻繁、國際關係較以往更加複雜。如此一來，具有調整國際關係功能的國際多邊條約，也就大量的應運而生。其附加的效應則是對傳統的「一致同意原則」之保留制度，不得不加以修正與調整。國際間著名的條約法專家伊里亞斯（Elias）在1974年即指出：「自1951年以來，形勢已經在諸多方面發生變化。國際社會已經在迅速地擴大，它使得多邊條約的可參加者數目不斷地上升。因此也使得『一致同意原則』顯得越來越不合時宜且不合

---

[7] 同前註，第130頁。

[8] 黃炳鐘著，當代國際法，臺北：風雲論壇出版社，民國78年，第72頁。

[9] 同前註。

實際」[10]。而著名的英國國際法學者布朗利（Ian Brownlie）也提示：「在1962年國際法委員會即已決定贊同「和諧一致原則」。多邊條約的夠資格的參加者數目的增加，使得『一致同意原則』變成較不實用」[11]。以上兩位學者的觀點，足以證明在新的複雜的國際關係架構下，針對保留制度之適用情形；傳統的「一致同意原則」已經顯得不切實際、適應不良，不得不作調整，使得保留制度能夠有所彈性，以因應國際社會的需要。況且一項靈活而有彈性的保留制度，可以使得國際條約獲得更為廣泛的締約簽署者。也因此可以促進國際社會的繁榮進步及友好合作的關係。

（二）多數表決制度的形成

亦有學者認為這是促成保留制度的內在因素。二次世界大戰之後，國際社會的顯著變化除了新興國家的大量增加之外，就是國際組織及國際會議的增多。更重要的是此等國際組織的會議及一般性的國際會議的表決制度，已經逐步的揚棄了過去一致通過的規則，而採用了多數通過的原則。這樣的表決制度的結果，對於國際社會有雙重的意義：**1.**它使得國際組織及國際會議對於國際社會的爭議及一般性事務，更具有積極的作用，因為採用多數通過的表決制度，使得決議較易通過，也更可使國際條約較易簽訂；**2.**它用多數通過的表決方式，使得國際社會的秩序能夠以少數服從多數的民主方式加以有效的維持，因而更能促進國際和平。國際社會因為沒有一個凌駕國家主權之上的超國家組織，可以統籌支配國際事務。因此，在國家實踐上，根據國家主權平等的國際法原則，國家完全有權對任何她認為不適宜的或有損於她自己國家利益的條約之條款提出保留。而且在實行多數通過的表決制度下，有完全地必要性讓部分的少數國家，能夠提出一定的保留，以便能夠讓她們得到某種程序上的補償；若此，也可以讓少數國家的利益，不致於被不當的犧牲掉，以及獲得最低程度的保障。因

---

[10] Elias, The Modern Law of Treaties, (Dobbs. Ferry, N.Y.: (Oceana Publications, Inc., 1974), p.1.

[11] Ian Brownlie Principles of Public International Law, 4th ed., (Oxford: Oxford University Press, 1991), P.610.

此，可以這麼說：多數通過原則的表決制度乃是促成今日國際條約的保留
制度，得以存在、形成與發展的一個相當重要的因素。

肆、保留之理論分析

　　英國大法官麥克奈爾爵士（Lord McNair）在1961年就對「條約」下
了一個最具權威的定義。他說：「條約是一個書面協議，是在兩個或兩個
以上國家或國際組織之間成立的，目的在於創立或企圖創立一種符合國際
法原則的相互關係」[12]。所以條約的重要要素就是締約各方的相互同意；
也就是說，條約必然是基於締約國的「合意」而成立的。而在此可以發
現：締約國的「同意」是構成國際條約的最基本要素。締約國基於同意的
一致才能決定條約的內容與效力，所以任何一個締約國均不得任意的單方
作出決定或修改或更動條約之內容與效力。而保留在實質上即是對條約的
內容或效力有所變更；因此，原則上必須獲得其他締約國家的同意，方能
生效。過去傳統國際法即是採取這樣的觀點，而對於國際條約的保留採用
所謂的「一致同意原則」。換言之，一國要對條約的一部分提出保留，必
須要獲得其他所有關係國家的一致同意，此「保留」方能對所有關係國家
生效。而在國家實踐上，在條約未生效前，須經所有締約國的同意；而在
條約已生效後，則須獲得所有已批准之當事國的一致同意，缺一均不可。
因此，在這樣的情形下，所有締約國中只要有任何一個國家，對於「保
留」持反對的態度，則提出保留的國家只有兩個選擇：一是撤回保留；另
一則是退出條約。沒有任何其他的選擇。

　　然而，有些學者認為：傳統的作法將使條約之適用對象無法具有普遍
性，有時亦會阻撓條約之成立或拖延生效日期；特別是在交涉階段時，若
對條約內容之決定採取「一致同意原則」，或許將導致犧牲部分對條約內
容「些許」不同意的國家之權益，或者使得此等部分國家，則因此無意成

---

[12] 見前揭註8黃炳鐘書，當代國際法，第30頁。

為條約之締約國。若此，只因一國之刻意反對「保留」，而使得提出保留之國家無法成為締約國；毫無疑問的將使得條約之普遍有效性受到或多或少的影響，在國際事務的處理上，似乎有所不妥。尤其是有些國際條約在本質上是關係到人類全體之福祉、生存環境或國際和平安定的「國際性條約」，如關於禁止核子武器擴散條約、國際人權條約或環境保護條約……等等，如果能夠使得絕大多數的國際社會成員參與，則當更容易實現國際條約之宗旨與目的。因此，傳統國際法所採用之「一致同意原則」，似乎在面對今日的國際關係上，確有改弦更張之必要。

再者，從另外一個角度來審視傳統國際法針對保留制度所採用之「一致同意原則」，可以這麼認為：「一個主權國家有權對條約中某一（些）條款提出保留，正如一個主權國家有權拒絕某項條約的批准。因為在國際會議中欲覓取全體一致的締約基礎，極不容易；因而容許對於整個條約某些部分有不同意的國家，得於簽署或批准時，對其不同意之條款提出保留。一般認為：對於條約中某些條款不接受的國家，允許它有限度的參加該條約，也比將其摒斥於條約之外為佳[13]。因此，部分學者認為，在不影響國際條約的宗旨與目的之大前提下，針對任何一國提出之保留，採取「和諧一致原則」或有其必要性。其具體之作法即是：當締約國對國際條約之主要條款能夠獲得共識，取得協議，那麼應該容許對其他條款持有不同意見的國家，提出保留。

所謂「和諧一致原則」乃是指：保留之內容，如果在實質上對條約原來之精神、宗旨、目的或結果，並不相悖或不生影響，而且在容許保留後，仍可以使得條約和諧運作，則應該可以允許保留之提出；反之，如果保留的結果造成與條約原來的目的相對立或發生矛盾，或者使得條約的存在，因此而失去意義，則不應該允許保留之提出。換言之，「若有國家要求對部分條文加以保留，而保留的結果若不致與條約之目的相矛盾、相對立，且有當事國同意，則此項保留即得以成立，保留國亦可成為當事國。反之，則不得成為當事國。另一方面，當事國之所以反對保留，若是基於

---

[13] 沈克勤著，國際法，臺北：學生書局，民國80年，第471頁。

保留的結果將與條約之目的相矛盾，則該當事國得主張保留國無法成為條約當事國。反之，當事國若認為保留結果仍可與條約之目的相和諧，則不得拒絕保留國成為條約當事國」[14]。

　　然而，不論是「一致同意原則」也好，亦或「和諧一致原則」也好，基本上均同意：關於國際條約應該可以容許「保留制度」的存在，問題只是在於如何讓保留制度存在？如何能配合國際條約的宗旨與目的？如何能讓保留制度對國際條約的締結，產生最大的正面效果？而近年來在國家實踐上，因為在「和諧一致原則」的採用下使得締結國際條約的數目，明顯的增加；而若允許締約當事國無限制的提出保留或者各個不同的締約國針對條約中不同的條款提出保留，可以想見的是必然會引起相當多的問題，而且亦會使得問題更加複雜。例如：任何一個國際條約若是容許過多的保留，將會使得條約無法實施或是流於形式。甚至當一個國家在其批准條約時，難以知悉是否有其他國家會提出保留，甚或因此造成某些締約當事國無法或不願成為締約國。這些問題都是迫在眉睫而有待解決的棘手問題。

伍、國際法院對於保留之見解

　　在1951年以前，國際社會針對多邊條約的保留問題，一般均採用「一致同意原則」的表決方式。認為當締約國中的任何一個國家對於條約中的某一（些）條款提出保留時，必須為其他所有的締約國所接受或至少不反對，否則所提出之「保留」便成為不成立，而不生條約的效力。這樣的規則一直沿用到1949年至1950年期間，因為不少的國家在加入1948年「防止及懲治殘害人群罪公約」（Convention on the Prevention and Punishment of the Crime of Genocide）時，針對其中某些條款，提出了保留，但是受到反對。國際法院乃於一1951年5月28日特別就上述的「殘害人群罪公約」之特殊情形，發表「諮詢意見」（Advisory Opinion），對保留須經所有締約

---

[14] 許慶雄與李明峻合著，現代國際法入門，臺北：月旦出版公司，民國82年，第123頁。

國同意才能生效的「一致同意原則」，提出異議。國際法院認為該公約是要達到最高的道德目的，在這種公約中，不可能有國家的各別利害問題，或保持權利和義務間在契約上完全平衡的問題。「殘害人群罪公約」的目的和宗旨就包含了（聯合國）大會和通過此公約的國家的意向，那就是儘多的國家應該參加」[15]。

為進一步對國際法院的前述公約所作的諮詢意見，有更透徹的了解，有必要對該公約發生的前因後果作一簡扼的背景說明如後：

一、事實

「防止及懲治殘害人群罪公約」是1948年12月9日由聯合國大會決議通過。公約規定聯合國會員國為公約之締約國，而非會員國得經邀請簽署並批准公約後成為締約國，或加入為締約國。各締約國對這種（殘害人群）罪行，有防止及懲治的責任，失責者應受國際法院的強制管轄；於批准書連同加入書20份送達聯合國秘書處90天後，公約開始生效。1950年10月14日，送達的批准書和加入書，達到上述數目，公約應於1951年1月12日生效。但是，蘇聯、保加利亞、匈牙利、波蘭與羅馬尼亞的批准書中，在責任和管轄方面附有保留。該公約未明文規定批准是否可以附有保留。而且另外有些國家則認為國際法院的此種強制管轄權為實現公約目的之不可或缺的必要條件，因此前述各國所附加之保留，顯與公約之宗旨不合；此等國家因此而反對前述各國對公約所提之保留。秘書長應依習慣辦理呢？或採取其他態度？他當然無權決定，便報告聯合國大會，大會於是決議請求國際法院就此公約之是否能夠附有保留之相關問題提出諮詢意見[16]。

二、國際法院之諮詢意見

就「防止及懲治殘害人群罪公約」而言，如果某一國家於批准或加入

---

[15] Werner Levi, Contemporary International Law: A Concise Introduction (Boulder, Colo.: West View Press, 197), P.222.

[16] 陳治世著，國際法，臺北：臺灣商務印書館，民國81年，第419頁。

或作須經批准的簽署時，下列三種情況之處理，應如何依循。

問題一：繼續維持其保留的保留國，於其保留遭受一個或一個以上的締約國之反對，其他締約國卻不反對時，則提出保留之保留國，能不能視為公約之締約國？

國際法院意見：若有該公約一個以上之當事國反對該國所提出並維持之保留，但其他當事國不表示異議時，以該項保留不違背該公約之「目的與宗旨」（Object and Purpose）為限，該國仍得視為該公約當事國；否則該國即不得視為該公約當事國。

問題二：如果問題一的答案是「能」，那麼保留在：（一）保留國與反對保留國間之效果如何？（二）保留國與接受保留國間之效果如何？

國際法院意見：

（一）如該公約之某當事國（反對保留國）認為保留國所提出之某項保留與該公約之目的與宗旨相悖而表示異議時，該當事國可在事實上認為提出該項保留之國家（保留國）並非該公約之當事國（締約國）；（二）如該公約某當事國（接受保留國）認為該項保留並不違背該公約之目的與宗旨時，該當事國即可在事實上認為提出該項保留之國家為該公約當事國（締約國）。

問題三：（一）如果簽署而未批准的國家對於保留國所提出之保留表示異議，其異議之法律效力為何？（二）如果有權簽署或加入該公約但末簽署或加入之國家對於保留或所提出之保留表示異議，其異議之法律效力為何？

國際法院意見：（一）當未批准該公約之簽字國對於某項保留所表示之異議，必須在批准後始能發生問題一國際法院意見中所指之法律效力。在尚未批准以前，該項異議僅係簽字國對於其他國家預先表明其最後態度之一種通知。（二）有權簽署或加入該公約但尚未簽署或加入之國家對於保留所表示之異議，並無法律效力[17]。

---

[17] 丘宏達著，現代國際法，臺北：三民書局，民國84年，第192頁。

三、國際法專家對本案之看法

　　國際法權威勞特派特（Lauterpacht）針對國際法院所發表之諮詢意見曾表示如下之看法，他認為：「這一意見雖未提供一個實際可行的法律規則，卻表示了一項日漸有力的觀點，就是說必須獲得全體同意的保留，已不太適合以一般國際公約為主的國際關係之需要。如果所有或大多數締約國認為某一國之保留與公約之目的並無不合，而一國（或少數國家）仍有權阻止這一國家成為締約國，也是不實際與不合理……而比較合理的辦法是授權國際司法或行政機關，或授權締約國本身，以決定保留之可否接受。締約國可成立一個機構加以處理，或自行決定除非經締約國大多數之拒絕，保留應視為被接受」[18]。

四、小結

　　對於國際法院在「防止及懲治殘害人群罪所附保留問題諮詢意見」中所表達的立場，基本上應該可以體認到國際法院認為公約是國際社會成員針對某件國際議題，自由協商、取得共識的結果。因此任何公約當事國均無權以任何理由，藉著單方行為或特別協定排除某一（些）條款的適用，或附加任何條件，而因此違背了該特定公約訂定之目的和宗旨，或者使得該特定公約喪失存在或簽訂的理由。國際法院認為在決定是否容許公約當事國提出保留或對保留是否有法律上的效力時，公約之目的與宗旨必須要列入考量。該公約乃是清楚的為了純人道與文明之目的而簽訂；公約之當事國本身並無任何自己的利益存在，僅有共同的利益，也就是實現一崇高之目的，此亦為公約之所以存在的理由。因此，此類公約完全談不上對國家之有利與否，而是在權利與義務之間來維持完全的契約均衡[19]。

　　國際法院認為原則上公約當事國可以提出保留，但是不得違背公約之目的與宗旨。再者，由於國家未經其同意則不受公約拘束之主權原則的關

---

[18] 杜蘅之著，國際法大綱，臺北：臺灣商務印書館，民國84年，第424至425頁。

[19] ICJ Reports, 1951, P.22.

係，在反對保留的國家與保留國之間並不建立條約關係。更重要的是如果所有或大多數的公約當事國認為保留並不違背公約之目的與宗旨時，仍應該給予保留國成為公約締約國的權利。反對保留的國家不得因此而將保留國排除在公約之外，因為如此做是不切實際也不正當的作法，也與公約之尋求「愈多國家參加愈好」的基本性質有所不合。從此一諮詢意見的本身來審視，雖然法院並未提到實際可行的普遍性法律原則；但是至少該意見對一般性的多邊條約有其相當程度的影響。它修正了傳統國際法規則的「一致同意原則」，指出保留須經所有條約當事國一致同意之不符國際現實的需要。尤其在今天複雜的國際社會裡，針對攸關全體人類社會福祉的國際事務如環境保護、國際人權等議題，亟須愈多國際社會成員成為多邊條約之一員，如此方能更加促進國際社會的和平與安定。因此改採不違背條約之目的與宗旨時，容許保留之提出及其所具有之法律效力，有其必要性，國際法院之諮詢意見有其時代意義。

陸、條約法公約對於保留之規範

在雙邊條約之情形，因為必須參與的雙方針對特定的議題有意思之合致，條約方能成立，因此通常不會有保留問題之發生。因為在交涉談判條約的過程當中，任何一方如有任何新意見或看法而意欲成為條約之內容時，可以隨時提出，爭取對方同意；在對方接受後，便可成為條約之一部分，而無須在簽署時提具保留。所以雙邊條約在理論上似乎是不應有保留的問題存在。但是在實踐上卻或有例外發生，因為有些國家如美國將國際條約（不論雙邊或多邊）之談判簽署工作交由行政部門，而將批准同意之權限賦予立法部門，如此則會有「保留」情事的發生。例如任何一個雙邊條約在行政部門與他國完成簽署之後，在送請國會或立法部門尋求批准同意時，國會或立法部門可能會有不同的看法，於是保留提具之情事自然就會發生。1977年美國與巴拿馬所簽訂之新巴拿馬運河條約便是一例。但是不論怎麼說，在通常的情形下，保留的問題多半發生在多邊條約的情形，

則是一般所公認的。「維也納條約法公約」（Vienna Convention on the Law of Treaties；簡稱條約法公約）在經過多年及多次的國際會議及機構的研議下，終於對國際條約之保留制度獲致具體的規範。

一、保留之提具

條約法公約第19條明白規定國際條約得准許保留。該條對「提具保留」（Formulation of Reservations）作如下之規定：一國得於簽署、批准、接受、贊同或加入條約時，提具保留，但有下列情形之一者不在此限：（一）該項保留為條約所禁止者；（二）條約僅允許特定之保留而有關之保留不在其內者；或（三）凡不屬於（一）或（二）兩款所稱之情形，該保留與條約目的及宗旨不合者。本條規定原則上除非條約本身禁止保留，否則保留可於簽署、批准、接受、贊同或加入條約時提出；其次，不在條約允許之特定範圍內之保留，以及凡屬違背條約之目的與宗旨所提具之保留，均非有效之保留。但是這裡要指出，本條並不意味或暗示保留可於談判時提出。談判時的保留是不許可的；因為談判時條約的實質內容、形式、文字等均為未定，有特殊主張或要求的國家，可以提出作為談判事項而不必保留。而且其主張要求一經提出，就不能視為或稱為保留了[20]。接受、贊同和加入，都是同意承受多邊條約拘束的表示方式，它們僅僅適用於多邊條約，而對於雙邊條約則無適用之餘地。

二、對保留國以外締約國之效果

當一國提具保留之後，自然會引起其他締約國之反應，而其反應，一般來說也只有接受或反對而已。針對接受或反對提具保留，條約法公約第20條有作如下之規定：一、凡為條約明示准許的保留，無須其他締約國事後予以接受，但條約規定須如此辦理者，不在此限。二、倘自談判國之有限數目及條約之目的與宗旨，可見全體當事國間適用全部條約，為每一當

---

[20] 見前揭註3陳治世書，第105頁。

事國同意承受條約拘束之必要條件時，保留須經全體當事國接受。三、倘條約為國際組織之組織規章，除條約另有規定外，保留須經該組織主管機關接受。四、凡不屬以上各項所稱之情形，除條約另有規定外：（一）保留經另一締約國接受，就該另一締約國而言，保留國即成為條約之當事國，但須條約對各該國均已生效；（二）保留經另一當事國反對，則條約在反對國與保留國間，並不因此而不生效，但反對國確切表示相反之意思者，不在此限；（三）表示一國同意承受條約拘束而附以保留之行為，一俟至少有另一締約國接受保留，即生效力。五、就適用第2項與第4項而言，除條約另有規定外，倘一國在接獲關於保留之通知後12個月期間屆滿時，或至其表示同意承受條約拘束之日為止，兩者中以較後之日期為準，迄未對保留提出反對，此項保留即視為業經該國所接受。

　　關於本條之第1項至第3項，條約法公約採納了國際法院對「防止及懲治殘害人群罪」之諮詢意見而其第4項及第5項則有略為修改。按本條第1項至第3項之規定，其意旨：凡是條約中允許締約國提具保留，除條約中別有規定者外，一般來說都不必再經他國同意；除非因為從談判國的有限數目以及從條約之目的與宗旨來看，應經全體締約國同意外，可以不必再經他國同意。其次，對於國際組織的組織規章，除非條約另有規定外，保留必須經過該組織之主管機關接受，否則保留不成立。

　　而本條第四項則包括第1項至第3項以外之三種情形；在這些情形下，如果不受條約中的規定的限制，就會[21]：（一）只要有一國接受保留，而條約又已對保留國和接受保留國生效，接受國就得視保留國為條約當事國，兩國便發生條約關係；（二）反對保留國必須明白表示否認條約在其與保留國間發生效力，條約才不致對其有拘束力，否則在其與保留國間發生效力，因為有些國反對某一（些）保留，只是基於政策或原則，而無意使條約不在其與保留國間發生效力；（三）保留最初至少也要有一個締約國接受時才發生效力，不是在提出時生效；另一方面，保留只要有一個締約國接受就生效，無須有兩國以上接受才開始生效。而保留一經生效，保

---

[21] 同前註，第110頁。

留國就應受條約拘束：這表示保留國受條約拘束的開始時間，和第一個接受國接受保留的時間相同。

　　本條第4項又准許締約國就條約中的某些規定只和某些國家發生條約關係，不要求全體締約國就條約全部規定和其他全體締約國發生條約關係，所以甲締約國可就條約第1至10條的規定和乙丙丁三國發生條約關係，乙締約國可就條約第5至9條的規定和戊己庚辛等國發生條約關係，戊己庚辛四國如果不願就第1至4條及第10條的規定和甲乙丙或丁國有這種關係，便可於甲乙丙或丁國提出關於這五條的保留時，表示反對，並聲明條約中這幾條不在其與甲乙丙丁國間生效[22]。而本條第5項的主旨；則在訂明締約國表示接受或反對保留的期限，以免保留經提具後，長久不能確定有沒有締約國接受或反對；這一點不確定，便不能知道保留國已否成了條約當事國、條約已否在保留國與反對國間生效、何國已免除了條約所定的某項義務、以及何國已捨棄了條約所給予的某項權利[23]。依本項規定，條約當事國必須在接獲關於保留的通知12個月期間屆滿以內，或是在表示同意受條約拘束的當天，表示是否接受保留國所提具之保留。而這兩個日期以時間較後者，作為截止日，逾越截止日，而仍未表不反對保留者，該締約當事國，視為已接受保留國所提具之保留。

三、保留及反對保留之法律效果

　　關於保留及對保留提出之反對的法律效果，條約法公約第21條有作明白的說明。該條規定如下：一、依照第19條、第20條及第23條對另一當事國成立之保留：（一）對保留國而言，其與該另一當事國之關係上照保留之範圍修改保留所關涉之條約規定：及（二）對該另一當事國而言，其與保留國之關係上照同一範圍修改此等規定。二、此項保留在條約其他當事國相互間不修改條約之規定。三、倘反對保留之國家未反對條約在其本國與保留國間生效，此項保留所關涉之規定在保留之範圍內於該兩國間不適

---

[22] 同前註，第110頁111頁。

[23] 同前註，第111頁。

用之。關於本條之規範乃是在指出保留的既然會有同意接受或表示反對的情形存在，有必要對同意接受及表示反對的這兩種情形所發生的法律效果加以說明。

在此可以針對以上兩種情形所發生的法律效果，簡扼的說明如下[24]：某當事國對條約的部分條文加以保留之後，使條約在保留國、承諾國、異議國之間，即可能會產生三種不同狀況的法律效果：（一）保留國與承諾國之間，除保留條項的相關部分之外，該條約的其他部分仍相互適用與生效。異議國若未堅持拒絕與保留國進入條約關係，則其效果亦相同；（二）未作保留之其他當事國之間，該項保留不生任何法律效果，全部條約相互適用與生效；（三）堅持反對與保留國進入條約關係的異議國，即使兩者同為條約之當事國，但相互之間並不存在條約之適用與效力。

四、保留及反對保留之撤回

針對保留之撤回及撤回對保留提出反對之撤回，條約法公約第22條有作指示性之說明。該條規定：一、除條約另有規定外，保留得隨時撤回，無須經已接受保留之國家同意。二、除條約另有規定外，對保留提出之反對得隨時撤回。三、除條約另有規定或另經協議外：（一）保留之撤回，在對另一締約國之關係上，自該國收到撤回保留之通知之時起方始發生效力：（二）對保留提出之反對之撤回，自提出保留之國家收到撤回反對之通知時起方始發生效力。

從以上對本條關於撤回保留及撤回反對保留的說明，可以了解到[25]：條約若未特別規定，則保留得隨時撤回，不須承諾國之同意。但是必須在承諾國確認撤回通知之後，才能使保留的部分生效。另一方面，異議國對保留國之異議，方可隨時撤回，不須保留國之同意。但依條約的「不溯及原則」，雙方之間原來不存在之條約關係，其效力自互相確認開始。除此之外，撤回所產生之條約的權利與義務關係，若屬不能立即履行之部分

---

[24] 見前揭註14許慶雄與李明峻書，第124至125頁。

[25] 同前註，第125頁。

（例如，必須調整國內法部分），則在確認撤回通知之後，應給予相當時間做為緩衝期，才能開始運用。此乃有關保留撤回的一般原則，而實際狀況則依個別條約之規定及其性質與內容而定。

五、保留之程序

　　關於保留之程序，條約法公約第23條有所規定。該條規定如下：一、保留、明示接受保留及反對保留，均必須以書面提具並致送締約國及有權成為條約當事國之國家；二、保留係在簽署須經批准、接受或贊同之條約時提具者，必須由保留國在表示同意承受條約拘束時正式確認。遇此情形，此項保留應視為在其確認之日提出；三、明示接受保留或反對保留係在確認保留前提出者，其本身無須經過確認；四，撤回保留或撤回對保留提出之反對，必須以書面為之。

　　本條是對保留的程序加以規範。基本上是針對保留之程序加以細部的說明，問題集中在兩方面（一）保留之提具要如何為之？（二）保留是否須要確認？何時確認？如何確認？此兩方面的問題，條約法公約第23條所列四項已清楚的訂明，條約的保留、明示接受保留、明示反對保留乃至於撤回保留或撤回對保留提出之反對，此五種態樣之作法，都必須以書面為之，口頭的方式，均不符合本條之規定。其次，針對保留提具之確認的問題，本條之規定認為保留之提具，如果是締約當事國國內的立法機關或國會之簽署必須要經過批准、接受或贊同之程序者，則必須由保留國在表示同意承受條約拘束時正式確認。若是非屬上述之情形者，解釋上則是在簽署時即應提具保留而無所謂確認之問題。而必須經過正式確認者，對於保留之確認應視為在其確認之日提出。至於明示接受保留或反對保留是在確認保留之前提出者，其本身自然無須經過確認。

六、小結

　　國際條約之簽訂由來已久，而且是國際法之重要淵源之一。但是一直要等到至1960年代的末期，國際法上關於條約的種種相關問題才有正式的

國際公約的規範。於此之前幾乎均是由國際慣例來規範國際條約的相關問題。回顧條約法演進的歷史，第一次以國際公約的方式來規範條約法可以認為1928年2月20日由美洲國家所通過的「哈瓦納條約公約」（Havana Convention on Treaties）。但是此為區域性的公約，並非國際性的公約規範。在此之後的40年期間國際社會對於有關條約的編纂工作，主要的是由聯合國的國際法委員會在推動。一直到1969年5月22日「維也納條約法公約」才正式被通過，而於1980年1月27日正式生效。而此「條約法公約」中爭議最多且最為複雜的部分，即是其中有關條約的保留問題。

　　雖然該公約的條文並不多，但是卻能夠對涉及保留制度的諸多問題，作出詳盡與具體的規範。舉例來說：公約第19條即明文規定每一個國家均有權提出保留；第20條指出每一個國家也有權接受或反對保留；又如第22條更明白規定保留得隨時撤回，無須經業已接受該保留國家的同意。而第23條更務實的將保留之程序加以規範，可以讓各國在了解「保留制度」的理念及內容之後，能夠在實踐上知悉如何來運作「保留」，使這一制度不致流於空談而能夠真正的發揮其功能。「條約法公約」所確立的「保留制度」，無疑的會有利於國際社會的穩定與進步。

　　關於國際條約的保留問題，長久以來一直是眾說紛紜，在理論與實踐上向來都是存在著相當混亂的現象。而1969年的「條約法公約」則第一次的將保留制度明確的加以規範。許多問題將之界定與釐清，也因此可以避免許多條約相關的無謂糾紛。可以因此而促進國際社會的安定與秩序，並進而可以增進國際合作與世界和平；單就此點而言，「條約法公約」之簽署及生效，其本身即居功厥偉，是國際社會劃時代的里程碑。

柒、結論與建議

　　簡單的說，保留是締約國在簽署、批准、加入或接受時，不接受或限

制該條約中某一（些）條款的效力之正式的書面聲明[26]。在國家實踐上保留國對於條約所提具之保留，不必明白說明它的理由。但是保留國對於某一（些）條款在效力上的限制，卻往往須作很詳細的說明。此類限制在性質上大致可以區分為下列四種：（一）對於適用情勢的限制；（二）對於適用時期的限制；（三）對於適用地域的限制；（四）對於適用締約國的限制。而保留制度之所以會存在或產生，其因素固然很多；其中最主要的是國際社會的成員，希望能夠藉著國際條約的簽訂來規範各國彼此間的關係，使各國的國際事務行為能夠符合一定的模式，方能促進國際社會的穩定與發展。然而國際條約涉及的各國的國家利益相當廣泛，而各國的國家利益往往又相互矛盾，存有潛在性的利益衝突。因此，要冀望所有的締約國或加入國對條約的內容完全同意，常常不易做到，所以為了使國際條約的締約國或加入國儘量增加起見，在國際法上對於條約的規範，乃有保留制度之設計。

　　保留基本上是排除或改變一個條約的某一（些）條款的法律效果；在實質上就如同保留國提出了一個新建議或反建議。換言之，保留改變了同意的性質；因此有必要讓其他締約國針對保留作出相對應的改變，以取得「和諧一致」的合意。問題是有些締約國可能同意保留，另一些則可能反對。這樣的結果就容易使得條約的相關當事國彼此之間的條約關係變得相當混亂與複雜。而國家之作出保留又是司空見慣之事。所幸國際社會均同意：有關保留的規範只是以同意作為條約基礎這個總原則的特殊應用而已。此一原則允許締約的相關當事國得保留、接受保留或不接受保留。然而如此則對所有締約國的法律效果如何？仍然有待解決。

　　因此，國際法院乃在「防止及懲治殘害人群罪所附保留問題諮詢意見」中提出保留是否與條約之「目的和宗旨相符」作為保留是否有效之標準。「條約法公約」之第19條至第23條頗為詳盡地對於保留之提具、條

---

[26] 基本上保留是對國際條約內容做實質上的修正、限制或變更。然而要注意的是有時候有些當事國在簽署、批准、加入或接受時，會發表一些意見或聲明；此種聲明從外形上來看與保留甚為類似，但是因為如果該聲明並不涉及條約內容的實質上的變動，或者該聲明並非以書面為之，若此則非保留，而是被認為「解釋性聲明」。

件、方式、法律效果及保留程序作了具體的規範。原則上它依循了國際法院的意見，即一國所提之保留，並不一定使整個條約無效。在締約國彼此之間的法律效果則是保留除了必須與條約的目的與宗旨相符之外，仍須取得其他締約國中至少一個國家的同意。

從本章之分析可以發現「條約法公約」所認可而建立「保留制度」，其優點至少有三：（一）規範明確：明文規定在國家主權平等之下，各國均有權提具保留，也有權接受或反對保留，更可隨時撤回保留，無須經過業已接受該保留的國家之同意；（二）彈性運用：在每個國家均可自由提具保留的大原則之下，只要有另外一個締約國接受，保留即可成立而有效；而無須所有締約當事國一致同意。僅就此點而言，保留既然容易，國際條約也就容易締結；如此則可促進國際合作，增進國際和平；（三）簡明務實：條文規範簡明扼要、言簡意賅，適用容易。因而能夠確實應用、發揮功能，而不是流於陳義過高、不切實際的空洞內容。

「條約法公約」所規範的保留制度，雖然有以上三個優點，但是卻也存在著三個相關的嚴重的缺點：（一）保留之是否允許與有效成立，必須要「符合」條約之「目的與宗旨」，然而國際法院以及「條約法公約」均未能解釋與釐清，在實踐適用上易生困擾；（二）「條約法公約」對於「保留制度」認可的基本精神乃在於一個締約國所提具之保留是否有效，依其是否「符合」條約的目的與宗旨的標準，由其他締約國各自決定。如此一來，這樣的判斷權易流於專斷濫用，各國主觀的判斷，容易使得「目的與宗旨」之標準，形同虛設；而沒有多大的實際意義；（三）「條約法公約」對於保留之成立，規定只須另一個締約國同意接受，保留即為有效；這樣的規定會使「規定」成為具文而無實質效果。因為現今的國際社會超過180多個國家，在國家利益及其他政治或經濟乃至於外交利益的考量之下，任何一國所提具之保留，要取得僅僅一國之同意接受，絕對無困難之有。

針對以上的三個缺點，作者提出兩個建議即可解決：（一）從「條約法公約」的條文上修正，釐清所謂的「保留」必須『符合』條約之目的與宗旨中的「符合」，說明它的具體意義，方有客觀的標準，再者修正僅須

「締約當事國」一國同意，保留即可成立生效的規定，可修正為兩個以上或過三分之一的締約當事國之同意接受，保留方可成立；（二）建立一個公正客觀的國際性專責機構來審查所提出之保留是否「符合」條約之「目的與宗旨」。若此，建立一個有公信力的客觀機構，方能作出客觀的判斷。最後，針對整個國際條約的保留問題，作者建議（一）亦應可以在個別地國際條約本身訂明是否允許保留及其所具之法律效果，乃至於須要幾個締約當事國之同意接受，保留方可成立生效；（二）對於任何一個國際條約之容許提具保留，保留國在數目上或許應有一定的限制。或是規範不得超過五分之一或四分之一的締約當事國可以提出保留。因為對於條約提出保留的國家過多，這樣的條約實際上並無多大的功能。而對於保留國數目的限制亦可由兩方面著手：*1.*修正「條約法公約」增列此條文；*2.*從個別的國際條約在草擬簽訂時加以註記即可。

第十一章　國際海洋法

第一部分：關鍵概念與名詞界定

1.海洋環境之污染

係指人類直接或間接地把物質或能量引入海洋環境，其中包括河口灣，以致造成或可能造成生物資源與海洋資源的損害、危害人類的健康，妨礙包括捕魚與海洋的其他正當使用在內的各種海洋活動、損害海水使用質量與減損環境美化等負面影響。

2.傾倒

是指（1）從船隻、飛機、平臺或其他人造海上結構故意處置廢物或其他物質的行為；以及（2）故意處置船隻、飛機、平臺或其他人造海上結構的行為。

3.正常基線

除非聯合國海洋法公約另有規定外，測算一國領海寬度之正常基線是沿海國官方所承認之大比例尺海圖所標明之沿岸低潮線。

4.直線基線

在海岸線極為曲折的地方，或者如果緊接海岸有一系列島嶼，測算領海寬度的基線之劃定可採用連接各適當的方式來決定。其劃定不應在任何明顯的程度上偏離海岸的一般方向，同時基線內的海域必須充分接近陸地領土，使其受內水制度的支配。此外，一國不得採用直線基線制度，以致使得另一國的領海與公海或專屬經濟區隔斷。

5.內水

海洋法公約對「內水」未加以定義。一般而言，內水包括所有的港口、港灣、河流、湖泊、運河，以及「領海基線」向陸地方向的「可航行

水道」。「內水」一般被視為「沿海國」之陸地領土的一部分。沿海國對其內水有完全之管轄權。

6.領海

有時被稱為領水，然而事實上，領水的範圍較廣，包括處在國家主權之下的任何水域，那就是涵蓋了內水及領海在內。因此用領水來代替領海並不妥當。領海一般被定義成那些毗連於沿海國的水域，從低於海潮線或其它選定的基線起往向海的方向延伸12浬為限。在此範圍內除了允許外國航舶的「無害通過權」（The Right of Innocent Passage）及「過境通行權」（The Right of Transit Passage）以外，沿海國可以主張完全的主權。

7.領海之法律地位

一般來說，領海是處於沿海國的權力管轄之下的。此點在國際社會是獲得普遍承認的。但是這項權力是屬於什麼性質則有不同的主張。有些學者主張領海仍然是公海的一部分，基於「海洋自由原則」，國家對於領海並不享有主權，也並不行使整個的主權；沿海國只是因為「國家安全」（National Security）的緣故，才享有某些控制和幾種必要的管轄權。而多數的國際法學家則認為領海是領土的延長，國家對於領海享有整個的主權，也因此可以行使整個的主權。更具體的是1958年在日內瓦召開的領海及毗連區公約的決議明確地規定了國家的主權擴展及於它的領海。而且長久以來，在國際實踐上，國家對於它的領海享有完全的主權，是已經確定了的國際法原則。

8.領海主權

國家所具有之領海主權及於領海的水域、上空、深海床及底土。國家對於領海內的一切人與物有排他的管轄權。此一觀念演變至今殆無疑義。國家的領海主權，主要包含下列的各項權利：

（1）開發和利用領海內的水域、海床和底土的一切生物和非生物資源的專屬權利，外國船隻在領海內的捕魚行為必須經過該國之同意；

（2）對於領海上空的專屬權利，外國航空器一旦進入一國之領海上空，

必須獲得該國之許可；

（3）沿海航行權，即從事本國各港口之間的航運和貿易的權利；

（4）制定有關航行、關稅、移民、衛生、水域保護、海洋生物資源養護，電纜、管道以及助航設備與設施的維修與保護、海洋科學研究與水文的測量，以及其他維護國家安全及經濟利益的法令，及採取相應執行的權利，對於不遵從者或違反者有相應制裁的權利；

（5）對於外國的非軍用船舶，沿海國得在其領海內採取必要措施，防止其「非無害」之通過，沿海國固得停止其通過；遇有違反沿海國法律者，沿海國更得加以拿捕；

（6）沿海國在戰時保持中立者，交戰國不得在該國領海交戰或拿捕商船。

9.公海

不包括領海、內水、專屬經濟區及群島水域以外之全部海域。

10.公海之意義

傳統國際法既已認定公海是「全體人類之共同繼承財產」（Common Heritage of Man Kind）供全體國際社會的成員平等分享與使用。公海並不屬於任何國家領域的一部分。因此，它不隸屬於任何國家主權之下，任何國家不得主張公海的任何一部分屬於其範疇。易言之，任何國家均不得將公海的任何部分據為己有，亦不得對公海的本身行使管轄權。因此，公海乃是對各國一律平等開放，不受任何國家權力的支配與管轄。

11.公海自由原則

公海自由被認定為公海法律制度之基礎；公海自由之原意，即是指任何國家的船舶航行於公海之上，擁有不受他國干擾之航行權。然而，國際法上對於公海自由原則的行使，卻也絕非毫無限制的。公海自由絕不是認為公海處於「無法律狀態」；公海自由的本身，即是一種法律狀態。所謂「公海自由」，根據1982年海洋法公約第87條的規定，公海自由包含下列各項意義：公海絕對不受任何一國主權的管轄；所有國家的船舶，不論商

船或軍艦，在公海航行，享有絕對自由。就一般而言，任何國家不得對於在公海上航行而未懸掛其國旗的船舶行使管轄權；按照一般規定，一國唯有對於懸掛其國旗的船舶，始得行使其管轄權；每一個國家及其國民均有權利用公海，以鋪設海底電纜及管道、從事漁捕及科學研究；任何國家的飛機享有飛越公海上空的絕對自由。每一國家享有在公海建造國際法所容許的人工島嶼和其他設施的自由。

12.鄰接區

鄰接區或稱毗連區，鄰接區制度並非習慣法所承認，而係條約法所創設。鄰接區是指介於領海與距離領海基線12浬之內的海域；因此，主張領海寬度12浬的沿海國即不能享有鄰接區。沿海國對於它的鄰接區享有「鄰接區權」；亦即沿海國為了預防或制裁第三國人民或船隻在其領域（鄰接區）中，有違背關稅、財政、緝私、衛生及移民……等方面法令之行為，得在其鄰接區中行使管制或採取適當之措施；此等管制或措施僅限於「防護性」（Preventive and Protective）。

13.專屬經濟區

第三屆聯合國海洋法會議創制專屬經濟區（Exclusive Economic Zone）法律制度，並使其充分發生效力，此為國際法歷史上之一項重大發展。專屬經濟區係指經濟區制度之空間效力範圍，乃位於領海以外並鄰接領海之一個區域，其外界由各沿海國自行確定，惟不得超越距領海基線200浬之距離（海洋法公約第55條）。我國於民國68年10月8日經總統令：中華民國之經濟海域為自測算領海寬度之基線起，至外側200浬之海域。

專屬經濟區為一立體概念，包括海域與海域下之陸地，沿海國對其享有經濟區權，惟此權利並不等於領土主權，亦即沿海國雖享有以探勘、開發、養護及管理專屬經濟區內上覆水域、海床和底土之天然資源為目的之主權性權利，並對人工島嶼和設施之建造使用，海洋科學研究，以及海洋環境保護和保全具有管轄權（海洋公約第56條），但應不影響傳統上原為公海航行、飛越、鋪設海底電纜和管道之自由。換言之，專屬經濟區中之海域部分，根本上並未喪失其公海地位，第三國國民或船隻雖必須容忍沿

海國基於上述目的在專屬經濟區中所實施之特定行為，而不得有與其權利相牴觸之行為；惟沿海國之權利應受上述目的限制，凡與該目的不符之行為均不得實施，且不得干預第三國國民或船舶基於公海自由法則而來之公海使用權，如沿海國和其他國家之間在專屬經濟區內因權利與管轄權之利益發生衝突時，應在公平之基礎上參照一切情況加以解決（海洋法公約第59條）。

　　海岸相向或相鄰國家間專屬經濟區之界限，應在國際法之基礎上協議劃定，以便得到公平解決，若有關國家在合理期限內未能達成協議，應訴諸海洋法公約第15部分所規定之爭端解決程序（詳見第八章）。在達成協議以前，有關各國應盡一切努力作出實際性之臨時安排，參與開發同一區域之沿海國專屬經濟區內生物資源之適當剩餘部分；此種安排應不妨害最後界限之劃定（海洋法第74條）。

14.大陸架

　　大陸架（Continental Shelf，或稱之為大陸棚；亦有稱之為大陸礁層）的概念是源自於地質學及地形學上所指之大陸塊沉降於海中的邊緣部分之所謂的「大陸緣」（Continental Margin）中的自海岸開始向海方向坡度甚緩的海底部分，被稱作「大陸架」。

　　1958年大陸礁層公約第1條明定，大陸礁層為：（1）鄰接海岸但在領海以外之海外區域之海床及底土，其上海水深度不逾200公尺，或雖逾此限度而其上海深水深度仍使該區天然資源有開發之可能性者；（2）鄰接島嶼海岸之類似海底區域之海床及底土。從本條文義可知，不僅大陸海岸外可有礁層，島嶼海岸外亦可有之。大陸礁層（continental shelf）原為地質學名詞，係指自海岸到水深逾200公尺處為止之海底，因許多海岸邊緣之海底，並非突然深陷下去，而係陸地自然的向海裡延伸，至入海相當遠之地方始有懸崖般之地形。此延伸部分之海底像灘、像架又像棚，故又稱為大陸灘或大陸架或大陸棚。前述公約係以鄰接性（adjacency）及開發可能之水深為基準，明定大陸礁層為「200公尺深」之「鄰接」海底，而給與沿海國開發天然資源之主權性權利。惟其後國際法逐漸認

為大陸礁層係沿海國領土向海底地域之繼續，從而不再以鄰接性或近
接性（proximity）為規定沿海國權能之唯一適當基準，而改採自然延長
（natural-prolongation）之基準。1982年聯合國海洋法公約中將大陸礁層
定義為：超越沿海國領海至其領土自然延長所及之大陸邊緣（continental
margin）外側為止之海底及地下（但不能超過從測算領海寬度之基線量起
350浬或連接2,500公尺深度各點之2,500公尺等深線100浬），若其外側境
界線位於200浬以內者，則以至200浬為止之海底區域為準（海洋法公約第
76條）。然而，各國之間的大陸礁層境界之劃定問題，仍不斷發生紛爭，
一般而言，境界劃定紛爭多發生於適用等距離、中間線原則或適用衡平原
則，大陸礁層公約採納前者，但國際法院判例則較傾向於適用後者，而
海洋法公約對此並未明定特定之基準，只是為使境界劃定能達到衡平之解
決，乃規定應以基於國際法之合意進行，即在國際法之基礎上以協議劃定
（海洋法公約第83條）。

　　1958年大陸礁層公約第2條第1項規定：「沿海國為探測大陸礁層及開
發其天然資源之目的，得對大陸礁層行使主權性權利。」此即表示沿海國
所具有的並非領域主權或所有，而係主權性之權利，亦即管轄或管制之權
利。因此，大陸礁層在國際法上被視為沿海國之固有權利，無須實效占
有，或明示宣言，亦無須他國承認，即可以沿岸領土之自然延長而擁有此
項權利。且此種權利係專屬的，沿海國如不探勘大陸礁層或開發其天然資
源，非經其明示同意，任何人不得從事此項工作或對大陸礁層有所主張。

　　大陸礁層在國際法上雖被視為沿海國之固有權利，但沿海國並非擁有
領域主權，亦無立體性與概括性管轄權，而僅可行使無差別之屬地管轄
權，故其對大陸礁層所行使之主權性權利受有某種程度之限制，亦即屬
於沿海國之義務、其主要者有下列五項：（1）不影響上覆水域或上空之
法律地位；（2）不得對其他國家航行和公約規定之其他權利與自由，有
所侵害或造成不當干擾；（3）沿海國除為探勘大陸礁層，開發其自然資
源，並防止、減少和控制管道造成之污染有權採取合理措施外，對於他國
鋪設或維持此種海底電纜或管道，不得加以阻礙；（4）沿海國有規制許
可實施海洋科學調查之權利，但對以和平為目的且為增加全人類利益之

海洋研究者，負有同意之義務；（5）對超越200浬以上之非生物資源開發，沿海國應繳付費用或實物，再由國際海底機構（International Seabed Authority）依衡平原則分配給締約國。

15.公海使用之限制

（1）航行與海運規制：在公海上航行須受下列規制：①為保障船員乘客之安全，各國有義務監督航行於公海之船舶的噸數、吃水線及救生設備等，例如1960年「海上人命安全條約」；②海難救助之優先，乃船長及沿海國之義務；③為保護開發中國家之海運，而設定自國進出貨物與自國船運輸主義。

（2）漁業規制：以往因遠洋漁業大國與開發中家長期對立、使公海生物資源之保存和管理未能確立，惟目前已有某程度之進展（如捕鯨之禁止）對於違反資源保護之船舶，各國均得加以取締，但因裁判管轄權屬於船旗國，故於逮捕後須交予船旗國。

（3）海洋環境保護規制：依海洋法公約第192至194條之規定，國際間已對公海環境之保護加以規制如下：①故意污染：依船旗國之國內法處罰，並強制其設置防止污染之設備；②事故污染：一般係設置地域性協力機構，平時負責監視，並於事故發生時處理善後，同時為防止、減輕及除去污染，各國擁有「介入權」，得採行特別措施，而船舶之所有權人須負擔民事責任；③非法投棄廢物：對於將國內廢棄物運往公海投棄之問題，在國際間有全面禁止與合理規劃兩種對立之意見，最後之妥協係將廢棄物區分為全面禁止物質與許可物質，並規定投棄之容器、水深、海域及總量。

16.公海船舶之管轄權

公海船舶管轄權，係指一國對於懸掛其國旗而在公海上航行之船舶具有管轄權，此為對人之管轄權，而非對於領土之管轄權。船舶之國籍對其國際法地位極為重要，不僅為船舶管轄權之根據，亦為外交保護權及國家責任之基準。國籍屬於國內法所管轄之事項，其取得與喪失條件，悉聽由各國國內法之規定，祇要船舶依照某一國國內法所規定之條件，在該國辦

妥登記手續，取得該國國籍，即享有懸掛其國旗之權利。各國對於懸掛其國旗之船舶，應發給各項證明文件，並對懸掛其國旗之船舶，行使有效之管轄權；且為便於管轄，公海上航行之船舶祇能懸掛一國之國旗，不得具有兩個以上之國籍。船舶如懸掛兩個以上國家之旗幟航行，相互換用，則不得對他國主張其中任何一國之國籍，且得視同無國籍船舶。又船舶除其所有權確實移轉或變更登記者外，不得於航行中或停泊港內更換其所懸掛之國旗。依公海公約第5條之規定，船舶與其所懸掛國旗之國家，應具有若干「真正聯繫」，一國對於擅自懸掛其國旗之船舶，得予以逮捕並沒收之。另外，船舶有軍艦與商船之分，二者各有其不同之法律地位。一國對其本國之軍艦享有絕對之管轄權，軍艦在公海上航行，完全免受船旗國以外任何國家之管轄。除軍艦外，一國所有或經營之船舶專供政府非為商業目的使用者，在公海上可享有與軍艦同等之地位，惟國有及國家經營之船舶為商用者，則與普通商船相同，往往為國際慣例與國際條約所限制。

　　基於公海自由原則，任何國家，無論為沿海國或內陸國，在公海上均享有航行自由，其船舶得隨時在公海上任何部分行駛與停留，惟船舶利用此一權利時，各國應遵行或責成其船舶遵行下列要求：（1）採取有效措施以防止並懲治懸掛其國旗之船舶販運奴隸，以及防止非法使用其國旗從事此種行為；（2）責成懸掛其國旗之船舶船長在不甚危害船舶、船員或乘客之情況下：①對於在海上發現有生命危險之人，予以救助；②於據告有人遇難亟需救助而理當施救時，應儘速前往援救；③於碰撞後，應對於對方之船舶及人員予以救助，並於可能時將其船舶名稱、船籍港及開往之最近港口告知對方。此外，各沿海國應合作舉辦並維持適當與有效之搜尋和救助服務。另為確保海上安全，各國對於懸掛其本國國旗之船舶所使用之信號、通訊之維持、碰撞之預防、船員之編制及工作條件、船舶之構造、裝備及適航能力等，均須遵照國際公約所定之標準，制定各項相關法規，令其本國船舶遵守。

*17.*無害通過權

　　無害通過制度，傳統上自從海洋自由原則盛行之後，即已存在之權

利，因此，基本上而論，國際社會多數國家認為無害通過權乃是習慣國際法中對於沿海國所享有之領海主權行使之限制，沿海國應有容忍之義務。這樣的觀點亦為多數學者之主張，就是所謂的「主權限制說」。而實際上「無害通過權」（The Right of Innocent Passage）係指他國的船舶在不妨害沿海國的和平、良好秩序與安全的條件下，得在領海內航行，用以保護沿海國之權益。而實際的通過行為是實施無害通過的船舶必是對沿海國的現在及未來的利益，不得有所損害；同時，船舶的通過，其本身應是以合理的速度及路線；繼續不停的「迅速」航行。另外，行使此項權利之外國船舶，必須符合「無害」之規定，同時遵行沿海國航行之規章。

所需注意者，飛機並不享有無害通過的權利，任何飛機飛越沿海國領海上空，必須取得沿海國之同意。根據1944年12月所簽署之「國際民用航空公約」（又稱芝加哥公約）的規定，國家之領空及於領海之上空，因而國家之航空器，如果未經沿海國之同意，不得飛越或降落；至於從事定期航運之私人航空器，則必須事先取得沿海國之同意，始得飛越沿海國之領海。

至於潛水艇或「其他潛水器」，於行使無害通過權時，「必須在海面上航行並展示其旗幟（are required to navigate on the surface and to show their flag）。違反者，或經請求其離開，無任何理由仍拒絕離開，則沿海國可以將之擊沈或擊傷，或是將該船艇帶回本國港口或扣留該船艇。

18.過境通行權

「過境通行權」（Right of Transit Passage）基本上是一種妥協之後的結果，一方面要顧及海峽沿岸國對於領海的權利，另外一方面又要顧及國際社會海洋強權國家所主張的「海洋自由原則」的適用利益。從實質上來檢視，這樣的一個制度的建立，乃是「海洋法公約」所創制出來的全新制度，與傳統國際海洋法之間有相當大的區別。它是介於公海的完全航行自由制度與領海無害通過之間的規定。

過境通行制度的建立，適用於連接公海或專屬經濟區的一個區域和公海或專屬經濟區的另一區域之間的用於國際航行的海峽。但是，如果海峽

是由海峽沿岸國的一個島嶼和該國大陸形成的，而且該島向海一面有在航行和水文特徵方面同樣方便的一條公海航道或專屬經濟區內的航道，則不適用此種制度。

　　1982年的聯合國海洋法公約對於無害通過權的規範，主要有八點如下：

（1）在用於國際航行的海峽內，外國的船舶與飛機，均享有繼續不停與迅速過境而不應受到阻礙的過境通行之自由。

（2）此種「繼續」與迅速過境之要求，並不排除「在沿岸國入境條件限制下，為駛入、駛離該國或自該國返回之目的而通過此種國際海洋之情形。

（3）行使此種過境通行權的船舶與飛機，均須遵守海峽沿岸國的相關規章與法令的義務；例如，除因不可抗力或船難而有必要外，不得從事與「過境通行」無關之活動；同時，不得對海峽沿岸國主權、領土完整或政治獨立進行任何武力威脅或使用武力。

（4）外國船舶行使「過境通行權」時，非經海峽沿岸國事先之許可，不得進行任何研究或測量活動。

（5）海峽沿岸國得與主管國際組織（如國際海事組織）合作協商，指定航道以及規定「分道通航制」，並在海圖上清楚標示與公佈，以利航行安全。

（6）海峽沿岸國得制定法律規章，用以規定航行安全、海上交通管理、防止海上污染、違法捕魚、裝卸商品……等行為，但沿岸國應將此等規定公布，並且無歧視地公平實施；行使「過境通行權」之外國船舶，有義務確實遵守。

（7）享受主權豁免之船舶的船旗或飛機之註冊國，應就其船舶或飛機之不遵守海峽沿岸國之法律規章，所造成沿岸國之損失或損害，擔負起國際責任。

（8）海峽沿岸國有義務不得妨礙或停止「過境通行權」的外國船舶或飛機；並應將所知之海峽內或海峽上空的對於航行或飛越之危險，妥為公佈；以利「過境通行權」之正常行使。

*19.*無害通過權與過境通行權之比較

（1）此二種權利，一般情況下，各國之船舶均享有迅速而繼續不斷地通過之權。然而，在國際海峽行使無害通過之情形，潛艇必須浮出水面，並展示其旗幟，而在行使過境通行之情形，潛艇及其他潛水器則未必被要求必須如此。而是可以依「正常航行模式」通過，亦即可以用潛航之方式為之。另外，外國航空器在適用無害通過之海峽，並無飛越之權利，相反的，外國航空器在適用過境通行之海峽，應可享有飛越之權利。

（2）在行使這兩種權利之時的基本原則是通過之船舶均不得損害海峽沿岸國的和平、良好秩序與安全；不可也不應對海峽沿岸國之主權、領土完整或政治獨立進行任何武力威脅或使用武力，或以任何違反聯合國憲章之國際法原則的方式進行武力威脅或使用武力。然而，必須注意者是適用無害通過之船舶，在通過時必須符合「無害」之要求，違反者即使得該船舶喪失無害通過權。然而，行使過境通行權之船舶，其過境通行權之行使獨立於「無害」條件之外，只有在極端情形下，海峽沿岸國或可行使自衛權，否則在一般正常情形之下，不得拒絕或阻止該船舶行使過境通行權。

（3）海峽沿岸國對於被主張無害通過權之海峽，有相當廣泛管轄權，可以制定關於無害通過之法律與規章，以及指定或規定海道或分道通航，只須「考慮」如國際海事組織之建議而已。但是，對於適用過境通行之海峽，海峽沿岸國之管轄權則受到相當嚴重之限制，例如，有關指定海道與採行分道通航之規定，必須符合「一般接受之國際規章」，且必須將其提議送交國際海事組織，以期得到接納。另外，相關航行安全、交通管理、海岸污染、海關、財政、移民或衛生等法律與規章之制定與實施，均須符合一般國際接受的規章及國際海洋法公約的規定。

（4）從國際海洋規定來檢視，沿海國在領海內之民事與刑事管轄權，大致上仍然容許沿海國有較大之管轄權限；但在行使過境通行之海峽，船旗國之賦予的權限，比之於對無害通過權之船舶有較大之管轄權。

（5）海峽使用國與海峽沿岸國應就：①在海峽內建立並維持必要的助航及安全設備；②防止、減少與控制來自船舶的污染；透過協議來進行合作。相較之下，在無害通國權之行使，則無此規定，顯然是承認在過境通行權之行使，對於海峽沿岸國之權利限制較重，而要求海峽使用國有必要共同負擔協議合作之責任。

20.接近權

「接近權」（Right of Approach）係指軍艦為了維持公海之秩序，執行國內法與國際法之規定，於公海上發現可疑之船舶時，得駛近該船舶，以查明其船籍、旗號及其在公海上的目的；而所謂「可疑之船舶」乃是指船旗不明及航行目的不明之船舶。

21.臨檢權

當軍艦在公海上實施「接近權」時，軍艦通常先升示自己國旗，即係「警告」該可疑船舶，該船舶在遇見軍艦時，通常應先立即升起自己國旗，如果在軍艦先升國旗後，該船舶至此應迅速升旗表明國籍，如有犯罪嫌疑時，軍艦可進一步行使「臨檢權」（Right of Visit）。此處「臨檢」係指索閱各種文件或派人登船執行此臨檢任務。惟此處之「臨檢」必須有「超越合理懷疑」（Beyond Reasonable Doubt）之「證據」（Evidence）顯示該船舶有犯罪之嫌疑。

22.登臨權

基本上，「登臨權」（Right of Boarding）與「臨檢權」；在實質上，並無多大差異，均指「登船臨檢」之意。即指軍艦如果發現外國船舶形跡可疑，而有「合理」之懷疑有進行海盜、販奴或其他海洋公約所認定之不法勾當，可以登船檢驗船舶文件外，尚得在船上進行檢查。因之，有些學者亦習稱為「臨檢權」（Right of Visit）。一般認為「登臨權」似乎較為正式，而臨檢權僅是舊時之稱謂。

依據海洋港公約第29條的定義，軍艦是指「屬於一國武裝部隊、具備辨別軍艦國籍的外部標誌，由該國政府正式委任並名列相應的現役名冊或

類似名冊的軍官指揮和配備有服從正規武裝部隊紀律的船員的船舶」。第
95條規定軍艦在公海上有完全的豁免權；第96條規定「由一國所有或經營
並專用於政府非商業性服務的船舶」，在公海上也有完全的豁免權。但依
第102條，如果軍艦、政府船舶或政府飛機由於其船員或機組成員發生叛
變而從事海盜行為，則視同私人船舶或飛機，而喪失其豁免權。

　　在公海上船舶雖然只受船旗國的專屬管轄，但軍艦、軍用飛機與政府
船舶，如有合理根據認為外國不具豁免權的船舶，有下列嫌疑，依公約第
110條可以登臨檢查：
（1）該船從事海盜行為。
（2）該船從事奴隸販賣。
（3）該船從事未經許可的廣播而且軍艦的船旗國依據第109條有管轄權。
（4）該船沒有國籍。
（5）該船雖懸掛外國旗幟或拒不展示其旗幟，而事實上卻與該軍艦屬同
　　　一國籍。

　　軍艦可以派一艘由一名軍官指揮的小艇到該嫌疑船舶，查核該船懸掛
其旗幟的權利。如果檢驗船舶文件後仍有嫌疑，軍艦可進一步在該船上進
行檢查，但檢查須儘量審慎進行。如果嫌疑經證明為無根據，而且被登臨
的船舶並未從事嫌疑的任何行為，對該船舶可能遭受的任何損失或損害應
予賠償。這些規定也比照適用於軍機或政府船舶。

23.緊追權

　　沿海國之「緊追權」（Right of Hot Pursuit），源起於19世紀的海洋
強國的實際作法，長久以來，習以為常；未遭重大爭議，而成為習慣法的
一部分。1958年之公海公約及1982年聯合國海洋法公約，均納入此項習慣
法之規定，而正式的法典化成為現行國際海洋法的規範。基本上，緊追權
的行使，自然成為海上航行自由原則的又一例外。且為國家行使管轄權之
特殊延伸。此乃因緊追權行使之結果，被緊追之船舶，有被拿捕或擊毀之
危機，當然不具有航行之自由；且二者之國籍，又不隸屬於同一國家，緊
追權之行使者，自然是將其本國之管轄權，延伸及於另一國家之船舶。如

果無此緊追權之便宜行事，違法犯罪之船舶，盡可以公海為庇護所或逃脫處；如此則沿海國之安全可慮，公海秩序亦將無法維持。但緊追權亦不得濫用。公海公約與聯合國海洋法公約均規定甚嚴。

　　所謂「緊追權」乃是依據傳統習慣法或更正式的國際慣例所形成之沿海國管轄權的行使。沿海國如果認為外國船舶在其內水或領海內違反法令，並具有充分理由時，沿海國之軍艦、飛機或其他政府授權的船隻，可以在內水或領海下令該船隻停船受檢查，如果該船不聽命令，則可以對該船進行追逐，直至公海而將其拿捕。

　　海洋法公約第111條再將緊追權擴大到專屬經濟區及大陸架上的水域。該條規定如下：

（1）沿海國主管當局有充分理由認為外國船舶違反該國法律和規章時，可對該外國船舶進行緊追。此項追逐須在外國船舶或其小艇之一在追逐國的內水、群島水域、領海或毗連區內時開始，而且只有追逐未曾中斷，才可在領海或毗連區外繼續進行。當外國船舶在領海或毗連區內接獲停駛命令時，發出命令的船舶並無必要也在領海或毗連區內。如果外國船舶是在第33條所規定的毗連區內，追逐只有在設立該區所保護的權利遭到侵犯的情形下才可進行。

（2）對於在專屬經濟區內或大陸架上，包括大陸架上設施周圍的安全地帶內，違反沿海國按照本公約適用於專屬經濟區或大陸架包括這種安全地帶的法律和規章的行為，應比照適用緊追權。

（3）緊追權在被追逐的船舶進入其本國領海或第三國領海時立即終止。

（4）除非追逐的船舶以可用的實際方法認定被追逐的船舶或其小艇之一或作為一隊進行活動而以被追逐的船舶為母船的其他船艇是在領海範圍內，或者，根據情況，在毗連區或專屬經濟區內或在大陸架上，緊追不得認為已經開始。追逐只有在外國船舶視聽所及的距離內發出視覺或聽覺的停駛信號後，才可開始。

（5）緊追權只可由軍艦、軍用飛機或其他有清楚標誌可以識別的為政府服務並經授權緊追的船舶或飛機行使。

（6）在飛機進行緊追時：

①應比照適用第1至4款的規定。

②發出停駛命令的飛機，除非其本身能逮捕該船舶，否則須其本身積極追逐船舶直至其所召喚的沿海國船舶或另一飛機前來接替追逐為止。飛機僅發現船舶犯法或有犯法嫌疑，如果該飛機本身或接著無間斷地進行追逐的其他飛機或船舶既未命令該船停駛也未進行追逐，則不足以構成在領海以外逮捕的理由。

（7）在一國管轄範圍內被逮捕並被押解到該國港口以便主管當局審問的船舶，不得僅以其在航行中由於情況需要而曾被押解通過專屬經濟區的或公海的一部分理由而要求釋放。

（8）在無正當理由行使緊追權的情況下，在領海以外被命令停駛或被逮捕的船舶，對於可能因此遭受的任何損失或損害應獲賠償。

總結而言，行使「緊追權」之要件如下：

（1）追逐必須在外國船舶或其小艇之一在追逐國的領海或鄰接區內時開始。

（2）追逐之前應以視聽訊號可被收受的距離內發出停船命令；發出命令的船舶並無必要也在領海或鄰接區內。

（3）追逐必須緊追並繼續，亦即不得中斷。

（4）若船舶進入第三國領海或其船籍國領海，則緊追權必須停止，因為繼續緊追將會侵犯它國主權之行使。

（5）追逐船舶應該使用任何必要及合理之力量來進行逮捕，即便結果係無可避免地使船舶沉沒。因此，無正當理由或以不正當強制力量行使緊追權所造成的任何損害應獲得賠償。

（6）一般而言，可以使用船舶、飛機自開始追逐的飛機來「接替」繼續追逐，雖沒有明文規定允許以船舶接替船舶，但接受此觀點似乎被多數國家所接受。

第二部分；專題研究與論述

■專題：公海法制之建構

壹、前言

　　人類對於海洋之利用，相當悠久，可以溯自人類社會形成之時，沿海民族為了日常生活起見，早就開始以海洋中的生物，作為維生之計。歐洲人之循海線航行，更是有不少記載，北歐的民族像「維京人」（Vi Kings）早就在北海與北大西洋捕鯨；而南歐的地中海沿岸的住民也早有貿易與航運的活動，史書上亦早有記載。更有許多生意上的作法是後世海商法的慣例法源。然而，如果論及最早而能越洋遠航者，則首推亞洲人，早在西元前300年，即有印度人遠航至巴比倫從事貿易行為。而中國人更在西元前航行至印度洋與東南亞小城，有生意上的往來。

　　中世紀之時，歐洲大陸的國家開始對其周邊的海域主張管轄；然而，當時各國所主張的海域，有異於今日領海的觀念。當時各國主張海域時，大都缺乏「鄰近」的觀念；因為當時各國的主張，並非放眼在「與其鄰近的海域」，而是依據本身的特殊需要或基於國家本身的利益，而作出主張。例如，有些國家對於通航船舶的課稅權利，有些則主張對於從事於海盜等犯罪行為的刑事管轄權。自中世紀以來，對於海域的各種不同的伸張本身利益的主張，不能務實的反映國際社會整體的利益。因此，如果要讓各國均能共同分享整個海洋的資源與利益，顯然就不能將海洋置於單一國家的「管轄」之下，而必須保持海洋的自由。基於此種認識，海洋自由的思想乃應運而生。

　　荷蘭法學家格勞秀斯（Hugo Grotius）之所以被後世尊稱為國際法之父的很大的一個原因，就是他在1609年所出版的「海洋自由論」，駁斥了當時所盛行的海洋可以自由的讓各國所分佔的理論。這在當時來講相當的

震撼了國際社會。雖然他的主張在當時也只是在維護荷蘭在海洋世界的貿易與航運的利益；同時也未要求各國應該「完全」放棄對海域的主張。但是，不論從哪個角度來檢視格勞秀斯的主張，均可以嗅出「海洋自由」或「海洋不可分割」的味道。雖然他的主張仍然認為沿海國可以對於海域為管轄之主張，但是重要的是各國所主張管轄的海域「不得漫無限制」，而應僅以與海岸相鄰近者為限。這樣的主張或者說這樣的觀念，在海洋法制的發展上，可謂是一個重大的「里程碑」（Milestone）。因為它可以說是當代「領海制度」的濫觴。

自此而後，各國開始逐漸修正或放棄了以往對於海域的誇大主張。到18、19世紀，各國在實踐上已經逐漸呈現了相當一致的主張，各國大致上也僅對其「鄰近」之海域提出管轄之主張。相對之下，在各國所主張的海域之外的廣大海域則成為得自由使用之「公海」（High Seas）。如果進一步去探討「海洋自由」的主張之所以會被各國所接受，其原因不外：一、海上航行的頻繁與海上貿易的遽增，一個開放與自由航行的海洋，實際上對各國均有利；以及二、實際上各國亦無法有效地去控制或管轄其所主張的廣大海域。

基於以上的認識，到了20世紀，各國間產生了一個共同的法律信念，那就是公海不得由各國所分占或取得，而應開放給全體人類共同使用。基於這樣的信念，各國因而產生了「共識」（Consensus），而進一步地產生了「公海自由原則」（Freedom of High Seas Principle）。並在1958年的「公海公約」以及1982年的「聯合國海洋法公約」正式的加以「法化」。

貳、公海之概念與其意義

公海概念的產生，比較海洋的航行、利用與貿易來說，相當的晚；這個概念的形成亦是逐步地因為各國實際上的需要，才發展出來的習慣法制的運作制度。具體的來說，公海概念的產生，大約是在16世紀末到17世紀。各國原本對海洋的想法並不具有什麼「公海」的概念，或者可以這麼

說，人類社會對海洋並沒有什麼特定的看法，也沒有想要去了解它，而把它當作是空氣的，是人類的公有物，或者是把它看作是人類共有之物；它是開放給任何人的，也就是說，任何人都可以在海洋上自由航行，不受任何拘束。就是所有的海洋均是公海。然而，這樣的認知到了中古時期的後半段，就有一些國家隨著主意識的興起，而提出管轄某一部分公海之要求。當「國際法」逐漸成形之後，大部分的國家開始深信它們可以把主權設定在公海上。這種情形造成歐洲海權國家彼此爭奪海洋的控制權，彼此之間也毫不相讓。國與國之間爭奪海洋的情形相當緊張。直到格勞秀斯提出「海洋自由論」之後，情況才有所改變；在沒有任何單一國家能確實主導或管轄海洋上的權利之後，「海洋自由」的開放給所有的國家，不失為雖不十分滿意，卻也勉強可以接受的一個「妥協」之下的產物。至此，各國開始接受：「公海不得被各國所取得而應開放給全人類共同使用」的信念。也就是因為如此的信念，海上航行的自由也就逐漸成為各國所接受的原則。

　　待領海的觀念形成之後，「公海自由原則」就適用在領海以外的海域，這就是所謂的「公海」，換言之，公海即是指領海以外的海洋。它不得成為任何國家設定主權的對象或客體。質言之，公海不隸屬於任何國家，它獨立於國家主權之外。1958年的「公海公約」就將公海定義成不包括一國領海和內水的全部海域；其後，由於海洋強權的沿海國對海洋權利及管轄範圍的擴大，出現了專屬經濟區、群島水域等新的海洋法上的概念，也因此而改變了公海範圍。實際上這是縮小了公海的範圍，更因此，在實質上限縮了「公海自由原則」適用的範疇。當然，公海自由原則，立意良好，也在事實上減少了國際之間的紛爭，更符合各國的國家利益。因此而有必要在了解公海法制之建構時，也同時去了解它的相關內容。另外，更須去了解當今所指之「公海」為何？

　　1982年聯合國海洋法公約第82條明定：「公海的規定適用於不包括在國家的專屬經濟區、領海或內水或群島國水域內的全部海域。」其定義十分明確，較之過去1958年日內瓦公海公約第1條，減少了專屬經濟區及群島水域二部分。依據上開公海公約規矩，公海的範圍可以擴展至外太空及

海床及底土，然而隨著大陸礁層觀念的出現及國際海底管理局對於深海底的管轄，已使公海的範圍縮小許多。

參、公海之法律地位

　　公海是人類的共同財產，供所有國家共同、平等地使用，任何國家都不得將公海的任何部分置於其主權管轄下。在公海上，實行「公海自由」這一國際習慣規則。「公海公約」規定的公海自由主要包括以下六項[1]：（1）航行自由；（2）習慣目由；（3）鋪設海底電纜和管道的自由；（4）建造人工島嶼和設施的自由；（5）捕魚自由；（6）科學研究的自由。所有的國家，不論沿海國還是內陸國，在公海上都可以享受這6項自由。當然，公海自由並非是毫無限制的自由，為了確保公海自由權能得到充分和廣泛的行使，也為了維護公海上的正常秩序，「公海公約」和「聯合國海洋法公約」為公海建立了一套完整的法律制度[2]：各個國家在行使公海自由權的同時，應嚴格遵守這些法律制度而「聯合國海洋法公約」規定的公海法律制度主要包括：航行制度、鋪設海底電纜和管道的制度、捕魚及養護生物資源的制度等。

　　公海是對所有國家開放，任何國家不得對公海主張任何部分有其主權，此為習慣國際法[3]。正如1982年聯合國海洋法公約第89條所明定：「任何國家不得有效聲稱將公海的任何部分，置於其主權範圍之下。」第87條明定：「公海對所有國家開放，不論其為沿海國或內陸國，公海自由是在本公約和其它國際法規則所規定的條件下行使的。」

　　公海對各國一律開放，任何國家不得有效主張公海任何部分屬其主權之下，公海自應依1958年公海公約、1982年聯合國海洋法公約及國際法其

---

[1] 尹章華編著，國際海洋法，臺北，文笙書局，民國92年，第11-1頁。

[2] 同前註。

[3] 陳荔彤，海洋法論，臺北，元照，民國91年，第326頁。

他規則所定之條件使用。因此，從這個原則來看，沒有一個國家得於公海主張其主權或者管轄權，亦即沒有一個國家有權去阻止其他國家以合法的目地使用公海，這個習慣法已於第一次及第三次聯合國國際海洋法會議中法典化，此乃國際法上重要之里程碑[4]。

公海之法律地位，基本上是建築在公海自由原則的基礎之上。公海自由原本就是指公海不屬於任何國家主權之下，各國的船舶有在公海上不受別國干擾的自由航行之權。此外，海洋強權往往把「公海自由」解釋成無限制的絕對自由。然而，公海自由絕不是指公海處於無法律狀態。公海自由使用本身即是一種法律狀態。聯合國海洋法公約即明白指出，所有國家在行使這些自由時，就應考慮到其他國家行使公海自由的利益。

肆、公海自由原則

一、公海自由之意義

海洋為人類的共同財產，絕非一國所可獨占；公海不應屬於任何國家，而應對各國一律開放，平等使用。任何國家均不得主張公海的任何部分屬於它主權的範圍。早在1958年的公海公約第2條即明文規定，公海自由，應以公海公約之條款及國際法其他規則所定之條件行使之。公海自由，並非謂公海之完全放任，陷於無法律秩序之狀態，或是任由海權大國所支配；仍應由國際社會的各種慣例或相關法規，予以規範，使利用海洋者，共同遵守。國際社會之所以要對「公海自由」加以規範其內容及意旨，其目的並不是在限制「公海自由」，而是在保障公海自由權之行使，合於整個國際社會之利益。

因為每一個國家對於公海上的外國船舶，原則上不能加以控制，是故各國間對於公海之自由，希望能有一個新的限制規則，然隨著海洋新科技

---

[4]　同前註，第329頁。

不斷的開展，公海自由原則是不能以列舉的方式規定，而於1958年公海公約的第2條列出了航行自由、捕魚自由、鋪設海底電纜及管線自由、公海上空飛行之自由，同時也做了以下的陳述[5]：「各國行使以上自由及國際法上一般原則所承認之其它自由，應當顧及其它國家行使公海自由之利益。」這說明了不論是否沿海國都有權利自由地使用公海。

1982年聯合國海洋法公約第87條規定：「公海對所有國家開放，不論其為沿海國或內陸國。公海自由是在本公約及其它國際法規則所定之條件下行使的。公海自由對沿海國和內陸國而言，除其它外，包括[6]：（一）航行自由；（二）飛越自由；（三）鋪設海底電纜及管線之自由，但受第六部分之限制；（四）捕魚之自由，但受第二節規定條件之限制；（五）科學研究的自由，但受第六和第十三部分的限制；（六）人工島嶼設施及其它設施的自由」「這些自由應由所有國家行使，但須適當顧及其它國家行使公海自由之利益，並適當顧及本公約所規定的同『區域』內活動有關的權利。」

二、公海自由原則之內容

公海自由原則的內容為何，見解不一，但是，一般都一致認為，公海自由原則應包括一項禁止規定，即：禁止領土主權，析言之：公海不得被置於國家領土主權之下。基於此項規定，則各國顯然不得占領公海全部或部分或採取其他任何措施，以取得公海全部或部分。另一方面，此項禁止規定的目的，是在於保障各國得使用公海。因此，各國即使無取得公海的意思，但也不得任意占領或控制公海，致他國無法使用[7]。

基於前段所述，公海自由原則除了包括禁止領土主權之規定外，尚應進一步涵蓋另一項規定，以期能直接保障各國對於公海的使用。此項規定可稱之為「禁止妨害使用」規定。此項禁止規定的內容應是：一國不得對

5　見1958年公海公約第2條。
6　見1982年聯合國海洋法公約第87條。
7　黃異，海洋秩序與國際法，臺北，學林，民國89年，第138頁。

於他國之使用公海為阻礙或其他的不良影響。基於此項規定，則使用國享有使用公海之權利，而第三國則負有不得侵害此項使用的義務[8]。

公海自由原則包括消極與積極二方面的規定[9]：積極規定是：公海應開放給全體人類使用；消極規定則是：（一）各國不得依國際法中領土取得方式或其他理由，取得公海全部或部分；（二）各國不得占領公海全部或部分；（三）各國不得以其他任何方法，防阻公海的使用。

公海的使用方式，並無任何限制。1982年聯合國海洋法公約曾例示各種傳統的使用方式，並稱之為「公海自由」（freedom of the High Seas），如：航行自由、飛越自由、鋪設管線及電纜自由、漁捕自由、科學研究自由以及設置人工島之自由。除了這些使用方式之外，尚可有其他使用方式[10]。

基本上，各種使用方式皆為公海自由原則所許可。但是，各種使用方式之間，則不可有不合理的妨礙[11]：各種使用方式之間在基本上必然會相互妨礙，但是各種使用方式間應有合理的協調，使得妨礙維持在合理的範圍之內。此項基本原則亦被納入於1958年公海公約及1982年聯合國海洋法公約之中。

公海自由是國際法上早已確立的慣例，其具體內容據海洋法公約第87條的規定，包括：

（1）航行自由。

（2）飛越自由。

（3）鋪造海底電纜和管道的自由；但依公約第79條的規定，應適當顧及已經鋪設的電纜和管道，特別是不應妨害修理現有電纜和管道的可能性。如電纜或管道經過公海下他國的大陸架，則其路線的劃定須經沿海國的同意。

（4）建造國際法所允許的人工島嶼和其他設施的自由；但依第80條，應

8　同前註，第139頁。

9　黃異，國際海洋法，臺北，渤海堂，民國81年，第80頁。

10　同前註。

11　同前註。

適當顧及已建造的人工島和其他設施，特別是不應影響修理此等人工島或設施的可能性。且在公海下的他國大陸架上建造人工島或其他設施，應得沿海國的同意。

（5）捕魚自由；但受公約第116條至120條有關公海生物資源的養護和管理之規定的拘束。

（6）科學研究的自由；但依公約第246條規定，在大陸架（包括公海下他國的大陸架上）進行科學研究，應經沿海國同意。

以上這些自由不論是沿海國或內陸國均可以行使，但行使時須顧及其他國家行使公海自由的利益。

海洋法公約上未列舉的自由，也可以行使，其標準應是此等自由是否「合理」（reasonableness）；這方面有時會引起爭執。一般認為在海上舉行海軍演習或傳統武器試射，並未違反公約第89條的為和平目的使用公海之規定；但在海上試驗核子武器則有爭執[12]。

伍、公海上之管轄權

公海自由是被國際法認定是公海法律制度的基礎。而公海自由更是植基在公海自由原則之上。因此，從這個觀點來檢視，公海自由原則才是公海法制之基石，這一點是無庸置疑的。易言之，依據公海自由原則，公海不得置於任何國家的主權之下；也就是沒有任何一個國家得以對公海之全部或一部主張主權，進而在公海實施管轄。如果完完全全依據公海自由原則，來解決公海上發生的事情，公海將形成「無法的真空狀態」。這是脫離國際現實的；因此，國際社會亟須訂定一套客觀的標準，來公平地解決公海上的紛爭事務，而這樣的標準就是要來決定，糾紛發生了之後，不能不加以解決；然而，又要如何公平、客觀及迅速而有效地解決呢？這其實

---

[12] 丘宏達，現代國際法，臺北，三民書局，民國84年，第600頁。並參見，Churchill and Lowe, The Law of the Sea, (Manchester, UK: Manchester University Press, 1992), P.168, 176.

就是要來解決紛爭發生後，應由哪一個國家來管轄的問題。

　　理論上，公海中事項應由何國管轄，端視該事項與何國有關連性而定。若事項僅與一個國家有關連性，則由該國管轄，若事項與多數國家有關連性，則由多數國家管轄。在後者情形中，發生管轄競合[13]。

　　船舶進入公海，基本上應由船籍國為管轄。因為，透過船舶國籍之連繫，使船籍國與船舶間產生關連性。因此、船籍國得對於在公海中船舶為規範及對之實施行為。基於相同理由，船籍國得對於在公海中船舶內事項為規範及在船舶內實施行為。所有這些情形，即所謂的船旗管轄權[14]。

　　除了因船舶國籍而產生的管轄之外，國際法尚進一步針對各種情形，明定公海中的管轄歸屬。不可否認的，前者的管轄與後者的管轄有可能發生競合。在下文中，將就公海中各種管轄情形加以說明。

一、航行之自由

　　根據公海自由原則，依照公海公約和海洋法公約的規定，任何沿海國和內陸國，都有權在公海上行駛懸掛本國國旗的船舶，而且其船舶得隨時在公海上任何部分停留，船舶利用這一權利時，應符合下列要求[15]：

　　第一、公私船舶都應依法登記以取得國籍，須與登記國有真正連繫。它們有權懸掛其國旗，而且必須懸掛，但一船應僅懸掛一國國旗航行，不得多於一國國旗。懸掛甲國國旗的船舶，具有甲國國籍。船舶除其所有權確實移轉或變更登記者外，不得於航程中或在停泊港內更換其國旗。船舶如懸掛兩國以上國家之國旗航行，權宜換用，不得對他國主張其中任何一國之國籍，且得視同無國籍船舶。

　　第二、船舶須受其本國管轄。依照舊的理論，公私船舶在公海上應受而且只受船旗國（Flag state）的法律管轄，是由於傳統的「浮動領土說」的援用，視公海上的船舶為船旗國的「浮動領土」，既是領土，船旗國行

---

[13] 見前揭註9，第80頁。

[14] 同前註。

[15] 陳治世，國際法，臺北，臺灣商務印書館，民國79年，第258頁至第260頁。

使的便是領土管轄權，而領土管轄權應由船旗國行使，也只有船旗國才能行使。現在的理論則認為，船旗國行使的是對人管轄權，當它的商船於公海上時，等於它的國民在公海上，而且不受他國的管轄，它於是應延伸管轄權至公海上。

公海公約和海洋法公約都規定，船旗國得對其在公海上的船舶行使的管轄權，還有下列各種：（一）規定給予船舶國籍、船舶在其境內登記及享有懸掛其國旗權利的條件，並對懸其國旗的船舶在行政、技術及社會事宜上確實行使管轄及管制。（二）核發懸掛國旗許可證書；（三）為下列事項訂立辦法：*1.*信號的使用，通訊的維持及碰撞的防止；*2.*船舶人員的配置和船員的勞動條件；*3.*船舶的構造、裝備和適航能力。

第三、應遵行或責成其船舶遵行下列要求：（一）採取有效措施以防止並懲治懸掛其國旗的船舶販運奴隸，並且防止非法使用其國旗從事這種行為。（二）責成懸掛其國旗的船舶船長在不甚危害船舶、船員或乘客時，*1.*救助在海上有被淹沒危險者；*2.*據告有人遇難亟需救助時儘速前往援救；*3.*於碰撞後，對於他方船舶、船員及乘客予以救助，並於可能時將其船舶名稱、船籍港及開往的最近港口告知他方船舶。

二、捕魚之自由

各國人民得隨時在公海任何區域捕魚或探採各種海產，除於其國家受條約或特殊義務限制外，不應遭受任何國家阻撓或干擾。但是，為了養護公海生物資源，並使海產利益均沾起見，各國曾簽訂關於限制捕魚的條約，例如英、法、丹、比、德、荷等六國，曾於1882年簽訂「北海領海外漁業管理公約」（Convention for the Regulation of the Police of the Fisheries tin the North Sea Outside Territorial Waters），法、義、挪、葡、西、丹、加拿大、冰島等八國，於1949年簽訂「西北大西洋漁業公約」（Northwestern Atlantic Fisheries Convention），美、日、加等三國，於1952年簽訂「北太平洋公海漁業公約」（North Pacific High Seas Fisheries Convention），以及1958年的「捕魚及養護公海生物資源公約」

（Convention on Fishing and Conservation of the Living Resources of the High Seas）[16]。

1958年「捕魚及養護公海生物資源公約」和1982年海洋法公約都訂明[17]：各國國民有權在公海捕魚，但須遵守條約義務和公約的規定；各國都應盡力並和他國合作養護公海生物資源（包括海洋哺乳動物），於適當情形下設立區域性漁業組織，使這種資源最適當又能持久，以求能夠取得食物和其他海產的最大供應量；各國應在其國民事實上獨占的海域內，採行養護有關生物資源的措施。兩國國民在同一海域採捕一種或數種魚源時，有關各國應舉行談判，為各該國國民協議規定養護有關生物資源的必要措施；各國應經常提供並交換科學資訊及漁獲量統計，限制漁捕量，不歧視外國漁民；總之，各國國民在公海捕魚或探採其他海產，應顧及公海生物資源的培養，須接受必要的約束，捕魚自由並不是漫無限制的。

三、飛越之自由

公海上空之法律地位和公海一樣，不屬任何國家的主權管轄範圍，因此，無論沿海國或內陸國的航空器都有在公海上空飛越之權利和自由。此項國際法習慣規則值得析論之處有二[18]：

第一、就飛越自由之範圍言，公海雖不包括國家管轄範圍的各種海域，但除領海以外，專屬經濟海域及大陸礁層雖然不是公海，但其上空和公海上空一樣，屬於各國航空器自由飛越的空間。至於大陸礁層延伸到距領海基線200浬以外的部分，沿海國雖然對之享有管轄權；但這種權利之行使並「不影響上覆水域及水域上空的法律地位」，因此，無論大陸礁層的寬度是否超過專屬經濟海域的寬度，均不影響任何國家航空器的飛越自由。

尤有進者，「國際航行用的海峽」之上空及群島水域的海道上空，各

---

[16] 同前註，第260頁至第261頁。

[17] 同前註，第261頁。

[18] 俞寬賜，國際法新論，臺北，啟英，民國91年，第509頁。

國航空器亦均享有飛越之權利。不過這種權利與公海上空的飛越自由相比較，除了兩種飛越均須遵守「芝加哥國際民用航空公約」規範（包括國際民航組織制訂的適用於民用飛機之「航空規則」）外，尚須繼續不停、迅速和無障礙地飛越；國有飛機在飛越時亦應遵守安全措施、顧及航行安全。行使「群島海道」上空的飛越權時，航空器更不得偏離「海道中心線」25海里以外、或距離海岸不得「小於海道邊緣各島最近各點之間的距離的10%」，並遵守沿峽國或群島國所制訂之關於「過境通行」或「群島海道通行」的法律規章。

第二、民用航空器必須在一國登記，取得該國之國籍，並在機身外清楚標示這種國籍以資識別。至於國有的軍、警、海關航空器之飛航規則，則由其所屬國制訂。國家在制訂此等規範時，應當注意民用航空的安全。

總而言之，公海既為全人類共有，則其上空也不歸屬任何國家，沒有國家可以主張有那上空的主權，或在那上空行使專屬管轄權，所以各國的航空器，只要沿著一定的航線，就可以定時在那上空飛行，或於安全的情況下，隨時飛越那上空的任何部分，飛行時僅受其籍屬國管轄，他國不得過問。這一自由，公海公約第2條明定確認，海洋法公約第87條再次規定。

四、鋪設電纜管線之自由

1858年公海公約訂明：「一、各國均有權在公海海床鋪設海底電纜及管線。二、沿海國除為探測大陸礁層及開發其天然資源有權採取合理措施外，對此項電纜或管線之鋪設或維護，不得阻礙。三、鋪設此項電纜或管線時，當事國對於海床上原已存在之電纜或管線應妥為顧及，尤不得使原有電纜或管線之修理可能，受有妨礙。」（公約第26條）該約又訂明，各國應以法律規定：懸其國旗的船舶與其管轄的個人，於故意或過失破壞或損害公海海底電纜，以致電報或電話通訊停頓或受阻，故意或過失破壞或損害海底管線或高壓電纜時，都是應受處罰的罪行，但個人基於保全其生命或船舶的正當目的，曾盡力避免這種破壞或損害者，不在此限（同約第

27條）。此外，各國又應以法律規定：受其管轄的公海海底纜線所有人，因鋪設或修理纜線，而破壞或損害他人纜或線時，應賠償修理費（同約第28條）；船舶所有人為避免損害海底電纜或管線，雖已採較一切合理預防措施，仍要放棄其錨網或其他漁具，而能證明時，得向電纜或管線所有人索取賠償[19]。

　　1982年聯合國海洋法公約第113條、第114條及第115條對於相關問題亦提出下列規定[20]：

　　（一）凡船舶或特定人故意或過失破壞或損害海底電纜，致電報或電話通訊停頓或受阻，則應受刑事制裁。此外，凡船舶或特定人因故意或過失破壞或損害海底管線或高壓電纜，則亦應受刑事制裁。惟在前揭兩者情形中，若為保全生命或船舶之目的，且經採用一切必要的預防措施仍不免破壞或損害發生者，則免受制裁。

　　前段所揭之有關制裁之法規制定權屬於船籍國及特定人之國籍國。換言之：各國應針對其船舶及國民，就破壞或損害海底電纜及管線之行為，為制裁的規定，並依此規定而為執行。

　　（二）凡因鋪設或修理海底電纜或管線致破壞或損害他人所有之電纜或管線者，應負損害賠償責任。各國應針對其國民就破壞或損害海底電纜或管線所生之損害賠償責任制定法規，並依此規定而為執行。

　　（三）船舶因避免損害海底電纜或管道致犧牲錨、網具或其他漁具時，電纜或管線所有人應負損害賠償責任，但以船舶所有人已採取一切預防措施，仍不免損害發生者為限。

五、海洋科學研究之自由

　　就「公海自由」言，1958年「日內瓦公海公約」第2條所列舉的項目中，並沒有「海洋科學研究」。不過根據草擬該公約的「聯合國國際法委員會」之評釋，該條文所列舉的公海自由項目並非全部的；而且特別指出

---

[19] 見前揭註15，第262頁。
[20] 見前揭註9，第91頁。

「海洋科學研究」就是未被列入該條文的實例。事實上，在那以前的差不多一個世紀之間，各國船舶在公海從事海洋科學研究之例不一而足，而並沒有遭遇任何抗議[21]。

影響所致，1982年「聯合國海洋法公約」則在第7部分明白將「海洋科學研究」列舉為「公海自由」的一個項目。但是此項自由的行使，須受該公約第6部分及第13部分之限制[22]。

與日內瓦制度相比較，「聯合國海洋法公約」將公海海床及其底土明定為「人類共同繼承的產業」，受新創立的「國際海床管理局」（International Seabed Authority）之節制。各國除在公海海域享有科學研究之自由外，在這種國際海床區域雖也有權從事海洋科學研究，但是受到較多的限制，其中除須專為和平目的及為全人類的利益和促進國際合作，及經由海床管理局或其他適當途徑有效傳播研究成果外，海洋科學研究進入探測階段（prospecting）以後，就須受到管理局的限制[23]，包括：（一）將其探測的區域通知管理局；（二）以書面保證其探測活動遵守海洋法公約規定之關於海洋環境保全的規則，及關於訓練開發中國家的人員之合作計畫。除此以外，任何在國際海床區域進行之探勘（exploration）和開採（exploitation），更必須獲得「國際海床管理局」的明確授權；為此，合格的申請者必須向該局提出工作計畫。綜合言之，日內瓦制度下的公海「海洋科學研究自由」雖未被列舉為「公海自由」的項目，但這種自由不僅獲得默認，而且廣大公海海域及其海床和底土，都是「海洋科學研究自由」的行使範圍。反之，在一1982年「聯合國海洋法公約」制度下，「海洋科學研究」雖然是法定的「公海自由」項目，但其行使的範圍不僅受新創立的專屬經濟海域及擴大後的大陸礁層之影響，而且受「國際海床管理局」之各種限制。[24]

---

[21] 見前揭註18，第512頁。

[22] 同前註。

[23] 同前註，第513頁。

[24] 同前註。

陸、公海法制之檢視——代結論

　　基本上，公海法制是建立在公海航行自由原則之上。公海公約建立了初步的公海法制規範，1982年的聯合國海洋法公約才是建構了完整的公海法制。這兩個公約基本上並不相牴觸，而是適度的相輔相成。

　　回歸到公海法制之本質，原本就是要為廣大的海洋建立一套有效的規範，公平地讓各國來遵守，用以維持公海上的良好秩序。因此，為了要檢視公海法制，我們大致從公海的航行制度來著手。現行的航行制度，從「法制面」來檢視，上述的兩個公約可以說規範的相當完備，例如：所有的國家均享有在公海上「自由」航行的權利。每一個國家，不論大小、強弱，亦不論是沿海國或內陸國均有權在公海上行駛懸掛其國旗之權利。但船舶航行只能懸掛一國的旗幟，視方便而換用國旗。此外，軍艦和由國家所有或經營並專用於政府非商業性服務的船舶，在公海上享有不受船旗國以外，任何其他國家管轄的完全豁免權。

　　海上航行的船舶負有救助的義務。船長在不嚴重危及其船舶、船員或乘客的情形下，要救助海上遇有生命危險之人；如果得悉有遇難而需要救助時，應該在可能的情況下，儘速的前往救助；船舶碰撞後，應對另一艘船舶，其船員與乘客立即地給予救助。更重要的是船旗國對船舶在公海上碰撞或發生其他航行事故，享有專屬管轄權。至於對船長或船上其他工作人員的刑事或紀律責任，只能向船旗國或此等人員之所屬國的司法或行政當局，提起刑事或紀律的程序，依各該國國內法的規定加以處理。

　　為了維持公海上的和平與良好秩序，各國有權對公海上的一些違反國際法的活動進行干涉。海洋法公約沿襲公海公約的作法有下列一些規定：（一）制止海盜行為；（二）制止販賣奴隸；（三）禁止販賣毒品；以及（四）禁止非法廣播……等規定。因此以目前的公海法制來檢視，雖然不是那麼的完善與周延，然而，這樣的公海法制剩下來的問題，似乎要注意的是如何確實的去執行的問題，這當然不是可以輕易忽視的。

第十二章　國際環境法

1.國際環境法三大原則

（1）各國享有依照其本國環境政策利用其資源的主權權利。

（2）各國負有義務，確保在其管轄範圍內之活動，不致危害他國的環境或其國家管轄範圍以外地區的環境。

（3）各國應合作議定，有關在其管轄範圍內之活動，對於在其管轄範圍以外地區，所造成的環境污染及其他危害之受害人，應負的責任與賠償的國際法規。

2.國際環境機構

　　聯合國環境方案（UNEP）為促進並協調各國及區域環境保護工作，執行改善人類環境計畫，有下列機構之設立：

　　（1）「國際住處及人類居所基金」（International Habitat and Human Settlements Foundation），以改善世界貧窮人民住屋及社區條件；（2）建立「地球觀察制度」（Earth watch System）及「全球環境偵測制度」（Gl0bal Environment Monitoring System），以偵測具有危險及傷害的污染物質；（3）建立國際查詢制度的環境新聞署（International Referral System for Sources of Environmental Information，簡稱為INFOTERRA）提供有關人類環境計畫、發展及科技的新聞及資料，七年內在100個國家設立「國家新聞集中站」（National Focal Points），以協調各國有關人類環境活動的資料；（4）建立一個「對於潛在有毒化學物品國際登記處」（International Register of Potentially Toxic Chemicals），自1980年以來，該處關注越界運輸及處理危險性的廢物；（5）設立化學安全國際方案及落後地區空氣污染偵測制度。

3.當前國際環境保護重大議題

（1）海洋及大氣污染及感染問題。因為這是全人類生存攸關問題，而且在某些情況下，污染及感染的影響無法局限於一隅；（2）野生物種及自然環境之保護。因為野生物是人類共同的遺產，對於受危害的物種之輸出、輸入及售賣的管制，有簽訂國際協定之必要；（3）海洋資源之濫肆開發。海洋是供應人類蛋白食物重要來源之一，不予維護，有被用盡之虞；（4）測報大氣、水土及氣候的變化；（5）環境優良品質國際標準的釐定；（6）所有國家對於危害環境的某些工業的作業過程，應相互管制與約束，以免為獲得競爭上的利益，而不顧此種危害環境後果。

4.人類環境宣言

聯合國人類環境會議，於1972年6月5日至16日在瑞典首都斯德哥爾摩舉行。會中通過「人類環境宣言」（Declaration on the Human Environment）。其內容如下：

人是環境的產物與鑄造者，環境是人類維持生存和發展智能的場所。由於科學和技術的加速發展，人類已擁有改變環境的廣大力量。自然與人為的環境，攸關全人類的幸福與生存。因此，維護與改善人類環境，是影響人類幸福與全世界經濟發展的大問題，為全世界人民希望之所寄，亦為各國政府不可旁貸的責任。在今天這個時代，人類改造環境的能力，如能用之於正途，將為世人帶來幸福，並能提高人生的品質（quality of life）；如使用不當，或漫不經心，同樣的生產能力，對於人類和環境，可以造成無窮的危害。我們看到許多地區人類造成的危害；對於飲水、空氣、地球和生物的污染，達到危險的程度；對於生存環境的生態平衡，已經造成重大不利的影響；對於生存資源，已經破壞到枯盡的地步；以及危害到人類身體、心理和社會健康的程度。際此時會，我們對於人類環境問題必須審慎採取共同行動，使得今世與後代的人們，能以生活在一個優美的環境之中。為達到此目的，個人和機關團體都應接受義務，共同努力。各國中央及地方政府都應負起責任，在其管轄區內，釐定維護環境的政策和行動。同時需要國際合作，籌集資金，支援發展中國家，對於維護環境

盡其責任。而且環境問題具有國際性，需要國與國之間加強合作，更需要國際組織的共同努力，始克有成。

5.人類環境會議之環境問題重大原則

（1）人人享有自由、平等及適當條件生活的基本權利，在優美的環境中，過著尊嚴幸福的生活。人人負有維護及改善環境的莊嚴義務，為今世和後代人類謀福利。

（2）地球上的自然資源包括空氣、水土和動植物必須予以保護。

（3）土地連綿生產重要資源的能力，必須予以維護。

（4）人類對於野生動植物的物種，負有保護並盡妥善養護之責。

（5）地球上不能更生之資源，必須確保其將來不致有盡絕之危險。

（6）施放有毒物質或熱量達到危害環境程度，必須予以制止，以確保生物體系不致受到嚴重或不可挽回的傷害。

（7）各國應採取一切可行步驟，防止海洋污染。

（8）維護及改善環境得利用各種資源，並應顧及各種情況及發展中國家的特別需要，倘其發展計畫中，因列有保護環境而增加任何費用時，可應其要求，給予額外國際技術或財政援助。

（9）為了達成合理利用各種資源，進而改善環境起見，各國在其發展計畫中，應採取完整協調的方式，確保經濟發展，能以適應保護及改善人類環境的需要，造福於人群。

（10）合理計畫，是緩和經濟發展與保護及改善環境二者之間衝突的良方。

（11）所有國家應以通力合作精神，處理國際性的環境保護及改善的問題。

（12）各國應確使國際組織在保護及改善環境方面，擔負協調、有效及積極的任務。

（13）人類及其環境，必須排除核子武器及一切其他大規模毀滅性方法的影響。

6.奈洛比宣言

　　為紀念斯德哥爾摩人類環境會議10週年，105個國家於1982年5月18日在奈洛比舉行第二屆人類環境會議，通過「奈洛比宣言」（Nairobi Declaration），其要點如下：

（1）與會各國宣稱：1972年斯德哥爾摩會議揭示的各項原則，迄今仍屬有效，且為未來人類環境法提供一個基本的行為規範。

（2）各國認為「人類環境行動計畫」只獲「部分實施」，而且人類環境有些部分嚴重惡化，包括森林砍伐、水土破壞、臭氧層變化、二氧化碳、酸雨增加，以及動植物物種滅絕。

（3）各國應促進國際環境法之逐漸發展，包括締結各種國際公約及協定。

7.環境保護與經濟發展之關係

　　環境保護與經濟發展之間的關係，在1960年代之前，表現在國際法方面，其實並沒有太顯著的呈現。經過大約半個世紀的演進與發展，國際社會大致上逐漸了解到二者之間的相互關係，可以是互補的關係，也可以是互斥的關係。這全要仰賴各國本身對於環境保護政策與經濟發展政策是如何去制定的，各自的目標又為何？更重要的是二者之間要如何去協調？這是指在國內法制的層面而言；然而，環境保護與經濟發展的另一個層面是國際社會的考量，這也是一項不可忽略的因素。

　　環境污染原本是已開發國家所遭遇的問題，而經濟發展則是開發中國家所努力的目標。在這樣的情形，致使若干關連的問題，不幸的被忽略；大致上有下列幾點：

　　第一、負責促進經濟發展計畫的國際機構，在給予發展中國家大量經濟援助的計畫中心，必須顧及此項計畫之實施，對於生態環境污染之影響。否則，因經濟發展而污染生態環境，將會抵消開發中國家所獲致的利益；第二、發展是經濟學科的一部門課題，其品質標準不像數量之易於確定。但有一項被共同接受的品質標準，就是維護發展中國家的環境不受污染；第三、聯合國大會曾有多次決議，宣布所有國家（尤其是開發

中國家），在經濟發展方面，對其本國的天然資源享有不可割讓的永久主權。1966年聯合國第21屆大會第2158號決議案在序言中宣稱：「天然資源不特有限，而且往往可以用盡，其開發之是否適當，足以決定發展中國家目前與將來之經濟發展情況」。鑒於有限的天然資源有被用盡之虞，就發生人類環境的維護問題。1972年在瑞典首都斯德哥爾摩舉行的人類環境會議，通過一項維護「人類環境宣言」（Declaration on the Human Environment），其中第2項及第3項原則規定：人類應以妥當的計畫與管理，維護地球的自然資源，並應盡一切可行辦法，維護地球重要資源的再生能力。

經濟發展與環境保護二者間有密切關係，在「人類環境宣言」的序文及所揭示的原則中一再確認，例如序文第4項宣稱：就開發中國家而言，環境問題是因低度開發造成的。又如第8項原則所稱：經濟及社會發展，是確保人類有利生活及工作環境的必要條件，並在地球上創造各種必要條件，以改善人類生活品質。

1980年8、9月間舉行的聯合國第11屆臨時大會通過的「第三屆聯合國發展十年」（Third United Nations Development Decade 1981-1990）國際發展策略中宣稱：在發展中國家加速經濟發展，將加強其改善環境能力，在發展過程中，必須考慮貧窮和低度開發對環境影響，以及經濟發展、環境、人口與資源相互間的關係……必須確保經濟發展過程，在環境方面能夠長期保護生態平衡，更須努力防止森林破壞與土壤剝蝕。

8.國際環境法對於核能安全之規範

三哩島（Three Miles Island）核能電廠的事件，震驚了國際社會。其後又發生了車諾比（Chernobye）核能電廠事件，此二事件的先後在美國與蘇聯兩大超級強權國家，顯示國際環境法，在核能安全與環境方面，有嚴重的缺失，或是未被國際社會所留意。特別是車諾比事件突顯了人類與自然資源所受到的傷害，更是有可能擴散到鄰近國家。為此，國際原子能總署（IAEA）在維也納召開臨時大會，於1986年9月26日通過兩項公約：（1）核子意外事件或輻射緊急事件儘早通知公約（Convention

on Early Notification of a Nuclear Accident or Radiological Emergency），
已於1986年10月27日生效；（2）核子意外事件或輻射緊急事件協助公約
（Convention on Assistance in the Event of a Nuclear Accident or Radiological
Emergency），已於1987年2月26日生效。依照通知公約規定，國際負有義
務將涉及軍民設備的核子意外事件（核子武器除外）的情況通知受到不利
影響的國家及國際原子能總署。五個擁有核子武器的國家表示：在該公約
規定的範圍內，它們願將對他國有重大輻射影響的核子意外事件通知有關
國家。歐洲社會國家在歐洲地區除已行之辦法外，亦採取適當措施，補充
兩項公約，以確保核子設備安全，與各會員國間之密切合作。依照第一次
檢討1968年防止核子繁衍條約大會所提的建議，1979年簽訂確實保護核子
物料公約（Convention on the Physical Protection of Nuclear Material），已
於1987年2月26日生效。該公約規定各締約國應採取措施，防阻各種惡意
行為，例如偷竊、破壞、移動及使用在運送或儲藏中的核子物料。

第二部分：專題研究與論述

■專題：論「污染者付費原則」之國際法規範

壹、引言

　　有關國際貿易所牽涉到之相關問題，繁繁簡簡，包羅萬象，幾乎無所
不在。然而眾多問題當中，「國際環境保護」（International Environmental
Protection）卻是其中之「佼佼者」，長久以來即一直存在而從未消
逝過。尤有進者，「跨國界環境保護」（Tran boundary Environmental
Protection）所引起之國際貿易問題，自1960年代以來即日趨嚴重，迨進
入1970年代，則更有愈演愈烈之勢。「污染者付費原則」（Polluter Pays

Principle）乃應運而生。然而追本溯源、歸根結底，此原則之最基本概念啟源於「英美法」（Anglo-American Law）之所謂的「正義」（Justice）觀念。即：一個人應該為自己之行為負責（One ought to be responsible for one's own conduct.）。而當此「正義」觀念融入「衡平法」（Law of Equity）中即意味著：你必須為你自己的所作所為付出代價（You have to pay for what you have done）。

　　因此可見「污染者付費原則」並非近代法學所發展出來之嶄新法律原則，亦非法官藉著判決所生之判例原則。而實際上它是存在於人類社會關係中之基本法律理念——正義觀念之推演而生。因之若稱此原則為所有法律原則當中，發生最早、綿延最久的法律原則之一，並不誇張，亦不為過。更重要亦更具意義的是此原則已逐漸被融合於國際法體系之中，而在近20年來逐漸形成為介於國際經貿與國際環境保護之間的「銜接橋樑」（Connecting Bridge）。然而若從另一個角度來審視此一原則，卻不難發現此原則雖然長久以來即貫穿國際貿易與國際環境保護問題之中；然而此一原則的正式被賦予近代意義的內涵，卻是從「國際環境保護政策」（International Environmental Protection Policy）中發展而出[1]。簡言之，它是從國際環境保護政策中演進而生之國際法在「環境保護問題」（Environmental Protection issues）方面之「基本原則」（Fundamental Principle）。故亦因而占有一席重要的地位及特殊的意義。

　　就是因為「污染者付費原則」在當今環境保護意識高漲之時代在國際法方面有相當重要之地位。而且在國際貿易糾紛層出不窮的今天，國際環境保護課題日益受到各國的重視，「污染者付費原則」更扮演了不可或缺的角色。因此對此原則本身意義的釐清，它過去的發展、形成，目前國際法方面的規範及將來的走向……等等均有必要加以探討、研究及分析、考量。故本章將以歷史分析法對前述各點加以鑽研，首先對此原則之形成及其意義加以澄清與界定，其次再以國際法為主軸就該原則之歷史發展加以分析研判，最後才對其未來之發展提出看法與建議。

---

[1] Recommendation on Guiding Principle Concerning International Economic Aspects of Environmental Policies, C(72)128, OECD, 1972.

貳、污染者付費原則之形成

　　環境保護的觀念是一直存在著的，但是卻一直未被重視，一直到1960年代「生態保育者」（Conservationists）首先揭櫫此標竿，大力宣導之下，逐漸引起各國主政者及民間有識之士的覺醒。惟至1970年代，由於國際貿易競爭日趨激烈，加之「自由貿易」（Free Trade）政策的推展，成為「高度開發國家」（Advance Developed Countries）間經濟成長的中樞：因而忽略了生態保育及環境保護的課題。影響所及是促使「環境主義者」（Environmentalists）對政府施展壓力，迫使政府決策部門經由各國立法部門大量制定有關環境保護法律及相關法規。而「污染者付費原則」即在此時成為「環境主義者」推展「環境保護運動」（Environmental Protection Movement）的中心思想之一。甚至成為此等人士之「口號」（Slogan）而響徹雲霄。

　　「污染者付費原則」之所以成為「環境主義者」所追求之中心思想及目標之一，乃是因為雖然各國主政之決策者及一般學者專家已經意識到政府在發展國內經濟及國際貿易的同時，不可以犧牲環境及生態的保護。但是一般而言，有關河川、海洋、湖泊及其他一些「污染防治措施」（Pollution Prevention Measures）的支出成本，並非由那些造成環境污染之個人或「私營企業」（Private Enterprises）來擔負。除了環境污染者本身在製造污染之同時觸犯了相關的刑法而成為「刑事犯」（Criminal），要負刑責外，其餘全都由政府使用「納稅者」（Tax-Payer）之稅金來支付，或是由政府「津貼」（Subsidies）污染者採取「污染者防治措施」。此等情形之產生，使得一般大眾甚為不平，而幾乎毫無異議的在世界各國響應「環境主義者」之號召——污染者付費原則中心思想之建立。

　　在「環境主義者」大力鼓吹之下，各國主政者開始對「污染者付費原則」加以深入了解，亦真正地「正視」各國之環境保護問題。如此，該原則逐漸被西方高度開發國家所確認及肯定。並因而成為各該國「環境保護政策」（Environmental Protectron Policy）之「基本政策理念」

（Fundamental Policy Idea）。然而在此環境保護之萌芽期，該原則之「法律內容」（Legal Contents）似嫌空洞，使得該原則幾乎不能在各國真正地「實現」（Realization）。亦僅僅比「口號」階段略為進步，並不能確實發揮其功能，更無庸論及所謂的「提升生活環境品質」（To Promote the Quality of Living Environment）之崇高理想。雖然如此，「環境主義者」並不氣餒，仍然繼續鼓吹「污染者付費原則」之理念。使得該原則逐漸擴展及發揮影響，各類以該原則為中心目標之國際會議加以重視並深入研討。同時各國決策者亦意識到「污染者付費原則」理念之具體實現，如僅停留在國內政策之宣導或國內法之制定是不可能的；而必須經由國際合作的方式，經由國際條約的簽訂或國際會議之決議方能實現「提升生活環境品質」之最高目標。

當「環境保護運動」經由「污染者付費原則」的前述國際化及普遍化之後，國際性的「經濟合作暨發展組織」（Organization for Economic Cooperation and Development; OECD）乃首度在1972年將此「污染者付費原則」以「環境政策原則」（Environmental Policy Principle）的方式見諸於世而對其內涵亦正式加以具體化[2]。由此可見，「污染者付費原則」並在20餘年後之今日已被公認為一「國際法原則」；然而吾人從它歷史發展的角度審視之，不難注意到它的發生卻是以「環境保護政策」的形態，由一國際組織的「共識」（Consensus）以「政策」的方式，對其會員國所作之「宣示」（Declaration）。由此可見，「污染者付費原則」的成長歷程，是先有「政策」成為國際組織的指導會員國的有關推展環境保護走向，然後各會員國為使此「政策」能確實付諸實施，才開始由各國立法機關採納而制定成各國之國內法。最後就因為它普遍的為各國所接受而演變成各國所服膺之「國際法原則」（International Law Principle）。

最重要的一項事實乃是它的被「經濟合作暨發展組織」所提出而為各會員國所接受，使之成為「國際環境保護政策」之中心指導原則。僅就此點而言，「污染者付費原則」已是國際法上有關環境保護之「基本

---

[2]　Ibid.; May 26, 1972.

法律原則」（Fundamental Legal Principle）。更是它在國際法上落實的具體表現。另外就是它的成長為「國際法原則」又具有相當重要的意義，那就是它既已成為「國際法原則」，在適用時，國際組織如「經濟合作暨發展組織」等之會員國便會被課以服膺此等「國際法原則」之「國際義務」（International Obligation）。因此「污染者付費原則」已被認定為目前國際社會中相當數量之國家經由國內立法之方式成為其「國內法」（Domestic Law）體系之一部分而具體的落實「環境保護」之目標。

參、污染者付費原則之意義

實際上，直到目前為止，國際間並不存在著一個各國所公認或一致同意的「污染者付費原則」的定義。不僅如此，國際間亦從未對該原則的「適用範疇」（The Scope of Application）加以「精確地」（Precisely）界定。同時國際間也未就該原則是否允許任何例外情形，達成任何協議或簽訂任何「協定」（Agreement）。除此之外，「污染者付費原則」在近年來已被各國的傳播媒體的大肆使用到近乎濫用的程度。它對不同使用該原則的人，似乎代表著不同的意義與內涵。因此，對該原則之呈現今天的紊亂狀況，勢必應該加以澄清與研究之必要。

然而，如果要對該原則的意義做徹底的認識與了解，則必須從它的歷史層面去著手，考量它的產生背景及歷史演變，即不難知悉其意義與內涵。該原則之嚆矢應可回溯至1972年之「經濟合作暨發展組織」之「對環境政策之國際經濟指導原則推薦書」（Recommendation on Guiding Principles Concerning International Economic Aspects of Environmental Policies）已直截地將「污染者付費原則」視為「環境政策原則」（Principle of Environment Policy）發展而出。緊接著在1974年「經濟合作暨發展組織」再次的在其「推薦書」中提出主張將「污染者付費原則」作為其會員國的「污染防治及控制措施」（Pollution Prevention and Control Measures）之成本分配的「基本原則」（Fundamental Principle）。

　　「污染者付費原則」在「經濟合作暨發展組織」的背景層面上，具有特定的定義與內涵。它對「污染者付費原則」的「權威性解釋」（Authorizing Interpretation）是由其所有的24個會員國家經過一段長期的研擬與磋商，所達成的一致「協議」（Consensus）。基本上，它是被各國認定為一個規範會員國政府，在處理各國國內環境污染問題的「成本分配原則」（Cost Allocation Principle）或「非補貼原則」（Non-Subsidization Principle）。而該原則在最初形成時，曾被賦予下列的定義：「本原則之旨意乃是為了確保各國的環境保護，能維持在一個可以令人接受的狀態，污染者應該負擔起各國權責機構所決定之環境保護措施，在付諸實施時的開支」[3]。

　　從上面所述之「污染者付費原則」的「功能性定義」（Functional Definition），可以得知它的「政策性意義」（Policy Meaning）如下：除非在「非常特別的情形」（Exceptional Circumstances）下，或許可以容許些微的偏離該原則，否則在「一般情況」（Normal Situation）之下，各國政府均不可以經由「補貼」（Subsidization）、「課稅優惠」（Tax Advantage）或其他任何方式，來協助污染者擔負「污染防治」（Pollution Control）的成本。因此，污染者因為其「生產」（Production）或「消費」（Consumption）之行為所導致之污染，其「防治成本」（Prevention Costs）就應該反應在「產品」（Goods）及「服務」（Services）的價格上[4]。

肆、污染者付費原則之國際法發展

一、70年代發軔期

　　「污染者付費原則」可以稱得上是各國在其經濟發展與環境保護議題

---

[3] Ibid.

[4] Recommendation C(74)223.

上出現最早，也歷時最久的一個銜接國際經貿投資與環境保護的逐漸形成的「國際法原則」，其重要性及其對未來「地球村」（Earth Village）的影響力，自不待言。回顧它的形成過程，比較具體的被提出，應該是在60年代的後期；而它首次的具體提案，是在1971年由「國際貿易經濟與投資政策委員會」（Commission on International Trade and Investment Policy）在其所謂的「威廉斯委員會報告書」（Williams Commission Report）中提及下列的文句：「本委員會強烈建議就現實而論美國應積極地尋求國際間共同採納一個原則：污染的減除應該給予財務支付的方式為之，該方法即是要確保控制污染的成本必須反應在生產出來的貨品價格上」[5]。雖然從「威廉斯委員會報告書」當中並未出現「污染者付費」這樣的名稱，但是「污染者付費原則」的基本理念，卻已表露無遺。而實際上該原則的正式產生，則是由「經濟合作暨發展組織」於1972年5月26日以「指導原則」（Guiding Principle）發布的方式出現[6]。其後「經濟合作暨發展組織」更於1974年11月14日以「執行建議書」（Implementation Recommendation）的方式對「污染者付費原則」作進一步釐清[7]。至於該原則之落實在區域性組織，則是由「歐洲聯盟」（European Union）首先於1975年3月3日透過「部長理事會」（Council of Ministers）以「成本分配建議書」（Cost Allocation Recommendation）的方式正式發布而成為「歐洲聯盟」的「環境事務政策」（Environmental Matters Policy）[8]。

---

[5] Williams Commission Report States: "The United States actively seek international adoption of the Principle that pollution abatement be financed, so far as practical, by methods which assure that the costs of control are reflected in the prices of the goods produced.

[6] Supra note 1.

[7] Recommendation of the Council on the Implementation of the Polluter-Pays Principle, OECD Doc. C (74)223 (Nov. 14, 1974).

[8] Council Recommendation of 3 March 1975 . Regarding Cost Allocation and Action by Public Authorities on Environmental Matters, 1975 O.J. (L.194) 1.

二、80年代成長期

　　80年代各國對於「污染者付費原則」之理念，逐漸能夠了解與接受。但是雖然如此的發展，促進了該原則的一般化及普遍化。其實質的內容及其意義的「法律詮釋」（Legal Interpretation）卻是經由「歐洲聯盟」本身對其「歐洲經濟共同體條約」（European Economic Community Treaty）亦即「羅馬條約」（Treaty of Rome）提出修正案的結果。誠如前面所述，「歐洲經濟共同體」（亦即「歐洲聯盟」之前身）在1975年即已採納「污染者付費原則」為其「環境事務政策」。事實上「歐洲經濟共同體」早在1972年起，即開始推展一連串之「環境計畫」（Environmental Program）；這一連串的「環境計畫」一直實施至1987年簽訂的「單一歐洲法案」（Single European Act of 1987）為止；此等「環境計畫」均毫無例外地論及所謂的「污染者付費原則」[9]。

　　將「污染者付費原則」引進「歐洲經濟共同體條約」的起始是在1984年；由「歐洲國會」（European Parliament）於草擬建立「歐洲聯盟」條約時提出建議案，宣稱：「在『聯盟』的環境領域方面，應該儘量考慮到『污染者付費原則』，而把目標放在防止及補償損害的上面……」[10]。由此可見，在當初「污染者付費原則」是被「歐洲經濟共同體」當作規範損害發生時的補償基礎[11]。而對於「歐洲經濟共同體條約」的修正案，則是由「歐洲經濟共同體」各會員國的政府代表及「歐洲委員會」（European Commission）所共同準備而提出的。在實際的程序運作方面，首先由「歐洲委員會」向各會員國代表與「歐洲委員會」共同參與的會議提出草案。在該草案中明白指出：「以原則而言，任何個人如果對於環境的危險或導致污染的情形要負起責任時，他應該擔負起支付「防範措施」

---

[9]　See e.g. First Action Programme: O.J. 1973, No. C 112/1, Pt.l, Title II and Pt.II, Title II, Ch. 9; Second Action Programme: OJ. 1977, No. C139/1, p.1, Nos. 7 and 220 ff; Third Action Programme: O.J. 1983, No. C46/1, No. 12; Fourth Action Programme: O.J. 1987, No. C328/1, No. 2.5.2.ff.

[10]　OJ. 1984, No. C77/33.

[11]　Luding Kramer, Focus on European Environmental Law, (London: Sweet & Maxwell, 1992), p.244.

（Preventive Measures）或者除去污染的成本」[12]。

在前次會議之後，「歐洲委員會」於1985年的10月又提出一個新方案，對於「污染者付費原則」之適用，建議採取強制的方式。它的方案中明白陳述：「有關環境方面，『歐洲經濟共同體』的任何措施行動，均應建立在『污染者必須支付原則』的基礎之上……」[13]。這項新方案的提議，最後被接納而成為1987年「歐洲經濟共同體」各國簽署「單一歐洲法案」時的第130(R)條款；即使是文字用語均一成不變。

三、90年代成熟期

一項大約可以認定的事實，就是「污染者付費原則」被國際間承認為「實證環境法原則」（Principle of Positive Environmental Law）應該是源自於1987年以西歐各國為主所簽署的「單一歐洲法案」時，即被引入此原則，而為各國所接受且認可。在此之前該原則即早已被「歐洲經濟共同體」發布給會員國的多項「指令」（Directive）中引用提及。到了1987年，簽署「單一歐洲法案」只是一個水到渠成的工作的完成。到了1990年，「污染者付費原則」就被直接的引進全球性的條約之中。其最明顯之例證，是1990年11月在倫敦召開並簽訂之「石油污染準備、反應及合作國際公約」（International Convention on Oil Pollution Preparedness, Response and Cooperation）即認可「污染者付費原則」為「國際環境法普遍原則」（General Principle of the International Environmental Law）[14]。

在1990年以後「污染者付費原則」之發展，主要是集中在1992年多項國際會議召開後的成果。首先是由原來的「歐洲經濟共同體」之十二個會員國，於1992年2月簽訂組成「歐洲聯盟」（European Union）之「馬

---

[12] See M. Gazzo, Towards European Union II; from the European Council in Milan to the Signing of the Single European Act (Brussels-Luxembourg 1986), p.13.

[13] Published in [1985] Bulletin of the European Parliament No.391 add. 3, October 25, 1985, p.21.

[14] The Preamble of the International Convention on Oil Pollution Preparedness, Response and Cooperation (London, November 1990) contains the following recital "Taking account of the Polluter Pays Principle as a general Principle of international environmental law".

斯垂克條約」（Maastricht Treaty）時，便採認了「污染者付費原則」[15]。
在此同時，建立「歐洲經濟區域」（European Economic Area）的「波
多條約」（Porto Agreement）更於條約中強制要求所有「締約成員國」
（Contracting State）必須確實執行「污染者付費原則」[16]。此「波多條
約」規定的意義乃是在於它的十八個「締約成員國」在執行「污染者付費
原則」的「拘束力承諾」（Binding Commitment）較之於1972年「經濟合
作暨發展組織」二十四個會員國的同意採納「污染者付費原則」之「不具
拘束力承諾」（Non-Binding Commitment）實為歷史上的一大步。

　　其後在1992年3月，於「聯合國歐洲經濟委員會」（U.N. Economic
Commission for Europe）之組織架構之下，各國於芬蘭首都赫爾新基召
開並簽訂了「保護及使用跨越疆界水道及國際湖泊公約」（Convention
on the Protection and Use of Trans boundary Watercourses and International
Lakes）。該公約明文指出：「簽約當事國各方應該以『污染者付費原
則』作為採取各項措施的指導原則。也就是指，在污染防止、控制與減少
的工作成本支付，應由污染者來負擔」[17]。在此公約簽訂後，各簽約國是
否意欲「真誠意願」（Good Faith）地執行所謂的「污染者付費原則」，
似有斟酌之餘地，但是至少已經規範各簽約國以該原則，作為「行動綱
領」（Guiding Action）。另外，在此同時所召開之「工業意外事件跨
越國界影響公約」（Convention on the Trans boundary Effects of Industrial
Accidents）的序文中也有下面的記載：「要考慮到以污染者付費原則作為

---

[15] The Treaty of European Union (Maastricht, February 1992) sets among the tasks of the Union the
duty "to promote throughout the Community a harmonious and balanced development of economic
activities, sustainable and noninflationary growth respecting the environment." "According to
Art.130 R.2. Community policy on the environment" shall be based on the principles...that the
polluter should pay.

[16] Porto Agreement creating an European Economic Area (1992). Art. 73.2 states that "Action by the
Contracting Parties relating to the environment shall be based on the principles that...the polluter
should pay".

[17] See Art. 2.5 Of the ECE Convention on the Protection and Use of Tran boundary Watercourses and
International Lakes.

國際環境法的一段原則」[18]。

　　緊接著在1992年4月，各國仍然在芬蘭首都赫爾新基召開並簽訂了「波羅地海地區海洋環境保護公約」（Convention on the Protection of the Marine Environment of the Baltic Sea Area）約定「締約當事者」（Contracting Parties）應該適用「污染者付費原則」[19]。此公約的簽訂，有其歷史上的重大意義，而主要的即是它擴大了「締約當事者」的參與地區。本公約的簽約國家，除了「歐洲聯盟」（European Union）的各盟員國外，更擴大到了東歐國家，如：捷克、斯洛伐克及烏克蘭的加入而成為簽約國。因而，可以這麼說：「污染者付費原則」從此正式成為國際環境法上，具有法律效果並約束一般公約簽字國的「國際手段」（International Instrument）。

　　再者，1992年9月所簽訂的「東北大西洋海洋環境保護公約」，由十四個西歐國家部長代表及「歐洲聯盟」執行委員會的代表共同簽署該公約並強調：正式採納「污染者付費原則」的重要性。該公約於條文中宣稱：「簽約各方應該適用……污染者付費原則，以使污染防治的成本、控制與減低污染之措施等花費，應該由污染者來負擔」[20]如此一來使得東北大西洋海洋環境的污染者必須承擔「污染防治」（Pollution Prevention）的成本，變成一項無可推諉的義務與責任。

　　最後值得一提的是籌備經年而於1992年年中由聯合國負責召開的環境發展會議，在巴西的里約熱內盧（Rio de Janeiro），完成了一項經由全球176個國家經過數次的談判、討論所獲得共識的「里約宣言」（Declaration of the UN Conference on Environment and Development）。「里約宣言」的完成相當不易，可以說明世界各國對於環境保護的觀念，逐漸統一而取得

---

[18] The Preamble of the ECE Convention on the Tran boundary Effects of Industrial Accidents Contains the following statement: "Taking into account the polluter-pays principle as a general principle of international environmental law."

[19] See Art. 3.4 Of the Convention on the Protection of the Marine Environment of the Baltic Sea Area. It states that "the Contracting Parties shall apply the polluter-pays principle."

[20] Art. 2.2b of the Convention for the Protection of the Marine Environment of the North-East Atlantic states that "the Contracting Parties undertook to apply the PPP."

了相當程度的共識。其中「里約宣言」對於全球環境保護最重要的貢獻是引進以往未能讓各國取得一致協議的幾項環境保護措施與原則，例如：環境影響評估、公共參與，「預警行動」（Precautionary Action）……等之外，更將「污染者付費原則」引介給世界各國，而獲得與會各國的普遍支持。

　　有關「污染者付費原則」之提出，並不是直接的引介該原則的文字給各參與國的代表；而是以一個更廣泛的「經濟工具之使用」（Use of Economic Instrument）原理的方式，提供給與會國代表去思考。「里約宣言」第十六原理即涵蓋了「污染者付費原則」的經濟工具意義。第十六原理指出：「各國權責當局應該努力提升環境成本的『內化吸收』（Internalization）與『經濟工具』之使用。為此，各國應該考量到後列的方式，就是在注意到公共利益及不扭曲國際貿易與投資的同時，污染者在基本原則上應該擔負起污染成本的支出」[21]。如此的「里約原理」（Rio Principle）乃是以「經濟原理」（Economic Principle）的面目呈現在與會各國的面前；因為實際上「污染者付費原則」在本原理呈現的背景之下，是將重心放在所謂的經濟效益之下的考量。尤其是在某些情形之下，如：基於「公共利益」（Public Interest）及不會導致扭曲國際貿易與投資的情況之下，污染者或許不須擔負起污染成本支付的責任。

伍、結論

　　「污染者付費原理」基本上是指任何造成污染及其後續影響的個人或群體，應該擔負起清除污染及其後續污染效果成本支付的責任。雖然該原則的「精確意義」（Precise Meaning）及其在特定的情況及案例的適用

---

[21] Principle 16 of the Rio Declaration states: National authorities should endeavour to promote the internalization of environmental costs and the use of economic instruments, taking into account the approach that the polluter should, in principle, bear the cost of pollution, with due regard to the public interest and without distorting international trade and investment.

上，仍然是沒有準確的定義，仍然有解釋的空間。但是無論如何，該原則仍然受到國際間大多數國家及環保團體的普遍支持與歡迎。尤其在發展民事的賠償法規及環境損害的國家賠償兩大領域方面，更受到國際間法律界人士的廣泛注意與重視。而該原則在國際間逐漸發展出來的實質上意義，無庸置疑的是側重在經濟效益的分配上，特別是任何與環境保護有關的活動，污染者所應擔負的責任與其對環境的破壞應該呈現出合理的分配。

　　「污染者付費原則」在環境保護這樣的主題上，在國際間有其一定的份量與地位；但美中不足的是，就長遠的觀點來看，該原則在經歷過90年代的各次相關國際環保公約的簽訂，雖然已經晉身為國際環境法方面的一項基本的普遍原則；但是非常遺憾的是，仍然未能提升至更崇高的「習慣國際法」（Customary International Law）的國際法地位的層次。因此，僅就此點而言，「污染者付費原則」要成為「習慣國際法」的一部分或成為國際法之基本原理，仍有待國際間環保人士、團體及國際環境法學者共同的繼續努力。惟有如此，才能使各國在注重經濟發展的同時，也能注意到國家賴以生存的環境保護的「永續發展」（Sustainable Development）。

第十三章　國際組織法

*1.*國際組織產生的先決條件

　　國際組織的產生，絕非一種偶然的產物；它是受到各種時空與人文歷史的影響而產生。美國學者克勞德（Lnis L. Clande, Jr.）就聲稱國際組織的產生有下列四個先決條件：

（1）世界由國家所構成，各自獨立為一政治單位；

（2）國家間存在著相當程度的接觸；

（3）國家間對彼此相互存在，所產生的問題，有解決的必要性；

（4）由於問題的產生，必需創立機構及訂定程序，用以規範彼此間的關係。

*2.*國際組織的功能

　　因為成立國際組織的主要目的是在於建立與維持國家間的秩序；因此國際組織的存在肩負起下列四種功能：

（1）必須建立一個機構用以接收與傳遞訊息；

（2）必須能夠統合其次級單位；

（3）對整體組織具有忠誠觀念，用以將「概念」形成；

（4）具有足夠的自覺以形成一種集體的記憶，來分享共同的價值與經驗，而形成共同的目標。

*3.*國際組織在國際法上之地位

　　原則上，國際法的基本主體是國家，因為國際法上的主體，所指的是能夠直接參與國際體系、獨立享有與負擔國際法上的權利與義務者。基於此，當國際組織出現後便成為國際法上的特殊主體，且隨著國際關係的日益密切，國際組織也就成為了國際法上的一個非常重要的主體。

　　然而，各個國際組織的基本法或憲章對其職權均會有明文規定。因此，每個國際組織均有其活動的範圍，也受到它的基本法或憲章的限制。就是因為這樣的不同，國際組織與主權國家之間就產生了差異性。諸如涉及國家主權或國家管轄權的這一類問題，在國際組織便不會發生。是以，舉凡與國際法相關的各項規定，幾乎均與國家權限有關，但是對於國際組織的通用，則有待高權或更進一步的釐清。所幸，依目前國際實踐的慣例來檢視，凡是國際組織的基本法或憲章所未明文規定的事項，均不在該國際組織的職權範圍內，是以對該組織即不具有規範性。

　　至於聯合國這樣的國際組織，在其憲章中亦無明文規定該組織為國際法人，不過，從憲章的全文來檢視，聯合國確實具備國際法人的資格。而且依據聯合國憲章第104條之規定：聯合國於每一個會員國境內，應享有執行其職務及達成其憲章宗旨所必須具備的法律行為能力。依此觀之，聯合國對與其會員國相關事務上，便具備有國際法人之資格。是故，任何國際組織是否具備國際法人之資格或地位的一個參考標準，便是檢查其基本法或憲章，對此是否有明文規定。

4.國際組織法

　　國際組織法乃是指，用以調整國際組織內部及其對外關係的各種法律規範（包括有關國際組織的一切有拘束力的原則、規章與制度）之總稱。國際組織法是現代國際法中的一個非常重要的新分支。

第二部分：專題研究與論述

■專題：國際組織法：國際組織與國際法之交錯

壹、前言

　　國際組織之濫觴應可追溯自1815年為了重整拿破崙帝國瓦解後的歐洲局勢而召開的「維也納會議」（Congress of Vienna），雖然沒有什麼具體組織的建立，但是透過「歐洲協調」（Concert of Europe）的理念、大國運作的原則，使得歐洲大陸的局勢，從1815年到1914年第一次世界大戰的爆發，維持了百年的和平與均勢的穩定，這在歷史上是相當難得的現象。就因為這樣的背景，國際社會中，特別是歐洲大陸伴隨而生的各種名義與功能性的組織亦如雨後春筍般的興起，也同時能夠發揮一些專業化的角色扮演。一時之間，國際社會中的活動，除了國家以外，各種不同的國際性組織、區域性組織與專業性組織紛紛出籠。

　　迨自第一次世界大戰之後「巴黎和會」（Corgress of Paris）成立的「國際聯盟」（League of Nations），作為國際社會集體安全的保障。可惜的是美國聯邦國會的未予通過以及歐洲列強的操控；基本上，無法發揮它創始的目標。然而，國際聯盟有關經濟與社會方面的附屬組織也確實發揮了不少功能，被日後成立的「聯合國」所繼續保留。到了第二次世界大戰後，國際組織的發展與成長更是進入高峰期，其中更是以聯合國的成立，最具代表性。雖然，它的功與過，或者說對於它的評價或許是見人見智而毀譽參半。一方面，它在經濟、社會與殖民託管事務上，相當的成功而且有具體的貢獻。然而，在另一方面，它在維護世界的和平與安全上，如眾所週知的囿於冷戰時期，美國與蘇聯兩大集團的對峙格局。聯合國本身沒有常備武力，再加上它的權力中樞——安全理事會的強國享有「否決權」（Veto Power）的設計，無法有效的運作，而為世人所詬病。

　　雖然如此，聯合國在二次世界大戰之後，在國際社會中所扮演的角色，卻也不至於是那麼樣的負面；平心而論，即使是在國際和平與安全方面，它的建樹或許不是那麼的令人滿意，但是最起碼也能夠讓人接受。試想，二次世界大戰結束後，如果沒有聯合國的成立，韓戰的結果會是怎樣呢？兩次的波斯灣戰爭的結果又會是怎樣呢？另外，如南斯拉夫的解體，對於南歐地區的穩定與秩序的維持，不敢說聯合國的努力居功厥偉，但是它的貢獻絕對不在話下。就是因為這些事實的具體呈現，再一次的燃起國際社會對於國際組織的肯定與重視。國際社會的成員，從國際法的角度來看，原先僅有國家才是國際法的主體，至此因為國際組織在國際社會中所扮演的角色與它所具有的功能，逐漸的被了解與接受它的國際法主體的身分與地位，也因此而取得國際法人的資格與能力。當然就此點而論，原則上，國際組織可以被國際社會接受為國際法人；但是，國際組織之是否得為國際法之主體，還必須要看它本身的規約（基本法）而定。如果國際組織成為國際法之主體，則其所能享受之權利能力及行為能力就應受其成立的目的及所賦予之職權的限制。此外，如果國際組織成為國際國際法之主體，則國際法中有關國際責任、制裁及爭端解決之規定，亦均適用於國際組織。

　　現代社會的國際組織，名目繁多。各種全球性的與區域性的、政府間與非政府間的組織，其總數據統計不下萬餘個。隨著新興獨立國家的不斷地增加，以及政治、經濟與科技的迅速發展，國際組織有日益增加之勢，包括人類生活的許多領域，都有相關的國際組織存在。國際組織已經構成了今日國際生活的重要組成部分。今天的國際關係已經不再局限於國家與國家之間的關係，它已經擴大到了國家與國際組織之間的關係以及國際組織與國際組織之間的關係。各國政府及國內的若干團體與不少的國際組織彼此之間交往頻繁，對於國際社會的和平、秩序，具有相當程度的影響力。就因為如此，研究國際法就不能忽略對國際組織與國際組織法的研究；否則就有不夠周延及務實的感覺。

貳、國際組織法與國際組織之概念

由於國家與國家的交往，乃由國際社會的形成。又透過國際社會中的成員活動，有了「國際組織」（International Organization）的參與，使得國際活動變得更為頻繁與密切；隨著而來的是國際組織的角色與地位在國際社會中日益重要。本身也因而形成了一套規範；用以調整國際組織內部及其對外關係的各種法律原則、規則與制度，這樣的一套法律規範的「總稱」就是「國際組織法」（International Institutional Law）。國際組織法是現代國際法的一個非常重要的新的分支。

國際組織法定義中所說的國際組織，是指政府間國際組織，即若干國家為特定目的以條約（Treaty）建立的一種常設機構。這是指嚴格國際法意義上的國際組織。但是，若廣泛地從一般意義上說，凡是兩個以上國家或其政府、人民、民間團體基於特定目的，以一定協議形式而建立的各種機構，都可以稱為國際組織。雖然，國際組織，不論是政府間的還是非政府間的，都是一種越出國界的跨國機構，但兩者在國際法上的性質顯然是不同的。[1]

國際組織法中的「國際」，乃是指超越國界，介於國家之間，立於國家之外，但卻不是凌駕於國家之上。也因此我們可以注意到國際組織的成員，各依自由意志加入，可按自由意志選擇退出，在組織裡可以自由表示意見，享受平等地位，不隸屬任何其他任何成員[2]，再一次要強調的是國際組織的國際，就是「國際」。

顧名思義，國際組織這個名稱恰當地反映了這種組織的性質：它是介於國家之間（Among different nations）的組織，而不是凌駕於國家之上的組織。因此，國際組織一般不能超越成員國政府對其地方機關、法人或人民直接行使權。[3]某些歐美學者所鼓吹的世界政府固然不是國際組織，以

---

[1]　參見P. B. Porter, An Introduction to the Study of International Organization, ch Ⅲ.

[2]　陳治世，國際法，臺北，臺灣商務印書館，民國79年，第508頁。

[3]　梁西，國際組織法，臺北，志一出版社，民國85年，第4頁。

若干邦國所組成的聯邦（Federation）也不是國際組織。所謂世界政府，按人們的設想將是超國家的：而聯邦本身則已經是統一的主權國家，它對各邦及其人民直接行使權力。至於邦聯（Confederation），雖然有人主張應屬於國際組織的範疇，但這是值得商榷的。聯邦雖然是若干主權國家為維持其安全與獨立以國際條約組成的聯合體，但是這種聯合體一般也有個中央機關，能對各邦行使某些權力。各邦的某些對外關係須由邦聯協調。因此，按其屬性來說，邦聯似乎也不宜視為國際組織。

廣泛意義上的國際組織，既包括若干國家或其政府所設立的機構，如國際電信聯盟（International Telecommunications Union, ITU）、歐洲共同體（The European Communities）等，也包括若干國家的民間團體及個人所組成的機構，如國際紅十字（International Red Gross, IRC）組織、國際奧林匹克委員會（International Olympic Committee, IOC）和國際律師協會（International Bar Association）等。但是國際法所著重研究的是嚴格意義上的國際組織，即若干政府所設立的國家間機構。近代，特別是第一次世界大戰後，國際法學者愈來愈重視對各種政府間組織的基本文件（Basic instrument）和實踐的研究，主要是探討它們所調整的各種國家間關係。現在，在這方面已經形成了現代國際法的一個重要部門即國際組織法[4]。

各國為了一定目的而建立某種國際組織，並授予某些權力。國際組織的權力，來源於組成該組織的成員國，其權力最終是為了成員國所規定的共同目的服務的。各種國際組織有其特定的任務，並享有不同範圍和不同程度的權利。例如，聯合國為了維持國際和平與安全，可以採取強制措施（Enforcement measures），但國際電信聯盟就無權這樣作。國際組織由於職能上的差別而形成為各種不同的類型[5]。

國隊組織是以政府的協議作為其存在的法律基礎的。這種協議的正式文件，一般就是有關國際組織據以建立組織機構和進行活動的基本文件。

---

[4] 同前註，第5頁。

[5] 同前註。

綜觀國際實踐，國際組織在國際法上具有如下特性[6]：

第一，國際組織的主要參加者是國家。雖然有些國際組織，如世界衛生組織等，由於對經濟、社會、文教等部門負有廣泛國際責任而允許某些非獨立國家的政治實體參加為準成員（Associate member），但是這種組織的主要參加者仍然是國家。而且，這種準成員的權利往往受到一定的限制。

第二，組成國際組織的國家，是國際組織的主體，是國際組織所有權力的授予者。國際組織不能凌駕於國家之上，不能違反國家主權原則而干涉本質上屬於任何國家國內管轄的任何事項。國家為了使國際組織實現其宗旨，需在一定範圍內約束國家本身的行動而賦予國際組織若干職權，但是國際組織並不要求成員國放棄在國際範圍內反映國家主權主要屬性的那些東西。參加國際組織同國家主權並不矛盾，國際組織所享有的權利正是國家主權在國際範圍內作用的結果。成員國根據有效的國際協議所相互承擔的國際義務，不僅不損害國家主權的主要屬性，而且是國家主權得以維護的必要條件之一。在主權國家林立的國際社會裡，國家間的權利與義務不可能是相互割裂而孤立存在的。

第三，國際組織最基本的原則是所有成員國主權平等。國家是主權的，因而是平等的。在國際組織內，各成員國不論大小與強弱，也不論其社會、政治與經濟制度如何，在國際法上的地位應一律平等，不得有任何歧視。

第四，國際組織是以國家間的正式協議為基礎而建立的。這種協議的基本法所規定的宗旨與原則，均應符合國際法。國際組織的主要機構、職權、活動程序以及成員國的權利與義務，都應以基本法為根據，不能超越基本法所規定的範疇。國際組織所據以進行活動的這種基本法，其性質仍然是國家間的一種多邊條約，不是世界憲法。它的效力原則上只及於成員國，非經非成員國同意不能為其創設權利或者義務。

---

[6] 同前註，第6頁。

參、國際組織之國際法地位

一般我們所指之國際組織，即使是最具有權威性的國際組織，像「聯合國」或是「世界貿易組織」（World Trade Organization），也僅是一種介於國家之間的法律組織形式，而非國家實體；因此，它並不具備國家的屬性。它不具有構成國家的四個法律要素，因此，不論從哪個角度來檢視，國際組織與主權國家來比較，不管它的組織有多龐大，它所取得的法律人格，顯然是相當有限的。欠缺了主權國家的授權，任何國家組織在法律上的權利能力與行為能力，均是不可能存在的。這種法律人格的局限性是國際組織法律地位的一項重要特徵。

平心而論，不論哪一種類型或性質的國際組織，即使是聯合國或世界貿易組織，均無法取得像國家那樣的地位。因為它們都不是「超國家」（Super-state）、「世界政府」（World government）、國家、邦聯、聯邦或「複合國」（Composite state）。它沒有對會員國行使立法行政和司法權的地位，不能稱為超國家；它不能直接統治各會員國的人民，不能稱為世界政府或國家；它沒有釐訂或協調各會員國國防外交政策的功能，不能稱為邦聯；它不能取消各會員國的獨立、主權和國際法人地位，不能直接對各會員國人民執行法律，不能稱為聯邦。它沒有各成員共戴的君主或政治領袖，所以不是複合國[7]。

現有的國際組織中，聯合國最具普遍性，規模最大，其宗旨最廣泛，其憲章序文用「我聯合國人民……」等字開頭，其最高權力機關是大會，由各會員國的代表組成，可以作成決議，但是決議不能直接對各會員國人民實施，對各會員國的拘束力也受極大的限制，與國內最高權力機關的決議，不可同日而語，所以就是聯合國，也不是超國家、世界政府、國家、邦聯、聯邦或複合國。它只是國際性的結合體，是許多國際組織之一而已[8]。

---

7 見前揭註2，第511頁。

8 同前註。

　　可是就法律來說，聯合國在各會員國裡，具有國內法人的地位，因為憲章第104條規定：「本（聯合國）組織於每一會員國之領土內，應享受於執行其職務及達成其宗旨所必需之法律行為能力。」所謂法律行為能力，是指依法享受權利並負擔義務的資格，而在國內具有這種資格者，包括公民和法人，所以聯合國在批准憲章的國家裡，已取得法人的地位。1946年2月13日，聯大通過「聯合國外交特權及豁免公約」。該約第1條訂明：「聯合國應有完整之法律人格，具有行為能力以：一、訂立契約；二、取得及處置動產及不動產；三、從事訴訟。」現在許多國家已以立法方式，確認聯合國的完整法律人格[9]。

　　聯合國在國際社會中，也是法人，是國際法主體，其有享受權利負擔義務的行為能力，又有獨立的外交權，包括締結條約、派遣使節、接納使節、行使功能保護、提出賠償請求等權力。它曾和美國、荷蘭、瑞士等國簽訂關於其會所的條約，曾派遣和平使節，經常接納會員國常駐聯合國會所的代表。1949年，國際法院宣告：聯合國有權給予為其服務人員「職能的保護」（Functional protection），於其服務人員遭受不法損害時，得向加害國提出損害賠償的請求。法院又說，依據憲章規定，聯合國雖然不是國家，卻具有國際法律人格，即令在和非聯合國會員國的關係上，也有這種地位。這已充分承認聯合國為國際法主體了[10]。

肆、國際組織與國際法之交互影響

　　國際組織的大量出現，比國際法晚了幾個世紀，但國際法對國際組織的形成、發展和鞏固，從「法」的角度產生了積極影響[11]：國際組織的建立不可能沒有成員國之間的協議，國際組織的活動也不可能不受國際法的

---

[9]　同前註。

[10]　同前註，第512頁。

[11]　見前揭註3，第9頁。

調整；建立國際組織的基本法是基於一般國際法而締結的一種多邊條約，它是在一般國際法的範疇內起作用的。一般國際法承認各主權國家有權締結建立國際組織的條約，這條約並不使其成員國的一般國際法主體資格受到限制，建立某些普遍性國際組織的基本法本身，往往包含著重要的國際法規範，因而使國際組織有可能發揮更大的作用。

　　國際組織對國際法（特別是對現代國際法）的發展，也產生了巨大影響[12]：國際組織是現代國際生活中促成各國合作的一種有效法律形式。因此，國際組織的發展，就是國際法本身的一種發展。進入現代以後，各種全球性與區域性的、綜合性與專門性的國際組織，以加速度逐年增加。它們所管轄的事項，涉及人類生活的各個方面。成千上萬的組織，現已形成一個以聯合國為協調中心的巨大國際組織網。這個國際組織網的蓬勃發展，是現今國際社會兩個端點的折衷[13]：一端是各獨立國家在主權的「皇冠」下，無法將其權力融合為一體；另一端是國內管轄事項日益越出國界，需要國際協作。因此，這個組織網的存在，是現代國家既獨立又相互依存的一種特殊的國際現象，它深深地影響著國際法。

　　國際社會，以享有獨立主權的國家為組成份子，與國內社會相比，是一個高度分權的社會[14]：這個社會的基本結構顯示，在各國之上不可能有一個超國家的統一權力存在；以這個基本結構為前提的國際法體系，也不可能有一個具有獨立權力的中央立法機關或司法機關。因此，國際法規範祇能通過各國的自由協議才能產生。國家既是自己應遵守的國際法規範的制定者，又是這些約束它們自己的規範的解釋者和執行者。與國內法相比，在傳統國際法中有所謂對國際侵權行為的「自動裁決」、訴諸戰爭的「自助原則」、重視既成事實的「實效原則」等。這些特點，集中說明國際法帶有很大的鬆散性和任意性。但是，隨著國際社會的日趨組織化，世界增加了凝聚力，而在歐洲聯盟這類新型的區域性組織中，還出現了某些

---

[12] 同前註，第10頁。

[13] 同前註。

[14] 同前註。

「超國家」的明顯因素。這不僅對國際社會結構、國際政治及經濟產生深遠影響，也對現代國際法的形成與發展有巨大的促進作用。

政府間國際組織的建立，是以國家間的正式條約為基礎。條約主要規定有關組織的宗旨原則、法律地位、權力結構、活動程序、成員國間的權利與義務。隨著國際組織的大量出現，這種條約和有關法規已發展成為現代國際法的一個特殊體系——國際組織法。那些建立普遍性國際組織的條約，往往規定有國際社會需共同遵守的一般性規則。加入這種組織的國家愈多，接受這種規則的國家就愈普遍，從而使某些重要規則有可能產生一般國際法的效力[15]。

「聯合國憲章」第2條，在規定「本組織及其成員國」應遵行的各項原則時，特別規定：聯合國在維持國際和平與安全的必要範圍內，應保證「非聯合國會員國」遵行上述原則。因此，「憲章」雖然形式上是基於一般國際法而制定的一個國際組織的組織章程，祇對成員國有拘束力，但就其實質來說，卻是一項對全球所有國家產生普遍影響的最大公約。它是現代國際法最重要的淵源。「憲章」所載各項宗旨和原則及其相關規定，是世界各國公認的國際法基本原則。其中一些帶根本性的條款（如主權平等、和平解決國際爭端、禁止使用武力、不干涉內政及民族自決等），被認為具有「國際社會全體接受並公認為不許損抑」的強行法（Jus cogens）的性質[16]。

國際組織的急劇增長，在國際關係方面還引起了許多其他的新問題[17]：如國際組織成員的資格、國際組織基本文件的簽訂程序及其效力與解釋、表決程序的變化，以及國際組織的法律地位等。這些問題必然影響到整個國際法的發展，都需要從國際法的角度加以研究。

綜上所述，可見國際組織與國際法彼此有相輔相成的作用，關係甚為密切[18]：國際法的發展，為國際組織的產生提供了法律前提；國際組織的

---

[15] 同前註，第11頁。

[16] 同前註。

[17] 同前註，第15頁。

[18] 同前註。

不斷增加，將對國際法產生愈來愈深遠的影響。國際社會組織化，和發展
中國家的興起及科學技術的進步，已成為推動現代國際法發展的三大動
力。就國際組織這一方面而言，下列趨勢值得注意：國際組織數量的日益
增長，使適用國際法的國際社會由高度分權狀態向較為有組織的狀態過
渡；國際組織職能的逐步擴大，使早先強調規範的國際法迅速向國際社會
延伸；聯合國作為世界國際組織中心的協調作用的加強，使鬆散的國際法
體系有可能進一步協調發展。

伍、聯合國之國際法制

一、聯合國之成立及其角色

　　20世紀的國際法制體系大致上來說是被兩次世界大戰的發生及其結果
而受到重大的影響。第一次世界大戰的結束，國際社會在重建世界和平的
呼籲下，一個以建立新歐洲循序的和平解決方案，國際社會的主要國家所
接受。在國際法制體系的建立過程中，「民族自決」（Self-determination
of People）的要求，首次被承認；而且尋求在「中歐」（Central Europe）
加以適用這樣的主張。其結果是在該地區一時之間建立了許多新興國家而
不時的產生一些種族之間的緊張狀態。此種種族之間的緊張局面也成為日
後爆發第二次世界大戰主要導火線形成原因之一。而在二次世界大戰之
前，以「武力之使用」（Use of Force）來作為進行各國外交關係之工具，
似乎在論證上仍然被視為是「合法的」（Legitimate）[19]。而各國經常以簽
訂「相互防衛協定」（Mutual Defense Agreement）的方式，來尋求它們安
全的保障。而此類「相互防衛協定」之簽訂，有多半是以少數約兩個或三
個國家完成，以致在1939年德國侵犯了波蘭之後，英國與法國之所以對德
國宣戰，即是基於「相互防衛協定」之理由，而有所行動。這些「相信這

---

[19] 吳嘉生，國際法學原理——本質與功能之研究，臺北：五南，民國89年，第201頁。

些原始的締約國寄望於新成立的聯合國，能夠為國際社會中所有的國家，不論它們面積的大小、人口的多少及國力（政治力量）的強弱，負起維持國際和平與安全的責任。在未來，唯一的可以合法使用武力的情形是祇有在「聯合國安全理事會」（The United Nations Securities Council）為了維持或回復國際社會之和平與安全為目的的考量下，明白之授權下，方得合法使用武力[20]。除此之外，合法的由各個國家自行使用武力的情形，只發生在「自衛」（Self-defense）之情形下是可以被允許的。事實上，聯合國是被國際社會視為一個最後的掌控國際社會中各國不法或違法活動之駕馭機構，使得國際社會中沒有一個國家能夠恣意胡為的使用武力，乃至於使用武力以保衛自身的利益與安全[21]。不論怎麼說，聯合國的表現或許未能滿足當初國際社會對於他成立所寄予的期待。但是，如果從另一個角度來看，對於國際法的發展，卻不得不承認它扮演了一個很重要的樞紐角色。在過去半世紀的時間流程裡，它多多少少也能夠在冷戰的陰影籠罩之下，維持了國際社會的和平與安全。而且使得在它成立之下所建立之「法制機構」（Legal Regime），進一步的加強了它在這方面的功能。其影響之所及乃是聯合國及其所屬機構成為國際事務及國際法發展之主要重心之所在，而對於聯合國及其相關機構之了解是相當地有助於了解國際法及國際法制體系結構之發展及形成[22]。

二、聯合國之宗旨

聯合國之宗旨載於「聯合國憲章」第1條，分為四項[23]：

（一）維持國際和平與安全

「維持國際和平與安全」是聯合國的基本目的。為了達到這一目的，

---

[20] 同前註，第202頁。

[21] 同前註。

[22] 同前註，第202頁至第203頁。

[23] 見前揭註3，第76頁至第77頁。

「聯合國憲章」規定了兩個步驟：**1.**採取有效的集體措施，以防止和消除對和平的威脅，制止侵略行為或其他破壞和平的行為；**2.**用和平的方法與依正義及國際法的原則，調整或解決可能導致破壞和平的國際爭端或情勢。「聯合國憲章」序文也提到「與免後世再遭今代人類兩度身歷慘不堪言之戰禍」。把這一宗旨放在第一項的突出地位，說明維持國際和平與安全其有特別重要的意義。它所指出的預防與制止破壞和平行為的集體措施以及解決爭端的和平方法。在「聯合國憲章」第7章與第6章中進一步分別作出了具體的規定。

本項規定特別提到解決國際爭端中應「依正義及國際法原則」這反映了應在戰後國際關係中尊重正義和加強國際法作用的普遍要求。「聯合國憲章」序文第3段也強調這一精神。序文第2段、第1條的第1、2項，和憲章的其他條款，都規定「各國平等權利」、「人民平等權利及自決」、「全體人類之人權及基本自由」等國際法原則。在歷史上，國聯行政院曾通過決議承認義大利併吞衣索比亞，這是犧牲正義以求苟安一時。同樣，將蘇臺德區送給希特勒，也未能獲得歐洲的和平與安全。可見，捨棄正義，犧牲弱小國家來求和平，不僅是違反國際法的，而且和平也是根本不可能實現的。

（二）發展各國的友好關係

「聯合國憲章」規定：發展各國間以尊重人民平等權利和自決原則為基礎的友好關係，並且採取其他適當措施，以增強普遍和平。各國人民平等及民族自決的原則，是發展各國友好關係的基礎。沒有這個基礎，就談不上維持國際和平與安全。各國人民都有權自願選擇自己的政治、經濟和社會制度，都有權獲得民族獨立。只有如此，各國間的友好關係才能真正得到發展，全世界的和平才能確實有所保障。一切鎮壓民族解放運動、實行種族其事的行為都是違反國際法的。

（三）促進國際合作

「聯合國憲章」規定：促成國際合作，以解決國際間屬於經濟、社

會、文化或人道主義性質的問題，並且不分種族、性別、語言或宗教，促進和鼓勵對於一切人的人權和基本自由的尊重。「聯合國憲章」序文也宣告了這一宗旨的要義。要維持國際和平與安全，除前述和平解決爭端、制止侵略行為、發展友好關係外，還有另一個重要方面，即必須在平等基礎上廣泛地促進經濟、社會、文化等的合作，尊重全人類的人權和基本自由，不進行任何歧視，以消除引起戰爭的經濟及其他諸種原因。這是維持國際和平所不可缺少的條件。「聯合國憲章」第9至13章的有關條款，為實現這些要求作了具體規定。

（四）協調各國行動

「聯合國憲章」規定：以聯合國作為協調各國行動的中心，以達到上述共同的目的。這裡強調聯合國應當成為協調一切國家的行動並使之進行合作的重要場所。其主要活動方式在於通過彼此協商，取得有關各國行動的協調；以實現上述各項規定。

聯合國的宗旨，可以用「聯合國憲章」序文的精神歸納為「維持國際和平及安全」、「促成全球人民經濟及社會之進展」。這是建立聯合國的最高綱領。

三、聯合國之原則

為了實現聯合國的宗旨，「聯合國憲章」第2條規定了聯合國本身及其會員國在一切行動中應作為法律義務而遵守的若干原則。這些原則是[24]：

（一）會員國主權平等

該條第1款規定：聯合國組織是基於所有會員國主權平等的原則。「聯合國憲章」序文也申述了這一信念。主權平等是傳統國際法的一個重

---

[24] 同前註，第78頁至第84頁。

要原則。「聯合國憲章」在這裡把它列於各項原則之首，作為聯合國的一項基本組織原則。其他原則是以這一基本原則為出發點的。根據國際法，每個國家不論大小和政治、經濟制度如何，都有平等的主權。各國只有互相尊重主權，才有可能維持國際和平與安全。按照舊金山會議第一委員會第一專門委員的起草報告，主權平等的涵義是：一切會員國，在法律上平等，享受主權所包含的一切權利，其國家人格、領土完整與政治獨立受到尊重，均應履行所承擔的國際義務。據此，聯合國的所有會員國都是平等的，對內完全自主，對外完全獨立。國家主權平等原則，計有保障中、小國家權力的意義，也起約束聯合國行動的作用。

（二）善意履行「聯合國憲章」的義務

　　第2款規定：各會員國為了保證全體會員國得享有由於加入本組織而產生的權利與利益，應善意履行依照本「聯合國憲章」所承擔的義務。序文第三段從更廣泛的意義上宣告了這一點。條約義務必須信守，作為傳統國際法的一項重要原則無論在理論上或實踐上都是早為國際社會所確認的。上述規定的前半段是申述信實履行「聯合國憲章」義務這一原則的理由，說明會員國的權益與義務是互相聯繫的。國家必須履行國際義務的國際法原則同國家主權原則並不衝突，因任何國際義務都只有在依國家主權原則自願承擔的情況下才具有法律效力的。

　　「聯合國憲章」第103條規定，會員國在依本「聯合國憲章」所承擔的義務同依其他國際協定所承擔的義務發生衝突時，應以依「聯合國憲章」所承擔的義務為優先義務。這「『聯合國憲章』優先原則的適用，既可能涉及到會員國與會員國之間的義務衝突，也可能涉及到會員國與非會員國之間的義務衝突。既可能涉及到「聯合國憲章」生效前既有的協定，也可能涉及到「聯合國憲章」生效後締結的協定。但是根據「聯合國憲章」本身的條約性質，原則上它是不可能對非會員國發生效力的。因此，會員國對非會員國所承擔的協定義務也難由於同「聯合國憲章」義務相衝突而無條件地予以廢除。

（三）和平解決國際爭端

第3款規定：所有會員國應該用和平的方法以不使國際和平與安全以及正義遭受危險的方式，解決它們的國際爭端。這一原則是「聯合國憲章」解決國際爭端各條款，特別是第6章和第14章等有關條款的基礎。國際爭端，不論是政治上的、法律上的，還是事實上的，如果長期得不到解決，都有可能發展成為武裝衝突。因此，和平解決爭端，一向被認為是維持國際和平與安全的一個極其重要的方面。1928年的「巴黎非戰公約」第2條也對此作有類似的規定。聯繫「聯合國憲章」第33條，這裡所指的和平方法，包括談判、調查、調停、和解、仲裁、司法解決、利用區域機構或區域協定等。

（四）禁止以武力威脅或使用武力

第4款規定：所有會員國在它們的國際關係中，不得以武力相威脅或使用武力來侵害任何國家的領土完整或政治獨立。序文亦強調指出，「非為公共利益，不得使用武力」。這一原則是「聯合國憲章」第7章的基礎。「國聯盟約」第10條規定，國聯成員國保證尊重並維持所有成員國的領土完整與政治獨立，使之不受外國侵略。「聯合國憲章」沒有作出如此明確的直接保證，聯合國會員國在安全理事會作出有關決定之前沒有義務採取措施來維持任何國家的現狀。但是「聯合國憲章」關於禁止「武力威脅」和「武力」的規定，則比「國聯盟約」關於禁止「戰爭」的規定要廣泛的多。「聯合國憲章」所強調的是不得以武力相威脅或使用武力，這表明「聯合國憲章」不僅在原則上採取禁止侵略戰爭的立場，而且更進一步確認一切武裝干涉、進攻或占領及以此相威脅的行為，都是違反國際法的。因此，「聯合國憲章」進一步發展了「巴黎非戰公約」關於「廢棄戰爭作為實行國家政策之工具」的原則。擴大了禁止的範圍，使國家的國際責任發生了重大變化。「聯合國憲章」第33條無條件地要求任何爭端當事國以和平方法來解決爭端，這也從另一方面排斥了任意使用武力的權利。但是，「聯合國憲章」並不否定會員國在依訂條件下行使「單獨或集體自衛」之權。

前半段著重指出這一項原則在國家領土完整或政治獨立方面的適用，禁止任何國家侵犯別國的領土完整和獨立，是維持國際和平與安全的重要保證。而後半段則規定這一原則在其他方面的適用。

（五）集體協助

第5款規定：所有會員國對聯合國依照本「聯合國憲章」而採取的任何行動，應給予一切協助。聯合國對任何國家正在採取防止或強制行動時，所有會員國對該國不得給予協助。這一原則是從積極與消極兩個方面來加以措辭的，總的精神在於規定會員國對聯合國組織所應採取的行動。很明顯，這項規定中所說的防止行動或強制行動，應作嚴格解釋，即祇限在「聯合國憲章」第7章範圍內所採取的行動。因為本項所規定的採取行動的對象，是包括非會員國在內的「任何國家」，而聯合國唯有「在維持國際和平及安全之必要範圍內」才能對非會員國採取行動。

此外，根據本項原則，並聯繫「聯合國憲章」第7章關於強制措施的規定特別是第43條第1項的規定來分析，可以看出：在原則上，聯合國任何會員國均無權自行決定維持其中立地位。在這方面，聯合國與國聯對待「中立」的態度是不一致的。國際允許會員國瑞士保持其中立地位，而中立國瑞士則迄今尚未成為聯合國的會員國。

（六）確使非會員國遵行「聯合國憲章」原則

第6款規定：聯合國組織在維持國際和平及安全的必要範圍內，應確使非聯合國會員國的國家遵行上述原則。這是「聯合國憲章」中一項重要而頗為特殊的規定。這意味著在一定範圍內，聯合國對非會員國有某種干涉權。當波蘭代表於1946年4月9日要求安理會把西班牙問題列入議事日程時，就是以本項規定為其依據的。

這一原則在國際法中爭論頗多，有的西方學者認為：如果聯合國在創建的當時已經打算實現這項原則的話，那祇有基於下列兩個假設之一才有可能做到這一點。一個假設是，如置國際習慣法於不顧，那麼作為戰勝國的聯合力量，聯合國是足以使它的意志強加於任何非會員國的。另一個假

設是，如果遵守國際習慣法，那麼這一原則就祇能在非會員國的同意下才能適用於同它們的關係。

「國際聯盟盟約」第17條也作了類似這一原則的規定，其立法要旨在於：確使未加入國際聯盟的任何國家，不會由於它未加入國際聯盟而比假若它加入了國聯而保有更多的從事侵略的自由，這實際上是主張，在影響國際社會一般利益的情況下，對於非成員國也可以採取行動。不過，如前所述，創建國際組織的基本文件，包括「國際聯盟盟約」與「聯合國憲章」在內，均屬條約性質，除其中已被整個國際社會普遍接受並公認為一般國際法原則的那些規定外，對於非締約國儘管可能發生某種影響，但很難說有何法律約束力。

（七）不干涉內政

第7款規定：「聯合國憲章」所載的任何規定均不得認為授權聯合國干涉在本質上屬於任何國家國內管轄的事項或者要求會員國將此等事項提請依照「聯合國憲章」解決。但有一重要例外，即此項原則不得妨礙第7章所規定的強制措施的應用。此項規定的立法意圖，在於給聯合國的管轄範圍劃出一個界限。它是聯合國活動的一項重要指導原則，是從主權平等原則衍生而來的。

不干涉任何國家內政，是維持國際和平及安全的重要條件，是著名的和平共處五項原則之一，也是國際法向來所公認的。國際聯盟把純屬國內管轄的事件排除在行政院和解權力範圍之外，「國際聯盟盟約」第15條之規定：「如爭端各當事國之一方，對於爭端自行聲明並為行政院所承認，根據國際法純屬該方國內管轄之事件，則行政院應據情報告，而不應作解決該爭端之爭議」。與「國際聯盟盟約」比較，「聯合國憲章」所規定的不干涉內政原則已有若干發展。「聯合國憲章」不僅將這項原則載入第1章作為約束聯合國組織本身及所有會員國行動的一般原則，而且還將「國際聯盟盟約」規定的「純屬國內管轄」（Solely within the domestic jurisdiction）之事件改為「本質上屬於國內管轄」（Essentially within the domestic jurisdiction）的事項。「本質上屬於」顯然比「純屬」的涵義要

廣泛得多，這就大大加強了這一原則的地位和它適用的範圍。此外，「聯合國憲章」也沒有把類似「為行政院所承認」以及「根據國際法」這樣一些條件寫入條文，這都進一步放寬了是否為「國內管轄事項」的衡量標準。所有這些發展，均從不同角度反映了現代國際關係演變中的一種動向[25]。

　　「聯合國憲章」的這一規定，在聯合國實踐中曾經引起不少爭論。「國際聯盟盟約」關於「國內管轄事件」的規定比「聯合國憲章」的條件多，它提及了「根據國際法」，但「聯合國憲章」卻未規定這一判斷問題標準，所以對「聯合國憲章」的解釋較「國際聯盟盟約」更為困難[26]。從國際法的角度看，所謂國內管轄事項，一般是指國家可以不受依國際法而產生的那些義務的限制而能自由處理的那些事項，例如一個國家的政體、內部組織、同其國民的關係。但是，即使從嚴格的國際法角度來解釋，某些問題的界限，仍然不無爭議。在理論上或在實踐中，不少主張對「國內管轄」作狹義理解，但遭到了很多人特別是被干涉者的反對[27]。

陸、世界貿易組織之國際法制

一、世界貿易組織之成立及其角色

　　由於國際貿易關係的日益複雜化，以及關稅暨貿易總協定先天性的對於國際貿易規範的力不從心；再加上貿易保護主義自1970年代以來的重新興起，使得關稅暨貿易總協定之原則與宗旨，不斷地遭受到侵蝕與破壞。有鑒於此，經過了自1986年以來所進行的「烏拉圭回合」（Uruguay Round）7年半的談判，與會各國終於達成了「建立世界貿易組織協定」的

---

[25] 見前揭註19，第209頁。
[26] 同前註。
[27] 同前註。

簽訂,世界貿易組織從而得以正式成立。[28]世界貿易組織在1995年元旦的成立,代表著一個國際貿易新紀元的開始。世界貿易組織的成立,從根本上改變了關稅暨貿易總協定在法律性質上,不具有正式地國際組織地位之尷尬局面。這也標示著關稅暨貿易總協定的「臨時性」之多邊貿易體制的正式宣告終止。以世界貿易組織「協定」為核心之將近30個協議,所組成之國際貿易「法規範」(Legal Norm)的建制,使得國際貿易法制體系日益強化;也因此構成了當代國際貿易領域中,所能發現的最有效之法律制度,絕非以往任何時代所能比擬[29]。

縱觀世界貿易組織之「問世」,主要之背景乃是二次世界大戰之後,市場自由競爭擴大,乃至於20世紀末「經濟全球化」(Economic Globalization)的催生之下,才有調整國際貿易體質呼聲的產生。而國際貿易的法制規範,也從國內法的制定,走向國際法化的路程。世界貿易組織之成立,如果從組織架構及管理功能的角度來切入,可以發現它是關稅暨貿易總協定之延續;但是如果將世界貿易組織與關稅暨貿易總協定來加以比較,很明顯地可以注意到世界貿易組織地機制更為完善、各個機構之間的職能劃分地更為縝密、職能範圍更為廣泛[30]。關稅暨貿易總協定之貿易規範,及其在過去幾十年來在實踐中所形成的法律制度,在世界貿易組織成立之後,適度地納入到世界貿易組織的體系之中。可以這麼說,世界貿易組織的法律體系之建立,乃是在關稅暨貿易總協定的國際貿易法制基礎上,更進一步地因應國際貿易環境的需要,所發展出來的結果[31]。

依據多數學者的看法,具體地來分析「世界貿易組織之特質」,如果說它是關稅暨貿易總協定的繼承組織,主要的是可以從下面幾方面來找到蛛絲馬跡[32]:(一)世界貿易組織是具有獨立的及完備的法律人格之正式地國際組織;(二)世界貿易組織之宗旨是在實現國際社會所需要的,具

---

[28] 吳嘉生,國際貿易法析論——WTO時代之挑戰,臺北:翰蘆,民國93年,第151頁。

[29] 同前註。

[30] 同前註。

[31] 同前註。

[32] 同前註。

有時代意義之國際經濟發展與國際社會互助合作之目標；（三）保障開發
中國家的自由貿易與經濟成長；（四）世界貿易組織的宗旨肯定了擴大
貨物生產與貨物貿易的目標，並進而規範到國際社會所重視的服務貿易；
（五）世界貿易組織建立了多邊貿易體制；（六）世界貿易組織建立了更
完善與更權威之爭端解決機制；以及（七）世界貿易組織的法律制度及其
規範體系比之各國國內規範來得更加周延與完備。

　　最後，大家不得不承認[33]：世界貿易組織所建立的貿易規範乃是國際
社會中締約各方之間，發展經貿合作與市場自由競爭之國際貿易「遊戲規
則」（Rule Of Game）。它構成了當今國際社會中經貿法律的核心。不僅
如此，具體的來說，世界貿易組織所建立的法律制度，乃是一個廣大的
「條約群」所組成的規則體系。不論是實體法的內容，抑或是形式上的程
序規則，均具有本身的特色。

二、世界貿易組織之宗旨

　　依照「建立世界貿易組織協定」（The Agreement Establishing the
World Trade Organization）的序文中所述如下[34]：此協定之成員認知到在
它們彼此之間的貿易與經濟的領域關係上，其進行應該努力於提高生活水
準、確保充分就業，以及在實際收入與有效需求的大量與穩定之成長，與
擴大產品及服務之生產和貿易為目標；在根據永續發展作為目標來對世界
資源作最大利用之時，應該要尋求對於環境的保護，及保育與提升在從事
這方面工作的方法，用以配合它們各自的需求及考量到經濟發展的差異程
度。因此，從其前言中所述可以發現，世界貿易組織之設立宗旨，乃在於
為了達成自由貿易下的永續發展之目標，要提高各國人民之生活水準，與
充分就業之確保。而且在擴大各國資源之最大化的充分利用之餘，更應注
意到環境保護方面之措施與保護工作。除此之外，因為國際經濟與貿易的
工作，側重於比較利益法則之作用，應在生產最大化之原則下，注意到環

---

[33] 同前註，第152頁。
[34] 世界貿易組織之設立宗旨明白的呈現在它的基本法「建立世界貿易組織協定」的序文之中。

境保護方面的工作，意圖在貿易與環保兩方面取得適當之平衡點。

三、世界貿易組織之原則

　　欲了解世界貿易組織，似宜由關稅暨貿易總協定著手進行。首先，關稅暨貿易總協定即為其盟約國，建立了下列七個原則或目標，用以規範它們彼此之間的「貿易關係」（Trade Relations）應該如何進行與維持，可以詳細地說明如下[35]：

（一）最惠國待遇原則

　　「最惠國待遇原則」（Most-Favored-Nation Treatment, MFN）乃是關稅暨貿易總協定之基石。它規定於關稅暨貿易總協定之第1條第1項後段：「……任何盟約國對於來自或輸往任何其他國家之任何產品，所賦予之任何利益、優惠、特權或豁免，應立即地與無條件地給予來自或輸往其他盟約國領域之產品。」其中所謂的「利益、優惠、特權或豁免」即是本條所謂的「最惠國待遇」的實質內容，約略地涵蓋了所有國家在「貿易關係」中全部的特別優惠權利。然而，關稅暨貿易總協定卻也能夠預期到，對於「最惠國待遇」必須預留特別情形出現時，之例外處理的彈性空間，在它的第24條及第25條就明白列有例外的規定。第24條規定即允許「關稅聯盟」（Custom Union）或「自由貿易區」（Free-trade Area）的建立。只要它們的建立能夠讓各盟約國對內得以「降低或消除」（Lower or Eliminate），不必要之關稅及貿易障礙，而且對外得以不致讓各盟約國之關稅及貿易法令，造成貿易上之障礙及關稅之提高。第25條則透過各盟約國的「聯合行動」（Joint Action），盟約國得授權某一負擔關稅暨貿易總協義務之盟約國的「不遵守」（Non-Compliance）某項義務，而此義務在解釋上應該包括關稅暨貿易總協定第1條之最惠國待遇之適用在內。另外，關稅暨貿易總協定之第20條及第21條亦有可能被援引為基於公共政策

---

[35] 見前揭註28，第129頁。

（第20條）及國家安全（第21條）之必要，而得以作為暫時不履行最惠國待遇之除外規定。而有關適用國家安全之除外規定，就在1982年英國與阿根廷之間有關福克蘭群島戰役時，關稅暨貿易總協定之盟約國對於阿根廷所實施之「禁運」即是最適當之例子。

（二）國民待遇原則

根據關稅暨貿易總協定第3條約文的規定，就內地稅及其他內地規費來考量，任何一個盟約國的產品，輸入另一盟約境內，應該以對待國內相同產品，同樣的立足點一樣對待。本條適用的範圍相當廣泛，它適用於各種類別的稅捐之課徵以及其他一切內地銷售之支付方面。它考量到相關的法律及法規，以及任何會影響到國內市場產品的銷售、購買、運輸、配銷或使用的要件。國民待遇的規範以上述的方式，所給予進口產品的待遇；如此一來，便提供了源起於任何一國的國內行政與立法措施，所造成之保護主義，做出了防衛的作法。至於海關之進口稅及邊界措施則不在國民待遇相關條款之規範內。據此規定可知，對於相同產品之進口，在課徵海關稅賦或內地的各種規費，不論本國或外國之產品均應一視同仁，不得有任何名目之「差別待遇」的處理。同時必須注意的是，為了落實關稅暨貿易總協定之最基本的「不歧視原則」（Non-discrimination Principle），各盟約國不得以法律或命令的方式，要求進口產品混合、加工、或使用特別數量或比例，影響其內地之銷售。同時，任何盟約國不得對產品之混合、加工或使用，制定或維持任何內地數量上之規定，而要求該產品的任何指定數量或比例，必須由國內來源加以供應。這些規定的目的，均是在「降低或消除」貿易障礙的人為因素。

（三）數量限制之普遍禁止原則

「數量限制」（Quantitative Restriction）即一般所稱之「配額」（Quota）。通常將其指為對於進口貨品數量上所給予之限制。亦通常被定義成下文所示：在國際貿易上進口國與出口國之間，對輸出入貨品之數量設限，而達成之履行協定或協議，或者政府基於管理需要所為之輸出數

量的管制，而由政府分配予廠商在規定之額度內，利用之特定數量或價值之產品，一旦額度達到規定之限度，即不准進口或出口。簡單地說，配額乃是指在一定的期間內（通常為1年），對於特定的貨品僅准許一定數量或價值之進口或出口的政府之規定。基本上，關稅暨貿易總協定禁止盟約國在進出口貿易上，採行任何數量上的限制措施。回顧在1948年關稅暨貿易總協定生效時，國際社會透過數量限制的方式，來保護本國的產業，情形相當普遍。因此乃有關稅暨貿易總協定第11條規定之出現，目的即在於普遍性的消除數量配額的限制，以及防止對於使用這些保護措施，所造成對於價格機制的扭曲，並藉此檢視在國際貿易上市場經濟的功能。第11條第1項規定：「任何盟約國對於來自任何盟約國領域的任何產品之進口，或輸往任何盟約國領域的任何產品之出口，除了課徵關稅、內地稅或其他規費外，不得藉由配額或輸出許可證或其他措施，來創造或維持任何禁止或限制。」如此規定，即在揭示對於數量限制之禁止。

（四）關稅作為保護手段之規範原則

關稅暨貿易總協定之成立宗旨乃在於消除所有的不必要的「貿易障礙」（Trade Barriers），特別是人為的貿易障礙。但是現實世界各國因為主權的行使及籌集財源之必要，一時之間難以立即消除所有的貿易障礙。所幸，關稅因為「透明化」要求的結果，各國易於透過談判等機制，加以作適度的處理。因此，關稅之徵收乃成為關稅暨貿易總協定下，所唯一允許或容忍的保護方式；其所附加的要求乃是各國仍然必須要朝向減讓的方式去執行。換句話說，一國雖然有關稅、配額及其他非關稅貿易障礙等措施之規定，用以作為保護國內產業工具，但是關稅仍然是在關稅暨貿易總協定之下，唯一合法的保護國內產業之邊境措施或工具。

其實，基本上關稅暨貿易總協定因為一則要保護國內的弱勢產業，再則為了國內財政稅收的補助，所以原則上並不全然的禁止一國使用關稅作為保護其國內產業之工具。但是，這樣並不意味著關稅暨貿易總協定會准許，其盟約國家對於其關稅之事務，有完全之自主權或是有其自由裁量之空間。查考相關文獻即可知關稅暨貿易總協定之設立目的，即是意圖透過

關稅減讓之諮商談判，用以完成「貿易自由化」（Trade Liberalization）的最後目標。不過，有趣的是關稅暨貿易總協定自始至終並未提及所謂的「自由貿易」（Free Trade），此可由其前言中之文字中可以發現，足見關稅暨貿易總協定自始即了解到，各國之間欲達成完全無關稅之目標，在可預見之未來，是件不可能之事。這是關稅暨貿易總協定於其締訂之時，即考量到的相當務實之作法。

雖然關稅暨貿易總協定在關稅減讓方面，採取了以上所述的朝向「貿易自由化」的務實作法。基本上，關稅暨貿易總協定減讓方面，仍然有一些基本原則的規範。例如，關稅暨貿易總協定第2條即規定各盟約國應該給予其他盟約國的的商務對待，應該不低於該協定所附之適當「減讓表」所列出的待遇。其次，第28條就有關減讓表非依協定相關條文之規定，不任意修正或撤回其減讓，其條文指出：每三年，盟約國在提供適當的補償作為前提之下，得與參與原始談判之盟約國，或有重大利害關係之盟約國從事談判或協議，以修正或撤回列於有關列表中之減讓。最後，為了達成各盟約國之關稅的大幅減讓，關稅暨貿易總協定更在其第28條第1項指出：關稅暨貿易總協定鼓勵各國舉行關稅減讓談判。至於關稅減讓談判之機制，大體上，從歷年來的各年次的談判來審視，未並發現有任何單一而且能夠被各盟約國所接受的模式；而減讓關稅的方式，亦多所變化。綜合而言，關稅暨貿易總協定時代的各回合之貿易談判即在追求一個各國均能接受之關稅減讓模式，以達成各國之間無關稅障礙之目標；而此一最後目標之達成，在各國面臨「全球化」（Globalization）時代之來臨，是難以避免之趨勢。

（五）互惠原則

雖然「互惠原則」（Reciprocity Doctrine）早已在各國的國際貿易政策當中，被制定成一項基本原則；用以指導各國在彼此之貿易行為上的基本綱領，這是一個不容否認的事實。但是，將它當作一個「法律概念」（Legal Concept）來看，則尚未被盟約國家所定義，但是它的重要性，特別是它被關稅暨貿易總協定的重視，從它被放在關稅暨貿易總協定中的

各個條文中之基本立法意旨來看，可以想見一般。特別是從關稅暨貿易總協定的序文中，就很清楚的提及，足見它作為關稅貿易總協定的「基本原則」（Fundamental Principle），具有它核心地位的重要價值。實務上，各國基於國際法上之平等地位原則，所從事之國際貿易行為，在彼此互蒙其利之下，鮮少有反對心理，這也就是「互惠原則」之所以在國際社會中，愈來愈受到普遍重視原因之一。

而有關互惠原則的適用與界定，則必須參考關稅暨貿易總協定第28-1條第2項(a)款之規定：「依本條規定下之談判，其實質乃是基於選擇性的產品逐項談判作為基礎，或是適用相關盟約國所接受的那些多邊程序來進行。此等談判的目標得指向關稅之削減，關稅拘束在當時之既存水準上、或是使盟約國接受對於所指定類別產品之個別關稅或平均關稅，不得逾越所指定之水準。原則上，對於低關稅或免稅對待之不予增稅的拘束，應該被認為與高關稅之減讓有同等之價值。此處之規定對於互惠原則之規範與界定，有相當程度的國際貿易實務上的助益。」

所以，可以不避諱的指出者乃是互惠原則之作為一個法律概念的原則，雖然尚未被國際社會中的主要貿易大國，在相關的國際組織中，作出明確的定義；但是，一個無可否認的明確事實，呈現在世人面前是自國際貿易盛行以來，各國在實務上均或多或少的在彼此之間，以「互惠」或「互利」的各種不同名義下，進行彼此間的交易行為。這樣的彼此「互惠」方式進行貿易，長久以來即未曾止歇過。舉例來說，到了關稅暨貿易總協定的時代，互惠原則更被放在關稅暨貿易總協定的核心位置，把它當作是基本原則之一。由此可見互惠原則之被重視。前述關稅暨貿易總協定第28-1條第2項(a)款之規定，就是一個最明顯的範例。此外，在關稅暨貿易總協定的各回合的談判當中，其中關稅減讓的談判即是以「互惠」為基礎，即使是有關的入會談判中，在涉及到關稅減讓方面，亦是以「互惠」為要求的基本對待。

（六）不歧視原則

「不歧視原則」在國際社會之中形成為國際貿易實務上的一個重要原

則，也是經歷過長時期的演進而產生的。到了二次世界大戰之後，更是被國際社會中的主要貿易大國拿來規範彼此。待關稅暨貿易總協定簽訂後，更成為它的幾個基本貿易原則之一，要求各國奉行不悖。茲將其中重要的幾項規定，加以分析如下，有利於進一步了解其內容之意涵。

1.關稅暨貿易總協定下之不歧視原則

　　關稅暨貿易總協定第11條第1項規定：「任一盟約國對來自任何其他盟約國領域之任何產品，除課徵關稅、稅捐或其他規費外，不得以配額、輸入或輸出許可證、或其他措施，新設或維持禁令或限制。」該項規定原則上排除了任何非關稅貿易障礙。不過由於關稅暨貿易總協定本身就開放了無數的例外，使得「數量限制」仍然不可或缺，因此該項協定第13條又規定了「數量限制之不歧視適用」（Non-discriminatory Administration of Quantitative Restrictions）。

2.不歧視原則之內涵

（1）不歧視原則不同於最惠國待遇原則

　　由表面觀之，似乎關稅暨貿易總協定第13條第1項規定：「任一盟約國對來自其他盟約國領域之產品，不得實施禁令或限制；但對來自所有第三國領域同類產品之進口，或輸往所有第三國領域之同類產品，亦同樣禁止或限制者，不在此限。」此與最惠國待遇原則並無不同。實則就智利與歐洲聯盟就蘋果進口限制一案，智利主張歐聯對智利所採取的數量性保護措施具有歧視性。因為該項措施只影響了原產於智利的蘋果，違反了關稅暨貿易總協定第1條規定的最惠國待遇原則。關稅暨貿易總協定「爭端解決小組」則指出：「小組審查了歐聯的措施與關稅暨貿易總協定第1條規定之最惠國待遇原則的相容性，認為就此問題更宜依據關稅暨貿易總協定第13條關於數量限制之不歧視規定來審查。」由此觀之，顯然有關於「數量限制」並不屬於關稅暨貿易總協定「最惠國待遇原則」之適用範疇。

（2）不歧視原則是在不同條件下有不同待遇

　　依據關稅暨貿易總協定第13條第2項規定，「對某一產品實施進口管

制時，各盟約國對此一產品之貿易分配，應儘可能符合若無此限制原可期待由不同之盟約國取得之市場占有率（若無此限制時），為達成此一目的，則必須遵守以下之規定：

　　①如配額可行時，應核定代表准予進口總量之配額（不論是否在供應國之間進行分配），且該項額度應依本條第3項第(b)款之規定予以公布。

　　②如配額不可行時，得不用配額，而改以核發「輸入憑證」或「許可證」之方式實施管制。

　　③除另有規定外，原則上各盟約國不得要求對來自某一特定國家或來源之進口產品必須使用「輸入憑證」或「許可證」。

　　④如配額係在供應國之間進行分配時，實施限制之盟約國得與該產品之供應，有重大利益之各盟約國，就配額之分配尋求協議。如此一方式不可行時，則再妥善考慮可能已經影響或正在影響該產品之貿易的一切可能之特殊因素後，該盟約國應根據前一代表性期間內，供應該項產品之各盟約國在該產品總進口量或總進口值中所占之比例，將配額分配予對該產品之供應有重大利益之各盟約國。不應設立條件或手續，用以限制任一盟約國充分利用其在總量或總值中所獲分配之份額，惟該份額應於配額所定期限內進口。

（七）諮商原則

　　世界貿易組織之諮商規定，則規定於第4條：

*1.*會員茲重申強化及改進會員所採行諮商程序效率之決心。

*2.*任一會員對其他會員抗議其於本身領域內所採行之措施影響內括協定之實施，應予以審慎之考量並提供充分之機會進行諮商。

*3.*諮商之請求，應由請求之會員通知爭端解決機構與相關之理事會及委員會。諮商之請求，應以書面為之，並說明請求之理由，包括指明引起爭端之措施及請求之法律依據。

*4.*諮商應予以保密，且不損及會員於任何後續程序之權利。

*5.*如未能於收到請求諮商後60日內解決爭端，指控國得要求設立小組。於上述60日期間內，如當事國均認為諮商無法解決爭端時，指控國得要求

設立小組。

6.遇有緊急案件，包括涉及易腐敗產品，會員應於請求後10日內展開諮商，如諮商未能於收到請求後20日內解決爭端，指控國得要求成立小組。

7.遇有緊急案件，包括涉及易腐敗產品，爭端當事國、小組上訴機構應盡全力加速諮商程序之進行。

8.於諮商過程中，會員應特別留意開發中國家會員所遭遇之特別問題與利益。

　　第4條之規定大體上乃承繼關稅暨貿易總協定諮商相關決議之精神及原則發展而來，並再做補充而使實體及程序義務更加完備、明確，有利於世界貿易組織會員自行進行諮商，以解決貿易爭端。世界貿易組織諮商規定與關稅暨貿易總協定不同者僅是時間期限有些微調整，程序上諮商請求須以書面為之，並說明理由，及應注意保密等規定。

　　易言之，若任何盟約國認為：

1.其在關稅暨貿易總協定下所直接或間接應獲得之利益遭受到「剝奪或減損」（nullified of impaired）；

2.或是關稅暨貿易總協定目的之達成遭受阻礙。則該盟約國得向有關之其他盟約國提出書面之意見或提議，以尋求獲得滿意之調整。任何盟約國接獲此種意見或提議，均應予以認真的考量。若相關盟約國無法在合理期間內達成協議，或其問題係涉及下述之「有任何其他情形存在」之情形，該事項得提交盟約國整體審理。盟約國整體應立即調查該事項，並應作成適當之建議或裁決。若盟約國整體認為情況嚴重，而有採取行動之正當性時，得依情況，授權盟約國暫停其對特定盟約國適用其減讓或其在關稅暨貿易總協定下之義務。

　　總之，「諮商原則」之建置乃是關稅暨貿易總協定為了解決盟約國彼此之間的貿易爭端，所規劃出來的一項符合聯合國憲章所建立起來的國際法原則──各盟約國應該以和平方法解決其國際爭端。此諮商原則在世界貿易組織成立之後，亦被沿用至今，基本上來說，應是相當的成功。

柒、結論

在19世紀以前的國際法，只承認國家才是國際法上的唯一具有「法律人格」（Legal Personality）的地位者。傳統國際法是經由國家彼此之間的交往，所發展出來的一套規範國家之間關係的規範。但是自從二次世界大戰之後，國際組織已經是比比皆是的情況；而國際組織也遂漸取得某種程度的「國際人格」（International Personality），在合乎一定的條件之下，可以成為國際法的主體。可以這麼說，國際組織是一種國際合作的法律形式，它具有與其成員國相區別的法律人格，因此，是一種自成一類的國際法主體。所以，在現代國際社會中，除國家間的關係外，國家與國際組織之間以及國際組織彼此之間的關係，也能形成國際法的新規則。由於國際組織的發展，國際主體和國際法淵源的範圍進一步擴大了。

國際組織的發展，經歷了一個長期而緩慢的過程，但是進入20世紀，特別是經歷兩次世界大戰之後，其發展速度迅速加快，並且具有如下特點[36]：

一、國際組織的數量在爆炸性地增長：戰後國際關係的重要特徵之一是，第三世界和發展中國家的興起。現在世界上一百八十多個獨立國家中，有一百四十多個屬於發展中國家。最近40年來，民族獨立和解放運動高漲，帝國主義殖民體系基本瓦解。戰後新獨立的國家，已大大超過全世界國家總數的一半。新興的發展中國家所成立的國際組織，特別是經濟方面的區域合作機構，大量增加。另一方面，由於海洋、宇宙等科學技術及交通工具和通訊設備的巨大進步，使得地球上的空間距離相對縮小了，各國之間的相互影響進一步加深。從而使各種組織，特別是國際性的科學、技術及行政機構有增無減。戰後形勢的這些變化，大大促進了國際組織的發展。據統計，目前各種影響較大的國際組織已達四千多個，其中政府間的重要組織已超過五百個。它們的90%以上是在本世紀50年代之後發展起

---

[36] 見前揭註3，第29頁至第31頁。

來的。

　　如果說，19世紀由於國際會議頻繁而被人們稱為「國際會議世紀」的話，那麼20世紀，於國際組織的急劇增加可以稱之為「國際組織的世紀」。

　　二、國際組織的活範圍包羅萬象；在聯合國廣泛開展工作的同時，國際社會的各個領域都有專業組織在進行活動。它們的管轄範圍，包括政治、經濟、社會、文化、教育、衛生以及其他各個部門。上至「外層空間」（The Outer Space），下至「海床洋底」（The Sea-bed and the ocean floor），各個方面無不有相關的國際組織存在；從郵電、氣象一直到貿易、金融，無不與國際組織發生關係。人類的衣食住行與生老病死，可以說都同國際組織或多或少地聯繫起來了。

　　三、國際組織間的協調在日益加強：由於國際組織的大量增加，各種國際組織的彼此協調（Co-ordination）顯得愈來愈有意義。早在本世紀初期，就有一個「國際協會聯盟」（Union of International Associations）從事於協調與聯繫國際社會的各種國際組織。後來，「國聯盟約」又作了相應規定，試圖加強這方面的調整工作，但是成效不大，僅有國際勞工組織、國際航空委員會及國際測量局等幾個組織置於國聯的管轄之下。聯合國更加重視這方面的工作，在「憲章」中作了若干有關協調各國際組織的規定。例如第1條，規定聯合國應成為一協調各國行動的中心；第57、58、63、64和70條，規定各政府間專門機構應使之與聯合國發生關係，由經社理事會加以調整。「憲章」還以第8章專門規定了聯合與各區域性國際組織的關係。此外，第71條規定，經社理事會得採取適當措施，同各非政府間組織磋商其職權範圍內的各種事項。除「聯合國憲章」外，其他國際組織的基本法，對於如何協調彼此間的關係，也有相應的規定。通過上述各個方面的調整，使地球上涉及面甚廣的各種國際組織，形成為一個相互聯繫的組織網，這個組織網的中心就是聯合國。這個巨大的國際組織網，可以稱之為「聯合國體系」（United Nations family）或聯合國體制下的組織系統。

　　基本上來說，國際組織既不是世界國家，當然也不是世界政府，它沒

有像單一國家之下，有行政機關；它更沒有立法機關。凡此種種均與我們日常生活所獲得的「經驗」大相逕庭。然而，國際組織的體系卻與國際法有相當密切的關係，具體的來說，有以下這幾點[37]：

第一、國際組織必有其基本法，例如國聯有盟約，聯合國有憲章，國際復興開發銀行有同意條款（Articles of Agreement）。基本法的條款，除訂明組織內部的事項外，往往亦載有國際社會所需的廣泛原則，由多數國家以批准方式表示同意後，便具有一般國際法原則的效力，所以國際組織基本法的某一部分，可成為國際性的法條，例如國聯盟約第22條訂明：扶植未能自治的民族，促進其福利與發展，是「文明的神聖付託」（Sacred trust of civilization）；聯合國憲章訂明：各會員國主權平等、各會員國應以和平方法解決其國際爭端、各會員國不得使用武力侵犯他國領土完整或政治獨立，各會員國國內管轄事項不受聯合國干涉。這些原則已獲得各國普遍的接受，現在已是公認的國際法原則。

第二、國際組織為達成其宗旨起見，往往召開國際立法會議，或努力促成這種會議的召開，或研議並且提出某些公約的草案，或對某些公約草案提供專家的意見，以便簽訂公約，或把還未或已是明確的觀念、原則、規則、術語等列入公約，以促進國際法的發展。1930年，國聯於日內瓦召開國際法編訂會議，討論國家責任法、海洋法和國籍法等，雖然未能達到大部分目的，卻為無國籍和雙重國籍提供公約、特種使節公約、條約法公約和海洋法公約等。聯合國的推動和策劃，無疑是這些公約獲得通過的主因，而它們的通過，又是對國際法發展的一大貢獻。

第三、國際組織從事對外的活動時，難免遭遇一些法律問題或爭端，應該甚至必須設法解決，因而直接或間接澄清相關的法律概念，或使未經確定的法則具體化。例如聯合國於其工作人員受到損害時有無權利提出國際損害賠償的請求，本是未經確定的問題，它便請求國際法院解答，所得的答案是肯定的。聯大於1946年通過「聯合國特權及豁免公約」，獲得各會員國接受遵守，使聯合國在各會員國內取得國內法人的地位，各會員國

---

[37] 見前揭註2，第536頁至第537頁。

亦同意聯合國在其境內享受特權與豁免。

第四、國際組織辦理內部事項時，也會引起紛爭，例如前述秘書處美籍職員，因為拒絕接受美國政府的忠義調查，被秘書長解僱後，便發生了他們和秘書長間的紛爭。有了紛爭，便須解決，組織的訴願委員會、行政法庭或國際法院，常常會適用組織的規章或決議案，或解釋基本法，或援引一般國際法則，以論斷是非曲直。聯合國行政法庭、國勞組織行政法庭等，部會肩負而且達成解決紛爭的任務。它們的工作有助於國際法的發展，乃是毫無疑問的。

第五、國際組織須有一般國際法的奧援，才易進行其工作，也就是說，一般國際法能夠協助國際組織，因為組織辦理其內部事項，或從事其對外的國際性活動時，縱使它已訂的規章辦法細則等等，已相當完善，仍難免有所不足，要倚賴一般國際法來補充，創立未久的組織，其倚賴更多，如果不能藉助於一般國際法，或則疑惑無法消除，或則懸案日趨嚴重。作為聯合國主要司法機關的國際法院，於判案和發表諮詢意見時，固須適用一般國際法，就是聯合國其他五個機關，於執行職務時，也往往須依據一般國際法，例如秘書長代表聯合國和任何國家簽訂條約時，必須遵循國際法中的條約法規則，遇有聯合國締結的條約發生條款意義的爭端時，又須依條約法所定的原則加以解釋。

第十四章　國際人權法

1.人權思想之啓蒙

　　姑且不論人是怎麼出現在地球上的，也不論人是不是上帝創造出來的；不可否認的事實是，這個世界是人造成的結果，更重要的是人創造了歷史，人創造了國家，並進而組成了社會，乃至於國際社會。因此，當人在寫歷史之同時，人也常常在思慮下列幾個問題：人從哪裡來？要去哪裡？人的本質是什麼？人的價值又是什麼？人生的目的何在？人與周遭的社會關係怎麼樣？如何建立關係？又如何維持關係？這些問題不僅是涵蓋面極為廣泛的理論或思想哲學方面的焦點？更是對於人權研究，所必須先釐清的重要前提。

　　至於從對「人」的思考到進一步的「權」的涵蓋，這中間的歷程，卻是相當的漫長與艱辛。當思考人的價值之同時便會詢問自己，價值從何而來，又是以什麼樣的標準來衡量呢？凡此種種就是在問人因為「存在」才有價值，也才有衡量價值之必要。所以基本的問題是建立在「存在」的基礎之上。那麼接下來的問題就是建立在「存在」的基礎之上的問題；也就是說，人要存在才有價值，然而，人要如何才能存在？這個問題就牽涉到「本位」的考量，與「主觀」的思維。在「本位」與「主觀」的基礎或前提之下，自然產生了為了「人的利益」，人才能有「存在」的可能，也才能夠因此去尋找「人的價值」何在的問題。因此，從這個角度來切入，「人的利益」就必須建構在人與人周圍環境或世界之間的一種可以正面定位的價值關係。因為有這樣的價值關係的建立，才能談得上「人的價值」或人的利益。到了這樣的思考程序，才能進一步「推理」到人是人存在的利益主體，人是因為能夠作為人與人周圍環境的利益主體；人的存在才能證明人的價值。

　　接下來就是對於「人的利益」之認識，就單一的人而言，利益是由誰來享有或者說利益在客觀上是存在的，這是一個不可否認的事實，最起碼是難以否認的。那麼由誰來主導它或者說由誰來分配它？這個問題的解答便是由「利益主體」來主導它；由「利益主體」來分配它。這樣一來，就有了「權利」概念的產生。誰是「利益主體」，誰就享有主導或分配「利益」的權利。就因為如此的邏輯推理，「人」居於利益主體的地位，才享有主導或分配利益的「資格」、「身分」或「地位」。也因為如此，就可以了解到權利是文明時代的產物，權利觀念是文明社會中人的觀念。

　　「權利」作為一種法律概念，在我國長久的帝王封建社會下，似乎難以找到它的出處，因為在封建社會裡由上而下的社會階層，「統治者」似乎掌握了一切的權利。一般人民百姓屬於「被統治者」的地位，難以主張什麼「權利」。然而，西方的權利概念卻是直接源起於拉丁文的「Jus」。Jus的本身，就蘊涵有法或正義的意思。至於在英語裡，權利（Rights）一字便含有多種解釋。其中最重要的兩個含義便是公正，忠誠；另外一便是給予權利或享有權利。經過了幾千年的人類歷史的演進，人的權利便漸漸定位在「給予權利」或「享有權利」的概念上。

2.人權思想之演進

　　對於權利的探討，特別是有關於人的權利方面，更是西方法學史上歷久不衰的重要主題之一。從古希臘時代的將正義、民主、宗教、道德與理性混合在一起，和國家及自然規律放在一起做研究；於是產生了最原始的公平與正義之概念。例如，柏拉圖就認為政治秩序的目的，就是為了「實現正義」所建立起來的道德秩序。亞里斯多德的理論也沒有脫離柏拉圖「正義」的範疇。他認為倫理的正義只有在國家生活中才能確實實現。到了古羅馬時代則把權利引申為權威、權力與自由綁在一起的總體觀念。可以這麼說，古希臘與古羅馬時代的權利，帶有強烈的個人主義色彩，為個人權利觀念的產生與發展奠定了基礎。

　　中世紀時代的一些思想家例如阿奎那及奧古斯丁等人則為了幫統治者尋找統治的基礎編造了人的權利透過了統治者依據神的旨意來支配的論

證；就因此而主張人民的權利是由上帝的意旨所決定。一直要到17、18世紀格勞秀斯等自然法學派的興起，經由霍布斯、洛克、盧梭等人的鼓吹，才形成了近代民主制度所依賴的個人權利的實質內涵。他們先後所主張的天賦人權說、社會契約說……等從人性出發，將權利視為一種品質，經由這種品質，一個人擁有某些「財產」是正當的而且是合乎正義的要求。其中盧梭所提出的「人民主權論」更是一項創舉的思想更新，是人類有關「權利」理論的里程碑，更是近代人權觀念突破傳統思維的大突破。他強調作為政治共同體的國家，必須實現人民的「公益」；而「公益」表現在外的就是主權行為，如果主權不屬於人民，自由平等就無從談起；從此，所有的人與人之間的關係以及人與社會之間的關係，都脫離不了「權利」的標記。權利的性質開始發生了基本的變化。諸如，個人的人格權、財產權與言論自由權均逐漸的跳脫了傳統的窠臼，進而權利的內容也就更加的廣泛化及普遍化了。

到了19、20世紀，有關於權利的內容有了很大的改變，經由美國法學家霍姆斯（Olive Wendell Holmes）及龐德（Roscoe Pound）的努力，將權利定位成法律所保障的各種利益的一種方式或者將權利看成是一種受法律保護的利益。到了20世紀末，權利與法二者之間更是不可分割。進一步而言，權利乃是國家賦予公民在法定範圍內的行為自由；而完備的法律體系則是公民權利實現的法律先決條件。更重要的是當權利受到傷害時，有權要求國家給予保護。

3.人權之定義

關於人權之定義，至今仍然是相當紛歧，不同的社會制度以及不同意識形態的國家，也都會講人權，然而人權就如同民主、自由……等一樣，往往有各種不同的詮釋，無法達成「共識」（Consensus）從此一情形來看，作為思想內容的人權就像許多觀念一樣，傳播的越廣泛，其內容就越模糊。人人均在談人權，實際上卻是在談不同的東西。這個問題如果不解決，則有關人權的研究就會受到嚴重的影響，至少就會是「盲人摸象」的結果。

　　大部分的人權專家在人權的定義上，大概有下列幾種看法：（1）人權就是做人的權利；（2）人權就是得到社會所承認的權利；（3）人權就是「人格」或「資格」及能夠提出之有效的要求權；（4）人權就是國家法律所認可並加以保障而能實現的人身權利及民主權利；（5）與集體權利全然不同之言論、出版、結社、集會的個人權利；（6）人權即是個人所可享有之自由權與平行權。事實上，隨著時間的演變，人權從洛克所提出的「人類天生就是自由、平等與獨立的。」與盧梭也明白指出：「每個人都是生而自由平等的。」這些大儒所提出的主張來檢視，將人權定義成自由權與平等權是為大多數人權學者所能接受的。也就是如果強調人權是平等權與自由權，並不單純地意味著人權是人們對於權利本身的渴求，它更重要的提出了人權需要什麼樣的制度，或是在國家實踐中如何給予具體地保障。易言之，人權並不是一個抽象的子虛烏有的論點而已，它是的的確確地存在於人類社會之中，無論社會制度為何，人權均應該屬於人的真正的權利範疇之內。即使有些人權的具體內容不同於法律上的權利，這些權利亦應與法律權利一樣受到一樣的保護。也就是說，即使有些人權並不是法律所規定的「特別權利」，一旦它們受到損害，任何受害者，均有提出請求補償或賠償的請求權。

4.世界人權宣言

　　「世界人權宣言」（Universal Declaration of Human Rights）乃是聯合國憲章有明定保障個人人權之條款規定而由「聯合國經濟暨社會理事會」自1946年起以其所屬之「人權委員會」（Commission On Human Rights）為起草機關，擬定之多邊人權公約，結果乃有「世界人權宣言」的產生；該宣言在1948年12月10日由聯合國大會一致通過；將個人的人身、公民、政治、工作、財產與社會權利等列為所有人民與國家努力實現的共同目標。由於宣言之主旨在於詮釋及發揚聯合國憲章之人權條款。因此，該宣言之通過法律上的意義自非聯合國大會所通過之其他決議能相提並論。

　　具體而論，世界人權宣言之通過即是要求各國基於聯合國憲章之義務，要來促進所有人類對於種族、性別、語言或宗教的普遍尊重人權與

基本自由而不得有差異性的對待。其制定之原因如下：（1）基於人類一家，對於人人之固有尊嚴及其平等不移權利之承認；（2）基於人權之被忽視，而自由言論、自由信仰、得免憂懼、得免貧困為一般人民之最高亟望；（3）人權須受法律規定之保障；（4）促進國際友好關係；（5）促進社會之進步及較優之民主；（6）促進人權及基本自由受到普遍尊重與遵行；以及（7）基於此等權利自由之共同認識對於是項誓願之實現至關重大。

　　這項宣言原本不認為具有法律上的拘束力；然而，自其通過以後，該項宣言在全世界的推動之下，行使的相當有力量且具有相當程度的影響力；不論是從國際面或國內面來檢，該宣言均發揮了極大的效果。宣言的各項條文規定業已被聯合國所採取的各種不同行動作為「正當化」（Justification）的理由，而且也促成了許許多多在聯合國之內或之外的國際會議的召開並作成了有關人權提升的各種決議。並不僅於此，世界人權宣言對於各國的憲法及司法方面亦有相當程度的重大影響。舉例而言，世界人權宣言的內容被各國的立法機關在修正或制定相關的法律時納入；國際會議的召開亦多半將世界人權宣言的內容落實在它們的決議中或制定成國際公約中的條文規範裡。美國聯邦第二巡迴法院在1980年的費勒提加案（Filartiga V. Pena-lrala Case）的判決文中就明白指稱：世界人權宣言具有相當於習慣法之效力。因此，時至今日如果說世界人權宣言已臻於有拘束力之「習慣國際法」（Customary International Law）的效力，並不為過。

5.國際人權盟約

　　由於世界人權宣言並非國際條約，因此並不具有維也納條約法公約所賦予之法律上的拘束力。如果要使得世界人權宣言中有關人權規範的內容變成具有法律上的拘束力，則必須另行訂定條約。於是聯合國大會在1966年12月16日通過了第2200(XXI)號決議，訂立了二個國際人權盟約（Covenant），也就是「公民權利與政治權利國際公約」（International Covenant on Civil and Political Rights）及「經濟、社會、文化權利國際公約」（International Covenant on Economic, Social and Cultural Rights）。這

兩個公約均在1976年生效。更重要的是以上二公約連同世界人權宣言，被統稱為「國際人權憲章」（International Bill of Human Rights）。1966年聯合國大會所通過的兩大公約與世界人權宣言，最大的不同點乃是在於世界人權宣言並未提到「自決權」（Self-Determination）。同時，此二國際公約亦均未提及世界人權宣言所指之財產權。所必須注意的是兩個國際公約所提及之「自決權」並不是指一群人在一個國家領域內得以隨時主張分裂國土。自決權之行使，有其一定之條件必須先行滿足。大致上來說，此二國際公約比人權宣言中所提及之各項權利更為具體。

就「公民權利與政治權利國際公約」而言，該公約賦予個人的權利包括生命權、人身自由與安全、宗教信仰、言論、結社、選舉、在平等條件下參與公職等的自由與權利，以及禁止不人道的待遇及非法逮捕、拘禁，保障公平審判，保護人數民族等關於個人尊嚴之權利。此外，該公約在執行機制方面規定設立「人權委員會」（Human Rights Committee）。其職責主要在於就締約國所提出之有關執行本公約的措施及進展報告，加以評釋及提出檢討報告。

就「經濟、社會、文化權利國際公約」而言，該國際公約之內容主要在於規定各締約國應個別或透過國際合作之方式，採取立法等一切適當之措施，充分實現本公約所承認之權利；並保證男女經濟、社會、文化權利平等。此種權利包括個人之工作權，婚姻、家庭、母親及兒童的福利及衣食住行等權利，受教育及個人之智慧財產權等。為期保障此等權利之有效，公約要求各締約國承允就遵行本公約中所採取之措施及其進展之情形，向聯合國秘書長提出報告；後者則將報告副本轉交「經濟暨社會理事會」審議，並分別轉交相關專門機構；該理事會並依公約規定將各國及相關專門機構所提出之人權報告轉交「聯合國人權委員會」（UN Commission on Human Rights）加以審查；其後，於1987年設立了「經濟、社會及文化權利委員會」（Committee on Economic, Social and Cultural Rights）專責審查此等報告並研提一般性建議，使得「經濟暨社會理事會」可隨時向聯合國大會提出建議及報告，用以督導相關國家之人權進展。

　　總之，在兩個人權保護國際公約的簽訂及生效之後，加上原先的世界人權宣言這三者已經被國際社會公認為「國際人權憲章」；配合聯合國之下的「人權委員會」的確實督導運作，可以說至此全球性的國際人權法體系，業已臻於完備。

第二部分：專題研究與論述

■專題：個人在國際法上地位之研究

壹、前言

　　國際社會在傳統主權觀念的影響之下，使得國家在對其他國際社會成員的國家或國際組織等具有獨立權、自主權與自衛權，而對其本國人民則擁有至高權，是本國社會內的最高權威者。前者或可稱之為國家之「對外主權」，而後者則可稱之為「對內主權」。幾世紀以來，國家在如此的主權意識形態之下，不容許個人在國際社會內與國家競爭，無法在國際社會中擁有一席之地；個人無法在國際社會內透過國際法之規範，直接享有自己的權利。雖然國家彼此之間在相互交往的現實需要下，大致上均願賦予彼此平等地位的權利與義務，但是卻從未給予其本國人民或他國人民在其管轄領域內任何平等對待之權利。個人在國家主權觀念之下，從來就是被忽視的、被遺忘的，而且是不被尊重的。

　　自從工業革命發生之後，歐洲列強成為以民族國家為基礎之帝國主義國家，各個國家都曾利用其國民在國外受到不當之待遇作為藉口，以外交保護為名，對外國進行干涉，以遂行其海外殖民之實。而自19世紀以來，以人道主義為名對其他國家進行政治干涉，更是所在多有、屢見不鮮。此種政治干涉通常是以停止援助某一國家或是派遣部隊進入該國，用以支持

該國少數民族之自決權或某一群體之人權為名進行干涉。簡單地說，在國際法上未賦予任何法律主體地位之個人，便經常成為國家為了實現其政治目的的方便工具。所幸，自19世紀以來至20世紀中葉，要求改進個人在國際法上地位之聲浪，在國際社會之中蔚為風潮，使得各國似乎願意對其本國人民所享有之主權做出讓步。但是，一般來說，幾乎所有國家雖然在原則上同意對個人的地位加以「改進」，然而事實上，各國政府所願做出之讓步，僅是表面上的，並不是實質上給予個人權利確實的保障。因為各國只是同意在其國內立法上給予個人某些權利，並未直接授予個人任何權利直接來對抗其本國和國際社會中的任何其他國家。

　　二次世界大戰以來，已經有無數的個人的尊嚴、人權與人類福利的國際化宣言的出現。雖然如此，無論如何，個人仍然處於他們所屬國家的主權管轄之下，既不能獨立地建立與形成國際關係，也無法獨立地承受與履行其國際法上的義務與責任。但是，作者認為傳統國際法學者的上述觀點，在面對當前國際法演進的趨勢，尤其是「人權」問題的國際化，已經形成了國際法中重要的議題之一；個人在國際法上的地位，必然會受到保障與提升，乃提出除了國家以外，個人亦可成為國際法上主體之見解，此為本文之核心立論。為了建立此立論之基石，乃以分析的方法，分別從個人地位之演進、傳統國際法中個人之地位、近代國際法中個人之地位、當前國際法中個人之地位及國際實踐上來證實個人可以成為國際法之主體。

貳、個人地位之演進

　　國家已經是眾所周知的國際法主體，國際組織與交戰團體亦可在某些規範或限定下成為國際法主體，這些都是傳統國際法學者所認定的國際社會中的「傳統主題」（Traditional Subjects）。因為它們從一開始在國際社會的場面出現時，即已經被如此地認定，在一定條件之下它們具有所謂的「國際人格」：如同國家一樣，國際組織在國際社會具有「戲劇化人格」（Dramatic Personality）。特別是在二次世界大戰以後，特定的國際組

織，如聯合國以及從事「解放運動」（Liberation Movement）的「巴勒斯坦解放組織」（Palestine Liberation Organization）……等均已在一定的條件之下，獲得國際社會的認可，可以獲得國際法上主體之地位。唯獨個人之國際法地位卻一直未能被國際社會所肯定，也一直處於爭議性的狀態。這種情形可以從國際社會中，個人地位演進的歷程看得出來。

　　經過一段相當長時間的發展，特別是在整個國際社會發展的第一階段——從1648年至1918年——期間，不必論及個人之權益，即使是全體人類之權益，都是在國家的卵翼之下苟且偷生，毫無獨立之地位可言。個人在國際社會的權益，如果要受到國際法的尊重與考量，唯有透過他所隸屬的國家——以國家之國民的身分——來尋求保障。如果個人之權利受到挑戰，他們的權利如果要獲得完整的保障，也只有由他們所隸屬的國家作出以「外交保護」（Diplomatic Protection）的決定之後，個人的權利方有可能得到保障。換句話說，個人本身並沒有任何資格與權利在國際社會尋求救濟或在國際上獲得保障。不論是在實體法方面，抑或是在程序法方面，對於個人權利的保障，都必須經由國家基於保護其本國國民的利益為理由，向侵害者提出補救或救濟的要求。這樣的作法，實際上是個人所屬之國家享有向他國請求救濟的權利；而且是國家在國際社會負有國際法上的義務。而從另外一個角度來看，國家在國際法上的義務，僅是在國內法必須予以個人某些基於國際公約或國際習慣法上所產生的權利。國家是否履行其國際法上的義務，個人是無法置喙的。如此一來，個人的地位仍是各國之間的一個法律問題，個人仍然不具有國際法人格。直截的說，如果個人能夠在國際事務上享有任何「關聯性利益」（Relevant Interests），那也僅是個人成為國際條約之「客體」（Objects）或在最好的情況下，也只是國際條約之「受益人」（Beneficiaries）而已。而在大部分的情況下個人權利之保障，幾乎是完全依賴「國家權力」之發揮而已。例如：依照習慣國際法的規範，國家對於其國民有行使外交保護之權。同時，根據國際條約的規範，國家對於其國民的權利遭受到外國的侵害時，可以給予其國民「司法保護」（Judicial Protection）。

　　在第一次世界大戰以後，國家開始允許個人在它們的管轄領域內扮演

一點小角色。雖然這種微不足道的小角色，在整個國際社會裡似乎沒有什麼，但是它卻開啟了個人在國際法上地位的新頁。而國家的策略為開放其管轄領域之措施，最主要的仍是將重心放在國際組織在國際社會中所擁有的功能及地位；而個人或許可以被認為是間接的受益者而已。而國家之前述策略為開放其管轄領域，主要的是它容許個人在國際社會中可以因為本身權益受到侵害而向「國際聯盟」（League of Nations）體系下的「國際勞工組織」（International Labor Organization）提出申訴並請求救濟。而個人之所以能夠獲得這樣的待遇，探究其中最重要的因素，應該可以把它歸功於國際勞工組織所作的努力。國際勞工組織之得以成立，就國際組織的發展而言，乃是國際法上的一大突破。從傳統國際組織的發展進程來看，通常僅是由國家來派遣代表，參加國際組織所召開的會議，而且國際法多為規範國家的利益；也就是以國家為單位的整體的利益，並非在維護或保障任何單一族群或團體的個別利益。而國際勞工組織則首創由政府、勞工與僱主三方面的代表，來共同組成一個國際組織；國際勞工組織的此種特性，很顯然的是國際法上的一個特殊的發展[1]。

個人在國際法上的地位之所以能夠首度受到重視與改善，國際法學者不得不承認，國際勞工組織之得以成立，居功厥偉。國際勞工組織之成立宗旨即在促進國際間工業與勞工之合作、改善各國之勞工待遇。這樣的目的就是在尋求對個人之權益，要加以適當的保障與提升。尤其重要的是，這樣的宗旨及目的早在國際勞工組織的倡議者的構思中，他們決定要賦予由勞工與僱主所組成的「工業會社」（Industrial Association）相當的申訴權利。也就是說，當此等勞工團體之權益受到損害或其權利未受到尊重時，有權向國際勞工組織下的行政機構——國際勞工局（International Labor Office）提出控訴。指出某一國際勞工組織的會員國未能確實遵守「國際勞工公約」（International Labor Convention）的規範；此時，個人可以請求將會員國違約之事實，提交「調查委員會」（Commission of Enquiry）或採取其他辦法，務必使得未能履行「公約」義務之會員國，

---

[1] 沈克勤編著，國際法，臺北：學生書局，民國80年，第649頁。

能確實奉行「公約」或給予適當之補救措施。

　　以上的規範與作法，在當時來說，實在是一項重大的突破與重要的創新。「國際勞工公約」的規範，提供了個人權益受到侵害時，有一個明確的投訴機制與管道。它開啟了個人在國際社會中地位受到基本的尊重與保障的新頁。然而，如同其他國際事務一樣，理論與實務經常有落差，就像理想與現實經常不一致。勞工與雇主所組成的「工業會社」在實際上並未能向「國際勞工組織」提出什麼投訴。當然其中的因素固然很多，而探究其主要原因，仍然可以測知；整個國際社會的大環境，對於個人權益的保障，似乎仍然未臻成熟。歷史發展過程當中，偶然爆出的火花，尚不足以形成「法律機制」（Legal Mechanism），一切仍然在黑暗中摸索。個人在國際法上的地位，理論上已開啟了新頁，但是在實際上，其權利之能夠受到尊重與保障，仍需延至第二次世界大戰之後。

　　個人權利的國際保障，在第二次世界大戰之後有了明顯的進步，雖然進步的腳步是相當的蹣跚。但是從另一個角度來看，卻是在本質上有明確的改進。對於在國際社會裡的個人權利之保障，不必再像以往的以在某一個群體中的一份子的身分方才可以享有。個人在國際社會裡的權利之保護，可以用個人本身之為人類一份子的身分，而受到保障。為什麼會有如此大之轉變呢？主要的理由就是所有的戰勝國彼此堅信世界大戰之所以會爆發，乃是由於納粹等侵略國不顧人類「尊嚴」的「邪惡思維的結果」（The Fruit of a vicious philosophy）；而意圖避免回歸戰爭之再度發生的其中之一的方法，即是宣稱在所有的社會層次內賦予人類一些最基本的尊重[2]。這樣的原理被西方國家強而有力的提出國際社會的成員正式的考量；而這其中最簡單的原因，即是這些國家體制下之政治哲學及基本法律架構就是奠基於「人權法案」（Bill of Rights）的基礎上；所以對於它們而言很容易將這樣的國內性理念及精神引進國際社會[3]。因此，當蘇聯能

---

[2]　參閱Mohammed Bedjaoui ed., International Law: Achievement and prospects (Dordrecht, Netherlands Martinus Nijhoff Publishers, 1991), p.115.

[3]　同前註。

夠分享西方的這些關於「人的尊嚴」（Human Dignity）的觀念時，很快地在1945年於舊金山籌備聯合國成立時，成為「聯合國憲章」（The United Nations Charter）中的基本條款的一部分。如此一來，個人之基本權利開始在國際社會受到重視；個人之地位也在國際法上以國際條約的方式受到保障。

參、個人在傳統國際法上之地位

儘管當前有關人權的國際法保護的呼聲響徹雲霄，一時之間，有關人權的國際法規範，相當地受到國際間的重視。但是國際法中的中堅意識學者仍然未能體認個人在國際社會中所應享有的「規範性地位」（Normative Status）。傳統的國際法理論仍然是將重心放在國家的權利與義務上面，而拒絕了那些主張國家的權利僅僅是源自於居住於其領域內的個人權利與利益之衍生。因此，才有將國際法之國內適法性及國家主權的最高性之認定，放在政府是否能夠有效的在政治的層面上控制了它的人民，而不是以政府是否能夠公正地代表了它的人民為基準[4]。而國家主義者所主張的國際法概念即是主張一種「雙重模式」（Dual Paradigm）來規範個人之順位秩序：其中之一為國內位階，另一則為國際位階；公平正義與適法性就成了分開來的概念，使得在國內制度上努力提升公平正義，而在國際制度上僅僅尋求秩序及遵守秩序而已[5]。這是傳統國際法學者對於國際社會中個人與國家間之區隔概念，也因此而形成之現象。

而關於個人在傳統國際法中的地位，前國際法院法官傑賽普（Philip C. Jessup）在其1948年的名著「現代國際法」（A Modern Law of Nations）中即有明確的說明，他指出：「國際法應該被定義成是用在國家，在它們相互之間的法律或是適用在個人，在他們與國家之間的法律。在這樣的假

---

[4] Fernando R. Teson, 92 Colum. L. Rev. 53(1991).

[5] 同前註。

定之下，國際法也可以適用在個人他們之間的某些相互關係上，而那些相互關係是包含國際性層面所考量的問題上。但是只要國際社會是由國家所組成，那麼法律的規範要變成對個人具有約束力，就只有經由國家意志的表現；透過條約或協定或是藉著國家授權的國際權責機構予以表現出來，以便對個人能夠有所約束。當某些種類的國際組織議會或世界議會被創造出來，用以代表全世界的人民而且有權制定法律，然後才有可能主張國際法之權威是來自於國家以外之淵源……「一個無法逃避的事實是今天的世界，其組成仍然是基於國家間的共存，而基本的改變，唯有透過國家之行動才會發生」[6]。所以，可以這麼說，在最基本的意義上，傳統國際法長久以來一直是奠基在「領域主權」（Territorial Sovereignty）為主的法理概念上；而個人在這樣的情形下就成了擁有權利及權威的國家體制下，無條件的受制於政府的統治。而在另外一方面，國際社會裡還缺乏一些「國際機構」（International Institution）來有效執行「傳統國際法規範」（The Norm of the Traditional International Law）所賦予個人最低限度保障的權益；也沒有任何政府自動自發地對其本國人民做出類似的個人權益的保障。

　　在傳統國際法逐漸發展的同時，「國家主權學說」（Doctrine of State Sovereignty）一直是自然法（Natural Law）下共存共生的一個概念。而此概念的潛在意義是它限制了包含政府決策者在內的「政治行為者」（Political Actor）的「自由裁量權限」（Discretionary Power）。使得個人權益的保障，在「自然法」的庇蔭之下，得以獲得最低限度的、比較客觀的「普遍標準」（Universal Standards）。然而自從文藝復興與宗教改革之後，基於主權平等之「民族國家」（Nation-State）逐漸形成，主張由習慣或條約方才構成國際法的主要內容之實證國際法學派，漸次取代了日漸式微的自然法學派在國際社會中的主宰地位。而「習慣國際法」（Customary International Law）的逐次形成，與國際條約的簽訂，使得個人的權益愈加受到習慣國際法與國際條約的保障；個人的地位也因此能

---

[6] Philip C. Jessup, A Modern Law of Nations, (N. Y.: McMillan Publishing Comp. 1948), pp.17-18.

夠在國際社會中，逐漸地比以往要受到相當程度的尊重。尤其重要的是習慣國際法與國際條約更創造了國家對「自然人」（Natural Person）與法人（Judicial Person）的「義務」（Obligation）。在「國家責任」（State Responsibility）的習慣法下，一個國家對於在其管轄領域內之外國人所遭受到的某些侵害或權益上的損失，負有保護與賠償的責任。但是此一「實證法學派」（Positivists）的主要理論觀點，並不能直接適用在外國人的身上，而是適用在外國人所屬的國家。因為根據19世紀實證法學派的理論，國家固然是國際法的主體；但是，就個人而言，個人仍然僅是國際法上的客體而已。個人之所以能夠享受國際法上的權利、履行國際法上的義務，都必須透過國家而來；基本上，個人與國際法並不發生直接的關係。舉例而言，外國人在僑居國應該受到相當的保護，此為傳統國際法所認定之一項原則，固然沒有問題；但是，根據實證法學派的主張：如果一個外國人在僑居國遭受損害，則應請求其本國政府，依循外交途徑，向僑居國政府交涉，尋求「外交保護」（Diplomatic Protection）的方式，以獲得救濟。

　　以上之國際法規則，逐漸形成為國家之「國際責任」的傳統國際法規範。而其具體的形諸於文字，則可見於「常設國際法院」（Permanent Court of International Justice）在1924年8月30日「瑪落美蒂斯巴勒斯坦讓與（管轄）案（Marrommatis Palestine Concessions [Jurisdiction]）的判決中所認定：「當一國人民受到他國違反國際法的損害，而無法依循通常途徑得到賠償時，受害人的本國有保護他的權利，此為國際法上的一項基本原則……當一國代表其人民向國際法庭提起訴訟時，在國際法庭的眼中，該國是唯一的申訴國……」[7]。由本案之判決可知：國家如果直接損害到外國的國家利益，對方可直接要求責任國賠償，不必先向責任國的機構尋求救濟，固無問題；但是如果國家對外國人或公司造成損害而應負起國家之國際責任時，該外國人或公司必須「用盡當地救濟」（Exhaustion of local Remedies）的辦法，而仍無法獲得賠償時，該外國人或公司的本國，才能

[7]　P.C.I.J. Ser.A.No.2. pp.11-12, (1924).

對責任國從事外交保護或提出索償要求[8]。此種由國家為其本國人民僑居國外所受的損害，向僑居地責任國行使補償的行為，演變成所謂的「國際索償」（International Claim）之國際法原則。它是國家對其人民行使外交保護的方式之一。所應注意者是國家並無必須為其人民在僑居國或其本國管轄領域外所受到之損害，行使「外交保護」或提起「國際索償」之國際法上之必要義務。因為就性質而言，此為國家在國內法上的義務，國際法的規範原則對國家並不課以這類的國際法義務。而且從國際法的角度而言，國家代表其人民向責任國提起「國際索償」的請求行為時，國家是唯一的索償者，索償者並非是直接受到損害的人民。尤有進者，國家可以自行中止「國際索償」的程序；收到責任國的賠償金後，也無國際法上的義務將其交給受害的人民。而在國際法上，責任國對索償國支付賠償金後，其義務就了結；至於責任國的受害人是否收到賠償金，在所不問[9]。由此可見，傳統國際法上，個人之地位雖然較自然法時期的數千年來有其相當的提升，但是，基本上仍有其不足之處。主要的是傳統國際法，仍然認定唯有國家方是國際法之主體，而對於個人權利之保障及個人地位之提升，個人仍然得仰賴或藉助國家出面，方能實現。

肆、個人在近代國際法上之地位

　　按照傳統國際法的規範，國家對於其人民所採取之「外交保護」之「國際索償」責任，其賠償基礎並非在於「個人權利」（Individual Right），而是以「國家權利」（State Right）——確保其人民之權利——之被侵害的請求救濟權。簡言之，此處之「國際索償權」（Right to International Claim）是基於「國家對國家」（State to State）之訴訟權，在性質上已經從個人權利之保障，轉變成國家權利之維護。所以，個人權利

---

[8]　丘宏達著，現代國際法，臺北：三民書局，民國84年，第748頁。
[9]　同前註，第749頁。

之保障及其地位之提升，在傳統國際法的理論支配下，並未能建立其本身法律機制的架構。

　　一直要等到第二次世界大戰之後，針對所有在國家管轄領域內的自然人，「國際人權條約」（International human Rights Agreement）為國家創設了實質上的國家義務與國家責任；而「習慣國際人權法」（Customary International Law of Human Rights）也同時跟著發展。這樣的發展趨勢是一項對個人基本權利保障的里程碑。人權法的發展之得以在國際社會中繁衍而生，其中不可忽視的一個原因，即是國際社會組成份子——國家，開始了解到它們對國際社會的整體有其不可逃避的義務，用以維持國際社會的穩定與秩序；同時它們也注意到了對國家內部成員——個人，亦有其無法迴避的責任。尤其是國家之逐漸體認到它們對於其管轄領域內的所有人類，有其無可旁貸的責任，而不是僅僅對於其管轄領域內的「外國人」而已。這樣的整體情勢的發展，反映出國際社會的普遍認可與接受每一個單一的個人，所應該享有的某些基本權利；該等權利應受到國際社會中所有國家的尊重，並且予以保障。如此一來，關於個人人權保障的問題，就不再如以往的被歸類成或被認定為在各個國家本身之國內事務性問題，也不僅僅是各國國內法上管轄領域範圍以內的問題。「個人人權」（Individual Human Rights）的問題，已經發展成為國際社會所要考量到的國際法上的問題，而應該能夠作為國際法規範下的一個「適切地主題」（Appropriate Subject）[10]。

　　自從第二次世界大戰結束以後，由於聯合國的建立，「國際人權法」產生了戲劇化的進展。其中最顯著的就是個人已被國際社會中的部分國家以及部分國際法學者接受為國際法的主體，而其權利與義務由國際法予以規範。當然，個人之被接受為國際法之主體，仍未臻至於「放諸四海而皆準」的地步。但是這一概念的形成於國際社會，該國際社會的部分成員能夠接受之事實的本身，即有其重大的意義。而這一概念之形

---

[10] Louis Henkin, Richard Crawford Pugh, Oscar Schachter, and Hans Smit, International Law, 3rded., (St. Paul, Minn,: West Publishing Co., 1993), pp.375-376.

成，本世紀中期的一些國際法學家的努力實在是功不可沒。其中如勞特派特（Hersch Lauterpaht）更是所有學者中的佼佼者，居功厥偉。他是20世紀中葉迄於今的英國最負盛名的國際法學者。雖然他是奧本海（Lassa Francis Lawrence Oppenheim）的崇拜者而且是奧本海的弟子。但是他卻能毫無顧忌的把奧本海關於「主權國家是唯一的國際法主體」的論斷修正為「國家是最主要的，但卻不是唯一的國際法主體」[11]。至少在1970年，勞特派特即已明白的指出：「在過去的25年來，國際法主體的問題已不再是僅具純粹的理論上的重要性而已；現在，有可能在某些方面，它需要權威的國際法規定。國家是國際法上獨一無二的權利與義務主體的學說，在實務上已經被揚棄。雖然『國際法院規約』（Statute of the International Court of Justice）仍然恪遵傳統觀點的認為──唯有國家才能做為國際訴訟秩序的適法當事者；許多其他的『國際文件』（International Instrument）如：國際公約、國際宣言……等，已經承認個人在訴訟法上的『程序資格』（Procedural Capacity），不僅僅『凡爾賽條約』（Treaty of Versailles）有關於『混合仲裁庭』（Mixed Arbitral Tribunal）管轄權的條款，是這樣的情形；而且在其他的條約，例如：1922年5月15日所簽訂的關於『上西里西亞』（Upper Silesia）的『德波專約』（German Polish Convention）在之後的『上西里西亞仲裁庭』（Arbitral Tribunal of Upper Silesia）中，個人作為申訴者在國際機構之前『獨立訴訟地位』（Independent Procedural States）的被予以承認，而且更能夠適用在個人所屬國籍之本國。至於在實體法之領域上，『常設國際法院』（Permanent Court of International Justice）在『但齊格』（Danzig）郵政服務一案的『諮詢意見』（Advisory Opinion）中認定：『只要是條約簽訂國的意圖，國際法並不阻止個人獲得條約的直接權利』（There is nothing in international law to prevent individuals from acquiring directly rights under a treaty provided that this is the intention of the contracting parties.），在此之後，有相當多的各國

---

[11] Hersch Lauterpacht: Collected Papers, Vol.1,pp.136-150.

國內法院也表示了如同上述『常設國際法院』的看法」[12]。勞特派特之所以敢公然地修正奧本海的傳統國際法關於國際法主體的認定，實在是基於如下的信念[13]：隨著國際法實踐的發展，權威學者的權威見解，也不得不在實踐面前失去其正確性；理論家主要的職責不在於維護師道的尊嚴，遵循師長的訓誨，而在於不斷地根據實踐的發展，檢驗其理論之是否正確；是則堅持發揚，否則修正完善，從而把握儘可能接近真理的學說介紹給廣大群眾，造福人類，這正是勞特派特格外受人推崇尊敬之處。

　　另外，澳洲的國際法學家奧康耐爾（Daniel P. O'Connell）在1970年所出版的《國際法》一書中也有類似勞特派特相同的看法。他也大膽地指出：「個人是社區的目標、是社區的一個成員，而既是成員就有他的地位而不是客體……理論與實務建立了個人擁有法律上所保護的權益，個人能夠履行法律上所規範的行為；他能夠享受權利，因而可以做為國際法所賦予國內法下責任的主體……個人不能獲得領土、他不能簽訂條約、不能享有交戰權利；但是他能從事戰爭罪行、海盜行為、不仁道罪行以及侵犯外國主權行為，然而他能夠擁有基於國際法保護的財產；而且他能夠對契約行為及其他法律上應盡義務之不履行，提起賠償的請求權。個人也許無法在沒有他自己國家的介入下，追訴他自己的請求權和對於他自己財產的保護，採取行動；但是那些仍然是他個人的請求權，也仍然是『執行機制』（Machinery of Enforcement）設計出來提供保護的個人權益」[14]。以上奧康耐爾針對個人在國際法上的地位所作的觀察，與前述勞特派特的論點，相互輝映，有異曲同工之效。兩位權威學者對於個人在國際法上地位的見解，對於個人在國際法上地位的提升，有著突破性的認識，更具有其劃時代的意義。

[12] 同前註，第469頁。
[13] 黃炳鐘編，當代國際法，臺北：風雲論壇出版社，民國78年，第136頁。
[14] D. P. O'Connell, International Law, 2nded. (London: Stevens & SONS, 1970), pp.108-109.

伍、個人地位之國際法制規範

一、聯合國憲章對於個人地位之規範

國際社會歷經兩次世界大戰的洗禮，世人鑑於極權國家之殘暴，對於人性之尊嚴，人權之價值，肆無忌憚的摧殘，國際社會開始覺醒。一時之間，關於人權保障之呼聲，響徹雲霄。所以在舊金山國際組織會議中，就有人主張在「聯合國憲章」（The United Nations Charter）中專列「國際人權法典」（International Bill of Rights）一章，此一建議雖未成為事實，但是聯合國憲章中卻處處可見保障人權的條款，使此一憲章成為國際人權法的第一個重大文件[15]。在憲章中的「緒言」部分，開宗明義地指出聯合國成立之主要任務乃在於保障人權。緒言是如此陳述的：「我聯合國人民同茲決心欲免後世再遭今代人類兩度身歷慘不堪言之戰禍，重申基本人權、人格尊嚴與價值，以及男女與大小各國平等權之信念……」，其後在第1章宗旨及原則中之第1條第3項規定有：「聯合國之宗旨為促成國際合作，以解決國際間屬於經濟、社會、文化及人類福利性質之國際問題，且不問種族、性別、語言或宗教，增進並激勵對於全體人類之人權及基本自由之尊重……」，在第4章大會之第13條明文規定：「大會應發動研究，並作成建議，以促進經濟、社會、文化、教育及衛生各部門之國際合作，且不分種族、性別、語言或宗教，助成全體人類之人權及基本自由之實現。」在第9章國際經濟及社會合作之第55條又再次強調：「為造成國際間以尊重人民平等權利及自決原則為根據之和平友好關係所必要之安定及福利條件起見，聯合國應促進：全體人類之人權及基本自由之普遍尊重與遵守，不分種族、性別、語言或宗教」。更於第56條規定：「各會員國擔允採取共同及個別行動與本組織合作，已達成第55條所載之宗旨」。在第10章經濟暨社會理事會中之第62條第2項規定：「本理事會為增進全體人類之人權及基本自由之尊重及維護起見，得作成建議案」。在第11章關於非自治

---

[15] 杜蘅之著，國際法大綱（上），臺北：臺灣商務印書館，民國80年，第124頁。

領土之宣言中之第73條規定：「聯合國各會員國……於充分尊重關係人民之文化下，保證其政治、經濟、社會及教育之進展。予以公平待遇，且保障其不受虐待」。在第12章國際託管制度之第76條又特別規定：「按據本憲章第1條所載聯合國之宗旨，託管制度之基本目的應為……不分種族、性別、語言或宗教，提倡全體人類之人權及基本自由之尊重。」以上聯合國憲章中有關人權的規定，雖然只是基本原則的規範，在國際實踐上或許未必有強制拘束力；但是，基本上卻顯示聯合國會員國被附加了尊重及遵守人權與基本自由的國際法義務。其在國際法上的意義及影響是相當深邃的。正如同勞特派特所指出：「此等條款之規定並非僅是一項歷史文件的點綴而已，它們也不是後見之明或一件偶然起草的結果，它們是在舊金山會議之前或會期中經過詳細思慮及冗長的討論之後而通過採納的；是新的國際制度哲學思想的一部分，也是從舊的國際制度的不足與危機經驗中所獲得的最愷切的教訓」[16]。

二、世界人權宣言對於個人地位之規範

國際法中有關人權及基本自由法規之擬議，是晚近國際立法的一種新導向，然而在聯合國憲章中卻未說明「人權與基本自由」所指為何？其內涵為何？因此，在1948年12月10日由聯合國大會通過第217號決議，宣布「世界人權宣言」。此為聯合國在人權方面之最早與最大的貢獻。它成為日後聯合國為人權努力的方向與奮鬥的目標，也是世界各國所共同接受的保障與尊重人權制度的基準。雖然，在聯合國憲章中，多次提到對人權的尊重，但是這些都僅限於概念與原則，至於有關人權的定義、內涵、範圍，以及如何去推動與實踐，則有賴於世界人權宣言的界定與規劃[17]。此

---

[16] Hersh Lauterpacht, International Law and Human Rights (1950), p.1470其原文為These provisions are no mere embellishment of a historic documents, they were not the result thought or an accident of drafting. They were adopted, with deliberation after prolonged discussion before and during the San Francisco Conference, as parts of the philosophy of the new international system and as a most compelling lesson of the experience of the adequacies and dangers of the old.

[17] 龍賓麒著，邁向21世的聯合國，臺北：三民書局，民國84年，第280頁。

一世界人權宣言代表著在達到「國際人權法案」之計畫三個階段的第一步[18]：國際人權法案是以普遍拘束各國義務為基礎，由法院或行政機關予以有效執行：這三個階段是：第一個階段，將應行尊重之各種人權，用宣言加以列舉；第二個階段，由各國訂立若干拘束性的規約，訂明尊重所列舉之人權；第三個階段，採取措施及成立機關加以執行。

　　或有學者認為世界人權宣言缺乏訂定執行機關的條文，或是認為它不是一種具有強制執行力的法律文書，此等看法與批評對於此一宣言或有誤解之虞，因為此一宣言之原始目的即在於列舉出國際社會所普遍可以接受人類不可或缺的基本權利，對於國際社會及各國國內人權之發展與保護有其深遠的影響。世界人權宣言之意旨在揭櫫人類的理想與保障人類之尊嚴及權利所應採取的步驟；如就其意旨而言，世界人權宣言可謂已完成了其預期的效果。如今國際社會普遍認為，關於保障人權，不是屬於國家絕對管轄範圍之國內法事務，國際相關機構及其他國家在相關權益上方可過問。更進一步而言，世界人權宣言最重要的貢獻，除了它重申：「全人類生而自由，並享有相同的尊嚴與權利。」（All human beings are born free and equal in dignity and rights.）及「所有人民與國家要在人權的實踐上，採用相同的標準。」（A common standard of achievement for peoples and nations.）外，就是它將每一種人權的範圍，用30條條文分別予以定義。

　　世界人權宣言中所宣告的人權，基本上分為兩大類型：（一）公民權與政治權；（二）經濟、社會及文化權。第一類型的公民權與政治權是一個來自於傳統西方文化下所具有的個人公民自由權利與政治權利；而且仔細的來說，它們很清楚的源自於1689年的英國權利法案、1789年的法國人類與公民權利宣言、1790年的美國民權法案以及其他類似的關於人民權利的文件。僅就此第一類型的公民權與政治權而言，世界人權宣言指出：每一個人應該可以享有下列的權利：第3條之生命、自由及人身安全；第6條之不論何處被承認法律前的人格；第7條之法律的平等保護；第8條之違反法律所賦予之基本權利的有效救濟；第10條之公平及公開的聽證會：第11

---

[18] 見前揭註1沈克勤書，第360頁。

條之在依法證實有罪之前被假定為無罪；第13條之在國內有遷徙之自由，並有權離開任何國家（包括他自己的）及返回其本國；第14條之在其他國家尋求和享受庇護，以避免遭受迫害；第15條之享有國籍；第16條之婚姻及建立家庭；第17條之擁有財產；第18條之思想、良心及宗教自由；第19條之主張與發表意見之自由；第20條之和平集會與結社之自由；第21條之參加他的本國政府。同時任何個人有權免於下列各條之迫害；第4條之成為奴隸；第5條之遭受凌虐酷刑；第9條之遭受獨斷之逮捕、拘禁或放逐；第11條之遭受法律未生效前之有罪處罰；第12條之遭受獨斷式的干預隱私；第15條之遭受獨斷式的剝奪國籍或拒絕改變國籍之權；第17條之獨斷地剝奪財產；第20條之強迫隸屬社團。

　　第二大類型之經濟、社會與文化之權利之所以被列在世界人權宣言之中，反映出了1940年代的自由與社會主義者的政治。英國及美國原本只希望世界人權宣言僅僅局限於西方的公民及政治權利；但是最後之所以又同意接受這些增加的權利，乃是因為這些權利僅是以期待或希望的文句表達出來。前蘇聯及其社會主義的國家集團，均為這些權利的堅強擁護者。而東歐集團及非西方國家也曾試圖增加一些在一般性地「非歧視性原則」（Principle of Nondiscrimination）之外的保障少數民族權益的條款，但是沒有成功。包含在世界人權宣言之內的經濟、社會及文化權利的條款明白列舉個人所享有之權利如下：第22條之社會安全權利；第23條之工作權、同工同酬權、公平與優惠待遇權、組織及加入工作權；第24條之休閒娛樂權；第25條之享受為維持個人本人和家屬的健康和福利所需的生活水準的權利、母親及子女應享有特別照顧及協助的權利；第26條之受教育的權利；第27條之自由參加社區的文化生活、享受藝術並分享科學進步及其所產生之福利的權利，第28條至第30條為結論，確認每一個人生於社會與國際秩序中，應賦予上述所列舉的各項人權，並保障該宣言的充分實現。

　　除了前述的第一大類型的公民權與政治權及第二大類型的經濟、社會與文化權之有關個人權利的保障規範外，世界人權宣言也偏離了一般法律

傳統而同時宣示了個人的責任規範。就如同該宣言第29條所指[19]：（一）人人對社會負有義務，因為只有在社會中他的個性才可能得到自由和充分的發展：（二）人們在行使他的權利和自由時，只受法律所確定的限制，確定此種限制的唯一目的在於保證對其他人的權利和自由給予應有的承認和尊重，並在一個民主的社會中適應道德、公共秩序和普遍福利的正當需要；（三）這些權利和自由的行使，無論在任何情況下均不得違背聯合國的宗旨和原則。

陸、個人在當前國際法上地位之確認

個人在國際法上的地位應該從個人在國際社會裡是否能夠享受權利、履行義務及負擔責任來著手研究。是一種「資格」（Capacity）的認定問題。而且此種「資格」的認定應該由國際社會的整體來檢視，而不是由國際社會中的成員——國家來認定。必須由客觀存在的事實來決定，而不是由主觀既成的理念來判定。因此，對於個人在當前國際法上的地位問題，應該是從權利主體、義務主體及責任主體三方面來檢視，較為允當。本章即擬從此三方面來加以剖析論斷。

一、個人具有國際法權利主體之國際實踐

（一）1899年及1907年國際間在俄皇尼古拉二世（Nicholas Ⅱ）的提議及推動下召開了兩次海牙「國際和平會議」（International Peace Conference），其中的第二次海牙和平會議共有44國參加，簽訂了13個公約。依照其中的一項公約之規定設立了「國際捕獲法庭」（International Prize Court）作為各國「捕獲法庭」（Prize Court）的上訴法庭。該公約特別規定，個人如果因為外國捕獲法庭之不公正判決，而導致個人財產遭受

---

[19] 見世界人權宣言第29條，並可參見前揭註8，丘宏達書，第448頁。

損害時，有權依規定直接上訴於該法庭尋求救濟；國際捕獲法庭得依情況受理並判決各國捕獲法庭所屬之國家對該個人給予賠償[20]。此為國際公約內容中首次規範個人可以用當事人之身分向國際性的法庭在個人自身權益受到他國法院不當判決而致損失時，提起上訴的權利，無須經由個人所屬之國家代為提起上訴。

（二）1907年中美洲五國簽訂一項公約，決定在哥斯達黎加設立中美洲法院以掌理締約國之間關於索償的訴訟案件，而尤其重要意義的是該中美洲法院同時有權受理簽約國國民之個人對任何一締約國所提出之索償要求的案件[21]。此為個人可依據公約之規定以權利主體之身分，直接取得訴訟之權利。

（三）結束第一次世界大戰的「凡爾賽和約」（Treaty of Versailes）等相關國際和約均有類似凡爾賽和約的規定，設立「混合仲裁庭」：並且規定原協約國之國民如果因為「可歸責於」（Attributable）德國之事由，致使其個人之財產蒙受損失時，得以向所設立之「混合仲裁庭」提出申訴，請求德國予以賠償，而該仲裁庭亦有權對此類請求作出判決。由於該「混合仲裁庭」之設立，是依據國際條約而來，且其組成是相關國家各自選任其代表作為仲裁員，在性質上，此種仲裁庭顯然是具有國際性之機構。而個人依據「凡爾賽和約」向此國際性機構所能提出申訴之權利，自然是國際法上的權利[22]。

（四）1919年凡爾賽和約第304條B款規定：在凡爾賽和約簽訂以前協約國公民與德國公民所簽訂之契約，如有糾紛發生時，除依協約國國內法，案件應由協約國國內法院管轄者仍按原規定外，其餘均由「國際混合仲裁庭」（International Mixed Arbitration Tribune）受理，而非由德國法院受理[23]。個人得以依國際條約之規定，向國際性機構提起申訴，自是個人在國際法上作為權利主體地位之顯著實例。

---

[20] 國際捕獲法庭最後因為1909年之倫敦協定未能生效，以致終未能成立。

[21] 該法院至1918年結束時總計受理案件8件，其中有關個人之索賠案件有5件。

[22] Annual Digest of Public International Law Cases, 1972-8.

[23] Art. 2976, Treaty of Versailles.

　　（五）第一次世界大戰之後的德國與波蘭1922年簽訂「波德專約」針對「上西里西亞」問題，設立「上西里西亞混合仲裁庭」，承認個人有權在該仲裁庭之提起申訴的「獨立訴訟地位」。亦即依該專約之規定，個人之既得權受侵犯時，對於侵犯其權利之政府，不論是其本國政府，抑或是締約之對造當事國政府，個人均有權向「上西里西亞混合仲裁庭」提起申訴[24]。本次「波德專約」之規定成立「上西里西亞混合仲裁庭」賦予個人得向國際性機構，提起申訴要求仲裁之權利，乃至於控訴其本國政府之權利，為個人在國際法上地位之重大提升。

　　（六）常設國際法院在「但齊格郵政服務」一案的諮詢意見中承認：「祇要是條約簽定國的意圖，國際法並不阻止個人獲得條約上的直接權利」，勞特派特也支持此項論點，他說：「習慣國際法和條約皆得直接賦予個人某項國際權利；而且個人之此項權利，並不會因為沒有反映在國內法上而不能行使」[25]。

　　（七）1873年在比利時成立的「國際法協會」（Institute of International Law）在1929年通過了一項決議，承認個人有權在國際性的法庭上，控訴其所屬的國家，以保障其個人之權利。其決議文如下：「在某些情況下，准許個人在國際法庭上，直接向一個國家提出損害賠償的要求是值得可取的」[26]。

　　（八）1950年11月4日歐洲議會會員國，在羅馬簽訂「歐洲保護人權與基本自由公約」（European Convention for the Protection of Human Rights and Fundamental Freedoms），此一重要性之區域性人權憲章，是由「歐洲議會」（European Council）所發起，其在下列各方面，無疑地均較世界人權宣言有所進步[27]：**1.**就世界人權宣言中所列舉之若干權利，規定各國承諾提供國內補救辦法；**2.**將世界人權宣言中所包括之權利賦予確切之定義，以及每種權利的限制及例外情形；**3.**設立「歐洲人權委

---

[24] 同前揭註11。

[25] 見前揭註11 Lauterpacht, Collected Papers, Vol.1, p.142.

[26] 見前揭駐13黃炳鐘書，第142頁。

[27] 見前揭註1沈克勤書，第361頁。

員會」（European Commission of Human Rights），得應當事國之申請，或（在被指控國接受下）應個人或「非政府組織」（Non-Governmental Organization）之訴願，調查違反人權案件並提出報告。至1955年7月，依照公約規定，有6個國家已經接受個人申訴權；該公約並規定：具有強制管轄權之「歐洲人權法院」（European Court of Human Rights），只要有8個以上的國家接受此種管轄，便可成立；而至1958年9月已達到此項規定，該法院遂於1959年1月成立。因此，歐洲人權委員會的設立以及歐洲人權法院的開始受理個人提起申訴的案件，使得個人人權的保障更向前邁進了一大步。

（九）1965年所簽訂之「消除所有形式之種族歧視國際公約」（International Convention on the Elimination of All Forms of Racial Discrimination）擁有與「公民權利與政治權利國際公約」（International Covenant on Civil and Political Eights）所建立之「人權委員會」（Human Rights Committee）相同的「聽訴權」（Hearing Complaint）、製作報告權以及成立「臨時諮商委員會」（Ad Hoc Conciliation Commissions），以處理有關國家與國家之間及個人與國家之間違反該公約所引起之糾紛；但是在處理個人控訴國家違反「消除所有形式之種族歧視國際公約」之前，必須該被訴國預先宣布承認「消除種族歧視委員會」有權審理該項訴訟事件。

（十）1984年12月10日聯合國大會通過「禁止其它殘忍、不人道或有辱人格的待遇或處罰公約」（Convention against Torture and Other Cruel, or Degrading Treatment or Punishment 或簡稱禁止酷刑公約）之第4條第1項規定：「每一締約國應保證，凡一切酷刑行為均應訂為觸犯刑法罪。本規定也適用於有施行酷刑之意圖以及任何人合謀或參與酷刑之行為」。同條第2款規定「締約國必須採取必要措施對不能引渡到其他國家的觸犯禁止酷刑規定的人犯，確立管轄權」。舉凡此類規定均已建立了個人身體權益之保障；在國際社會裡，是不容許受到侵犯的。再者，本「禁止酷刑公約」，如同前面所述之「消除所有形式之種族歧視國際公約」一樣，會建立一個「反酷刑委員會」（Committee Against Torture），擁有與「公民權

利與政治權利國際公約」所建立之「人權委員會」一樣的「聽訴權」、製作報告權以及建立「臨時諮商委員會」，以處理有關國家與國家之間及個人與國家之間的違反該「禁止酷刑條約」所引起之糾紛。然而，在處理個人控訴國家違反該公約時，必須滿足一項先決條件，即必須該被訴國預先宣布承認「反酷刑委員會」有權審理該項控訴事件。

二、個人具有國際法上義務主體與責任主體之國際實踐

　　（一）1945年8月8日美、英、法、蘇四個同盟國簽訂「起訴及懲處歐洲軸心國主要戰犯協定」（Agreement on the Prosecution and Punishment of the Major War Criminals of the European Axis Powers）所附之「國際軍事法庭憲章」（Charter of the International Military Tribunal），成立了「國際軍事法庭」（International Military Tribunal），其中第6條明白指出[28]：
　　下列行為，或其中的任何一項行為，均屬本法庭管轄權範圍內之犯罪行為，而犯有此等罪行者，則應負其個人責任：

*1.*違反和平罪：就是計畫、準備、發動或從事侵略戰爭或違反國際條約、協定、或保證的戰爭或參與前述任何一項行為的共同計畫或同謀。

*2.*戰爭罪：就是違反法律或習慣的戰爭……。此等違反行為應包含，但並不局限於，對屬於占領區或在占領區內之平民進行謀殺、施虐或強行運出以及從事奴隸勞動或其他目的；謀殺或虐待戰俘或海上人員；殺害人質；掠奪公私財產；恣意破壞城鎮或鄉村，或並非因為軍事之必要而毀害地方。

*3.*違反人道罪：就是在戰爭之前或戰爭期間對平民百姓犯有謀殺、滅絕種族、奴役、強制遷移他處以及其他非人道行為，或假借執行本法庭管轄權範圍內，或者與本法庭職權內相關聯而進行政治、種族或宗教原因之迫害而不論此等迫害行為是否違反行為地國家的國內法。

---

[28] Article 6 of the International Military Tribunal Charter andexed to the Agreement for the Prosecution and Punishment of the Major War Criminals of the European Axis.

　　前項規定，由於是在倫敦所簽訂，一般均簡稱其為「倫敦協定」
（London Agreement）；而因該協定所成立之「國際軍事法庭」，因
為是在紐倫堡所成立之故，即被簡稱為「紐倫堡法庭」（Nuremberg
Tribunal），其因此而訂定之憲章，即稱之為「紐倫堡憲章」（Nuremberg
Chapter）。而紐倫堡法庭所作的判決，對於個人在國際法地位上之提升
與保障，更具有另一番特別的意義及在個人人權保障方面有相當作用之
存在。其中最重要的是該判決文明確地指出了個人行為的結果在國際法
上所應付之責任。易言之，紐倫堡法庭之判決明白無誤地確定了國際法
上的個人責任；在國際實踐上首次明白承認個人在國際法上作為責任主
體之地位。針對個人責任的問題，紐倫堡法庭的判決文是這樣的指明：
「……憲章的真實主旨即是個人負有國際責任，而此國際責任超越了個別
國家所加諸於個人服從國家的義務。如果國家的授權個人之行動逾越了國
際法上國家的授權能力，那麼個人遵照國家授權之行為，違反了戰爭法
是不能夠獲得豁免的」（... the very essence of the charter is that individuals
have international duties which transcend the national obligations of obedience
imposed by the individual State. He who violates the laws of war cannot obtain
immunity while acting in pursuance of the authority of the State, if the State in
authorizing action moves outside its competence under international law.）[29]
　　（二）1946年12月11日聯合國大會全體一致通過了第95(一)號決議，
確定了紐倫堡憲章及紐倫堡法庭判決所承認的個人在國際法上所應負之國
際責任的國際法原理。其後，聯合國大會又將紐倫堡法庭決議文所承認的
如同聯合國大會所通過而採納之前述國際法原理交予「聯合國國際法委
會」（International Law Commission of the United Nations）納入國際法法
典草案」[30]。此等原則可分述如下[31]：
*1.*從事構成違反國際法行為之個人，應負起個人責任，而受到懲罰；

---

[29] Ian Brownlie, Principles of Public International Law, 4th ed., (Oxford: Oxford University Press, 1990), p.362.
[30] See Report concerning the work of its second session presented to the General Assembly in 1950.
[31] U.N. General Assembly Resolutions, 1946, First session Part II, p.188.

2.個人不得以其行為並不違反其所屬國國內法為藉口，而免除其在國際法
上之責任；

3.個人不得以其被告之身分（如：國家之元首、政府首長……）而豁免其
國際法上之責任；

4.個人不得以執行政府的或上級的命令為藉口，以免除其在國際法上之責
任。

　　以上聯合國國際法委員會所採納之國際法原理，明白指出：個人從國
際法之層面而言，負有國際義務，不得從事違反國際法之行為，如：違反
和平罪、戰爭罪及違反人道罪……等，否則即應負起國際法上之責任而受
到懲罰。

　　（三）1948年12月9日聯合國大會更以全體一致同意的方式通過
了「防止及懲治種族滅絕罪公約」（Convention on the Prevention and
Punishment of the Crime of Genocide），明白確定了將個人做為國際法義
務主體及責任主體之地位。該公約明文規範了個人在國際法上的「直接責
任」（Direct Responsibility）。根據該公約之規定，締約國同意：從事種
族滅絕者、陰謀或意圖從事者應該受到締約國法院或國際刑事法庭的懲
罰。而該公約之所以比紐侖堡法庭所建立之關於個人在國際法上對其行為
應負之國際責任，更為明確與進步，即在於該公約第4條特別地強調了個
人責任的部分。公約第4條指出：個人從事違反公約之規定者，不論他們
是憲法賦予的統治者、政府官員或平民百姓，均應該受到懲處。此處有關
該公約的締結及個人責任的認定，在在都朝著向國際法規範的指針去發
展。因為如果是個人犯了違反公約的罪行，則除了個人所屬國家之法院可
以根據國內法之違反而懲處；個人固然是國內法上的主體，但是根據本公
約之規定，個人之行為，如果違反了本公約之法律規定，則國際刑事法庭
亦可對該個人加以懲處。如此，個人因為違反本公約之規定即成為違反國
際法而應受到懲罰。個人即成為國際法上的義務主體，因而成為國際法上
的責任主體，依此邏輯推論，個人即成為國際法上的主體。

　　（四）再就人權在「習慣國際法」的演進與發展來看，一般或許可以
注意到國際社會內對於個人人權的保障，除了在訂定的國際公約或雙邊條

約內的條文中有所規範外，從各國的實踐來看，某些特定的人權規範已經被國際社會視為具有「習慣國際法」的地位。舉例而言，1987年版之「美國外交關係法整編」（Restatement of Foreign Relations Law of the United States）第702節明白的列舉出人權之習慣國際法的認定及範疇如下：就國家政策而言，一個國家如果從事、鼓勵或縱容下列行為，那麼該國即違反了國際法：

*1.*種族滅絕；

*2.*奴役或奴隸交易行為；

*3.*對於個人之謀殺或使其失蹤；

*4.*酷刑或其他殘酷、不人道或有辱人格的對待或懲罰；

*5.*擅自延長拘禁隔離；

*6.*制度化的種族歧視；

*7.*一再重大的違反國際承認的人權。

　　以上所列舉的各項行為是當然地未必完整，也不僅限於所列出者；關於個人權益所受到的保障，其範圍及內容正在不斷地擴大之中。只要那些權益已經達到國際社會所認可的地位，那就會被習慣國際法所承認為應被國際社會所保障的個人人權。如此，執行國家政策之個人即會被認定成為國際法上所認定之義務主體與責任主體而對於其他違反習慣國際法對於人權保障之個人亦可對其加以制裁。例如：海盜罪一向被認為是習慣國際法上個人亦需負擔其法律責任的一種罪行，國際法授權任何國家均有權對觸犯海盜罪的個人加以管轄與處罰。

柒、結論

　　經過本章之分析，大體上。我們對於個人在國際法上的地位，約略可以獲得下面三點認識：一、國際法對於個人人權的保障在國際社會的層面，主要是依據1966年的聯合國公民權利與政治權利公約，該公約承認民族自決權及禁止歧視權，並規定公約簽訂國設立人權事務委員會，負責審

議各締約國所提出的關於各國對於其本國人民所享有之公民權利與政治權利之報告；並應將它自己的一般建議，送交各締約國及聯合國經濟暨社會理事會。除此之外，並可要求各國制定相關的法律，實際賦予其人民一般國際社會所認可之公民權利及政治權利；二、國際法對於個人人權的保障在區域社會的層面，主要是依據1950年的歐洲人權公約，該公約設置了最先進及有效的保護個人人權的機制來保護個人人權，避免遭受「國家」的違反國際法或不當的侵害。該公約明文規定個人在人權方面受到侵害時，可以向歐洲執委會秘書長直接提起申訴，乃至於在必要時向「歐洲國際法院」控訴侵害其權利的任何締約國，並且包括其本國在內；三、個人或個人的集合體亦可根據聯合國大會及聯合國教育科學文化組織的決議，向聯合國相關機構提起申訴。例如，個人可以根據聯合國教育科學文化組織1967年的1235號決議，向聯合國人權委員會控訴侵害個人人權的國家，而該人權委員會可以因此而展開調查、決議，並可因此向聯合國大會建議，採取適當措施，或者更可根據1970年的1503號決議，自行採取適當之方案，作為對個人人權的保障。

最後，關於個人在國際法上的地位，從本文之分析及所提之論點，亦可得到下面兩點結論：一、從國際法理論來檢視個人在國際法上的地位，可以發現傳統國際法之將個人排除在國際法主體之外的理論，似乎已經過時而有所動搖；當代的國際法學家也多傾向於承認國家雖然是最主要的，但卻不再是唯一的國際法主體；二、從國際法實踐來檢視個人在國際法上的地位，也可以發現雖然在事實上個人在國際法上所獲得的權利保障，主要的仍然在「程序權利」（Procedural Rights）——有權向國際機構提起國際訴訟。但是，雖然如此，個人已經可以用自己的名義（不再必須以個人所屬之國家為名）提起訴訟，而且可以控訴侵害自己權利的任何國家（包含其本人所屬的國家）。由此可見，在現代的國際社會裡，個人不但得主張或行使其國際法上的權利、履行其國際法上的義務，更必須負擔其怠於履行其義務時所應負擔之國際法上的責任。所以，個人在當前國際法體系中應可認為是取得了國際法主體的地位，或者，至少是正取得國際法主體之地位。

第十五章　國際爭端之解決

第一部分：關鍵概念與名詞界定

1.爭端

　　係指一個國家依據國際法作出某種主張，而另外一個國家則持反對的態度。又如，國家發生違法行為會引起責任或制裁，若有國家對此持不同的看法或不同之主張，即屬所謂之爭端。當然，國家之間亦有發生其他性質或類別的爭端。有些國際法學者將爭端區別為法律爭端與政治爭端。法律爭端是純法律問題。而政治爭端的中心則是政治利益的衝突問題，多半是用政治手段予以解決。即使一個爭端涉及到法律規範或條約的解釋，是能夠用法律方法加以解決的，國家只要主張它是政治性的，就可以避免必須用訴訟途徑解決的義務，而可以用它們自己的政治手段予以解決。

　　其實就國際法來檢視，爭端只有一種，那就是法律爭端，亦即，依國際法可否為某種主張之衝突。任何其他主張之衝突，皆為非法律爭端。有國際法學者稱此種情形為「利益衝突」。亦即「要求法律現狀的改變」；並非法律爭端而是利益衝突。因為要求法律現狀的改變，並非指一方依據「國際法」而提出某種主張，致使他方反對。反而是一方就已存在的法律狀況，基於本身利益的考量或其他有利於本身的理由而要求改變，而導致他方的反對。通常而言，解決法律爭端之方法，亦適用於利益衝突之情形。

　　基本上，對於爭端的純粹政治手段的解決，它的弊病往往是甚少顧及到或完全不顧到「正義」。因此，當事國一方可能對解決方案不滿意，一旦有機會就要想盡辦法加以規避。如果依據法律方式加以解決，大致上對於所根據的法律原則或規定，多多少少會有所同意。因此，這樣的解決比較有可能讓爭端的當事國各方所接受。

2.國際爭端

　　基本上，國際爭端（International Dispute）是指國家間、國際組織間或國家與國際組織間對於法律或事實的歧見，或是指法律觀點或利益的衝突。所以只要是雙方對於同一問題或事件見解顯然相反時，便視為爭端已經存在。

　　然而，必須要強調的是兩個國際法人間有利益衝突時，未必有爭端的發生。因為其中的一方有可能認為利益輕微，而不必計較；或者認為受害雖大，面對現實的情況，卻相信無可奈何，只得耐心的忍受，避免事態的擴大而不提出抗議，採取息事寧人的態度，使得爭端沒有出現。由此可見，爭端與衝突的意義並不盡然相同；爭端固然源自於衝突，但是衝突則未必會發生爭端。爭端是衝突的表面化，而衝突僅是爭端的隱藏面。爭端是衝突的結果，衝突是爭端的開啟。兩者之間，雖然存在著「因果關係」，衝突是因，爭端是果。有果必有因，但是有因卻未必會有果。

　　傳統的國際法學者，習以為常的將國際爭端區分為三大類型；那就是政治的爭端、法律的爭端及技術的爭端。政治的爭端是指兩個國際法人的既存利益的衝突或者是新情勢所造成的對立。法律的爭端是指彼此間現行法律的解釋或適用所引起的紛爭，或是關於有無法律權利、權利範圍或應否尊重對方所主張的權利而產生之歧見。至於技術的爭端，顧名思義，並不牽涉到抽象的觀念或原則，亦不直接涉及利益或權力。只是方法上的爭執或技術上採用的爭議。因此，基本上，技術上的爭端在學理上並不屬於國際法所要探討的範疇，因為技術上的爭端只要從技術上去切入，即可迎刃而解，不必從國際法的方向去解決它。

3.國際爭端之分類

　　依據奧本海國際法的說法，國際爭論（International Differences）因其發生的原因而區分為法律的爭論與政治的爭論兩種。法律的爭論是指當事國的要求與論據，是以國際法所承認的「理由」，作為「爭端」的根據或核心。所有其他非法律的爭論，通常均被籠統的稱為政治的或利益的衝突。作這樣的區別，其理由主要就是依爭論的性質而分為兩大類：一類

是「法律的」（Legal）或被認為是「可以依裁判解決的」；另一類就是「政治的」（Political）或「不可以依裁判解決的」。由於在國際法的領域裡，外國學者多用「爭端」（Dispute）而不用「爭論」；因此這些年來國內學者亦均尊重學術界的通用語——爭端，則放棄爭論的用語。

根據20世紀重量級的國際法學者勞特派特（Hersch Lauterpacht）的主張，認為「法律的」或「可以依裁判解決的」爭端，有下列4種情形之一：

（1）根據現在既存的國際法或可以確定的規則，即可以解決的爭端，是法律爭端。

（2）法律爭端是指當事國一方所要求的主題有關的問題是較小的或次要的，而且並不影響國家對外的主權獨立、政治平等及領土完整的特質。

（3）法律爭端是指適用既存的國際法規則，既足以保證結果並不會抵觸國家間正義的要求與國際關係的進步發展。

（4）法律爭端是指爭端係基於既存的法律權利，而不是要求變更既存的法律原則或規定。

4.國際爭端之解決方法

國際爭端之解決方法，除了國際社會所認為之違反國際法的戰爭外，一般將其分為（1）和平之方法與（2）強制之方法。和平之方法有：A.談判與協商；B.斡旋與調停；C.調查；D.調解；E.仲裁；F.司法解決。強制解決的方法有：A.報復；B.斷絕邦交；C.平時報仇；D.平時封鎖；E.干涉；以及F.聯合國憲章下之強制手段。

第二部分：專題研究與論述

■專題一：國際爭端之和平解決

壹、前言

　　國家與國家之間之會有爭端的發生，就如同個人與個人之間的相處一樣，難免會有爭議的出現。惟其程度、範圍與後果，有可能更為嚴重而已。國家之間彼此基於各自的政策和國家利益的立場上的不同，很容易在法律上與事實上的意見或主張上的分歧或利益上的衝突，這樣的情形從國際社會的角度來看，就有了國際爭端的開啟。各個國家有它本身的歷史文化、社會經濟制度……等等的差異，開啟國際爭端在事實上是不足為奇的。重要的是國際爭端一旦開啟之後，各個當事國是如何去處理？如何去解？以怎麼樣的方式或方法去解決，才是問題的重點。這是關係到國際社會的和平與安全的至為重要的國際法的功能與目的之問題，切不可輕易忽略。也是國際社會長久以來所面對的一個「最」為重要的問題。

　　國際爭議，難免會導致國家與國家之間的惡化，或者是造成國際關係的緊張，甚至於會威脅到國際社會的和平與安全。縱觀過去的實例，亦不乏導致戰爭的發生。時至今日，各國在正常的情形之下，多半不至於採取極端的兵戎相見之極端作法。因為兵戎相見的戰爭行為，不是各國在國際社會的生存發展之道。當今之日，在爭端無法解決之時，各國通常的作法，大概均以斷絕外交關係，或是至多以經濟制裁的方式，意圖迫使對方讓步或是同意共同找出解決彼此之間衝突的方案。就目前國際社會中「相互依存」（Interdependent）的關係日益加深的情形來研判，任何一個國家如果想要使用武力或發動戰爭，來解決雙方之間的爭端，所要付出的代價，會使得爭端不但不容易解決，也容易跌入泥淖之中，使得爭端問題更是愈難解決而更加的複雜化；這樣的情形，不是當事國各方所期待的。因

此，就國際社會的整體利益而言，國際爭端難以避免，重要的是如何去解決它。是否能夠讓爭端公平合理的解決，才是真正的妥善之道。

貳、和平解決爭端之各種方式

一、談判

在實務上，「談判」（Negotiation）被使用的頻率往往是高於所有其他和平解決方法的總和。確實，談判之所以常見，並非是因為它是爭端當事國所能使用的唯一方法，而是因為它往往是第一個被爭端當事國在爭端發生之初始，首先就被拿來使用，而且往往是成功地解決了彼此之歧見或爭議。除此之外，各國在爭端開始之初，即考量到了雙方利益的衝突是這麼樣的嚴重，如果不能好好地解決，那麼後果就會不堪設想。為此，談判對當事國而言，是一個最直接又穩當的作法。即使偶爾，當事國雙方也有可能使用其他的和平方法來解決彼此之間的爭端；但是，談判也不會因此被「取代」（Displace），它只是暫被擱置，在必要的時間點上，在其他的和平方法陷入困境或是呈現膠著狀態時，當事國雙方就很有可能會想回復到「談判」上面去解決。所以不論從那個角度或觀點來審視談判，談判在國際爭端的解決方面，均扮演了一個相當核心的角色。

談判為和平解決國際爭端最初步而最直接的方法。談判如果採用一般的外交途徑，便是由爭端國一方的外交部長，與爭端國他方的常駐外交代表磋商。如果談判的對象十分嚴重時，兩爭端國的元首，可以舉行會議，或是派遣特使專使，擔任談判[1]。

國際爭端常常以談判方式而獲得解決。因為兩爭端國交換意見的結果，或是一方自認錯誤而接受他方的要求；或是兩爭端國互相讓步，而成立一種妥協。即令談判失敗，該爭端不妨保留為懸案，或進一步使用其他

---

[1] 雷崧生，國際法原理（下），臺北，正中書局，民國76年，第3頁。

的和平解決方法[2]。

　　爭端當事國雙方用書面或口頭方式，或二者兼用，相互提出理由、敘明事實，或強調法律依據、共同商討、討價還價，而企圖說服對方，或是以其他「技術」，尋求折衷的方案，以達成「妥協」的結果，使爭端能夠獲得雙方均能「接受」（有可能是雖不十分滿意，但差強人意）的消弭爭端。以談判的方式來解決雙方爭端的優點是雙方可以針對爭議的問題，直接表示意見，可以免除不必要的抗衡。這也是為什麼許多爭端當事國往往在未使用其他方法之前，優先使用談判的原因。而且許多國際條約均會敘明：關於條約之解釋有疑義或適用時有困難，應由外交談判去解決，談判不成，則提交仲裁或司法解決。

二、協商

　　爭端當事國的一方如果預期到一個決定或是一項提議有可能會傷害到另一方，或是會遭致另一方斷然似地反對或不接受，那麼，在作正式的提議或決定之前，與受到影響的一方，先行商議或討論，尋找出雙方的交集或者找出雙方的爭議點，再行找出彼此「共識」（Consensus）乃至於作出解決爭端的步驟或方法，務實的將雙方的衝突或歧異拿出來討論，在不傷及雙方原有的關係之下，化解爭端於無形，不失為一個良好的解決爭端之道。這樣的作法至少可以讓爭端當事國彼此之間，有機會「調整」（Adjust）本身的「決定」（Decision）、立場或要求，同時也能夠「容納」（Accommodate）對方的看法、立場或要求……等。這樣的作法相當務實的讓爭端當事國雙方，有這麼一個「機會」（Opportunity）彼此交換意見與了解對方的「決定」，而不必像「談判」那麼樣的「正式」，然而卻能夠達到與談判一樣的效果甚至更能有機會化「危機」為「轉機」。有時候甚至更能促進彼此之間的「關係」。

　　協商的可貴價值是在於它能在最適當的時間點上，在任何爭端具體地

即將造成國際情勢的危機之前，提供最有用的資訊給爭端當事國雙方，對爭端事件的主題予以思慮[3]。就一般情形而論，在「決定形成」（Decision-making）的階段，將預擬之決定予以必要的「修正」（Modification），遠比在決定予以實行之後，要來得容易的多[4]。

　　回顧協商機制的成長或形成，應該是在20世紀中期，具體的來說，是在1950年代才逐漸發展出來的國際法上解決爭端的一項制度。這裡必須要區別一下兩種不同形式的「協商」[5]：一種的目的是在於協調各國政策的協商，這樣的協商在國際關係中是早已存在的；另一種是作為解決國際爭端方法的協商。傳統國際法將這一種協商包括在談判之內，而不認為是單獨的一種爭端解決方法。因此在第二次世界大戰之前，各國之間很少有將「協商」方式簽訂在彼此之間的條約之內。即使是在有關解決國際爭端的公約、議定書，乃至於聯合國憲章第33條中，也都沒有關於協商機制的規定。一直要到1950年代之後，協商方法作為外交談判的一種特殊形式，在國際實踐中才開始獲得適用與受到重視。到了1970年代末期，以協商方法解決爭端的制度，已經在許多重要的國際公約中，正式地納入。特別是1978年的關於國家在條約方面的繼承之維也納公約，更明確地了協商與談判、調解、仲裁與司法解決，並列為爭端解決的正式方法。至此，在當代國際國際法中，協商方法成為和平解決國際爭端的一種重要的新方式，不僅在國際實踐中已經被普遍的接受，同時也被各種重要的國際公約所明白確認。

三、斡旋與調停

　　「斡旋」（Good Offices）與「調停」（Mediation），都是第三國媒介兩爭端國舉行談判，以和平解決國際爭端的方法。斡旋的目的，只在促

---

[3]　J. G. Merrills, International Dispute Settlement, 3rd ed. (Cambridge, UK: Cambridge University press, 2007), P.3.

[4]　Ibid.

[5]　王鐵崖等編著，國際法，臺北，五南，民國84年，第553頁。

成兩爭端國間談判的舉行。談判開始後，幹旋國並不參加談判，也不發表任何意見。幹旋的工作，即告終結。調停的目的，在引導兩爭端國間談判的進行，調停國往往提出一些建議，作為談判的根據，而努力使談判獲得最後的成功，但是，這種理論上的區別，常常為國際條約與外交實例所忽略[6]。

　　幹旋與調停，或由第三國自動地提出，或由爭端國的一方請求第三國提出。但是，第三國並無自動提出，或答應爭端國請求而提出的義務。從事於幹旋或調停的國家，或為一國，或為多國。後一情形稱為「集體調停」，如1935年至1937年，美國、阿根廷、巴西、智利、祕魯與烏拉圭，聯合調停玻利維亞與巴拉圭的戰爭，即其一例[7]。

　　對於一項事端，如外交談判破裂，或兩國不願開始談判，而由第三國促成爭端國之直接談判，有兩種方式，即幹旋與調停。這兩種方式，彼此只在程度上略有不同，所以極易相混。也有人把幹旋與調停視為連貫的程序，即調停是幹旋的結果，或幹旋的一種實施（Exercise）。其實幹旋是由第三國使爭端國開始或重開談判，而第三國本身對此項爭端並無意見，也不作任何主張。至於調停，則第三國成為爭端國談判之中間人，周旋其間，發生積極作用[8]。兩個海牙公約第2條都規定：「遇有重大意見不和或爭議時，締約各國於未用兵前，即應酌量情形，請友邦一國或數國，幹旋與調停。」第3條規定：「各締約國以為，為便利計，局外之一國或數國，不待爭議國之請求，即應自動酌量情形，出面幹旋或調停。即在戰爭進行期間，局外各國亦有幹旋調停之權。爭議國不得視幹旋調停權之行使，為不友誼之舉動。」而關於調停，特別於第4條規定：「調停者之任務，在於調和對抗之請求，並消除相爭國間之嫌隙。」（The part of the mediator consists on reconciling the opposing claims and appeasing the feeling of resentment which may have arisen between the States at variance.）第5條規

---

[6]　見前揭註1，第4頁。

[7]　同前註。

[8]　杜蘅之，國際法大綱，臺北，臺灣商務印書館，民國80年，第463頁。

定：「相爭之一國，或調停者自己，宣告所擬調停辦法不被接受時，調停者之任務即告終了。」並且第6條規定無論斡旋或調停，亦不論是於爭端國之請求，或是出於第三國之自願，都是一種「商勸性質，而無拘束效力。」由上可知斡旋與調停的一般性質如下[9]：（一）第三國之努力純出於友好關係，並非一種法律上的任務；（二）爭端國之是否接受第三國的建議，完全自由；（三）如屬調停，調停國可能提供有關爭端的若干條件，但也沒有法律上的拘束力。

關於調停，現在有一新趨勢，即調停者往往不是國家，而是資望地位隆高的個人。1936年在布諾艾爾（Buenos Aires）召開泛美會議即通過一項公約，規定每一國家提出具有碩望之公民兩人，構成一個名單，由爭端國就名單中公推調停人。又如聯合國安全理事會曾先後指派伯那都特（Folke Bernadotte）及彭區（Ralph Bunche）調停巴勒斯坦的糾紛，及指派狄克遜（Owen Dixon）及格萊姆（Frank P. Graham）調停印度與巴基斯坦關於克什米爾的糾紛。

四、調查

當爭端當事國之間，發生了爭端，其實是源起於對於事件誕生之「事實」方面的問題，產生了不同的觀點或主張，而其嚴重性的程度，導致國際爭端的出現。在這樣的情形之下，當事國的一方或雙方對於本身的立場或主張，相當明顯且相當堅持，而且基於它們對「爭端」的認定是「不具談判」或「讓步」的可能，因而明白的拒絕談判或協商，使得情勢惡化到劍拔弩張，而難以轉轉圜的餘地。而從另一方面來檢視，如果讓當事國雙方以「談判」的方式，來解決彼此之間的問題，又可能談判數年，直到有一方放棄了它原來的主張，或失去了耐心而導致使用武力來解決。從這樣的邏輯推理下來，使用「談判」甚至於輔以「斡旋」（Good Office）或「調停」（Mediation），都不被認為是一個「足夠的」（Adequate）「爭

---

[9] 同前註，第464頁。

端解決機制」（Dispute Settlement Mechanism）。在這樣的情形下，從20世紀初以來，國際社會發展出了所謂「調查」（Inquiry）的機制。過去的事實與經驗證實了一個不易解決的「僵局」（Stalemate）造成更惡化的爭端風險，會因為一個超然、客觀以及沒有利害關係的「第三者」（Third Party）的出面或介入而大大地降低[10]。此乃因為此第三者能夠為當事國雙方「剖明事實」，提供一個事實真相的評估與呈現。如此一來，使得雙方對於「事實真相」有了進一步的了解，有助於爭端的化解。

調查與「事實發現」（Fact-finding）的目的都是在找出與確認國際法下的事實，用以解決國際爭端。就因此，它們二者是可以交互使用的名詞。一個公正與客觀的調查或發現爭端的事實是緩和緊張情緒與解決爭端的良好作法。就因為如此，爭端當事國有時會同意任命或訴諸一個公正的第三者或一個常設的或臨時組成的「委員會」（unpission）來調查出爭端的真正事實，以助於爭端的解決。爭端當事國並無義務接受調查所發現的結果；但是，基於各種因素的平穩考量，當事國在通常的情形之下，都會接受調查的結果。此外，負責調查事實的第三者，有時候亦可兼作法律的評估與提出爭端解決的建議。

調查是由第三國調查爭端，以剖明事實，而有助於爭端之解決。這一種解決爭端的方式，最早見於1899年第一次海牙和平解決國際爭端公約第9條至第14條，及1907年第二次同名公約第9條至第36條所規定的「國際調查委員會」（International Commission of Inquiry）的辦法。這個委員會的任務就是只調查事實，作公正的報告，以利爭端之解決，並且是限於「不涉及國際榮譽與重大利益，而是因事實問題發生歧見的國際爭端。」[11]

除了海牙公約之外，這種國際調查程序也常見於各國雙邊條約。最著名之例是1913年與1914年間美國在國務卿布萊恩（William Jennings Bryan）主持之下，與許多國家所訂的所謂布萊恩仲裁條約（Bryan Arbitration Treaties）。這些條約的共同內容是：一、各締約國同意凡

---

[10] 見前揭註3，第43頁。
[11] 見前揭註8，第464頁

外交方法未能解決的爭端，都提交一個常設國際委員會（Permanent
International Commission）調查，並提出報告書，又同意在報告書未提出
以前，不得遽行開戰；二、這個委員會包括5人，計由兩爭端國各選派本
國國民1人及第三國國民1人，另由雙方同意共同選派第三國國民1人；
三、除雙方同意加以限制或延長外，委員會的報告書應於1年內完成；
四、爭端國接到此項報告書後，得自由採取任何措施；五、委員會經一致
決議，在爭端國提請該會處理之前，也可表示願為一項爭端謀求解決；
六、此項條約期限5年，但得續約，所以若干這種條約至今存在[12]。

五、調解

　　凡國際司法解決範圍以外，任何涉及事實、法律或利益的問題，均得
由調解（Conciliation）程序處理。

　　調解乃是由爭端當事國將爭端提交一個常設或非常設的委員會處理，
由該委員會查明事實真相，並提出解決辦法的報告書，惟該報告書並無裁
決性質，對當事國並無拘束力；準此，調解的辦法是由1899年和1907年修
訂海牙和平解決國際爭端公約所規定的「調停」（Mediation）和「調查」
（Inquiry）兩種程序的綜合運用[13]。

　　通常調解委員會由5人組成，爭端國選定本國籍和第三國籍委員各1
人，主席則由雙方共同選定第三國人士擔任。當事國亦得預先設置常設性
委員會並規定委員任期。委員會具調停者的任務，必須調和及消除歧見。
報告書對當事國並無拘束力[14]。

　　至於調解的特質，則有下列三點[15]：

---

[12] 同前註，第466頁。

[13] 蘇義雄，平時國際法，臺北，三民，民國82年，第422頁。

[14] 同前註。

[15] 同前註。第422頁至第423頁。

（一）調解具伸縮性

調解委員會得事先或依特殊案件臨時設置。委員會組織可採3人或5人制，惟須維持第三國籍委員多數的原則。在權限方面，委員會可處理「任何性質的爭端」（Any Kind of Disputes）。委員會的任務限於「提議解決辦法」（proposal of settlement），接受與否的決定權仍屬於爭端國。此乃調解與仲裁或司法解決相異之處。但，委員會的任務並非單純的諮詢工作；而是探求爭端國的意向，予以調和，並說服爭端國接受其所提的解決辦法。

（二）程序不流於形式

在程序上，調解與仲裁相類似。惟當事國或委員會的意願可決定程序。委員會的決議通常採多數決原則，票數和相反意見不予登錄。

（三）工作的秘密性

工作的秘密也是委員會成功的條件之一，因其有助於當事國間的相互讓步。委員會工作記錄除非當事國的同意不得公布之。

至於國際調解制度在第一次世界大戰後之流行，其實只是形式上的發達而已，真正的成果並不多。所以第二次世界大戰以後，調解有被仲裁完全取代的趨向。尤以聯合國組織成立以後，一切重大國際爭端都由聯合國處理，各國間所建立的調解委員會更失去重要性了。不過，調解制度也仍有獨特的價值，國際司法解決範圍以外的爭端，如交這種調解委員會去處理，往往較其他程序更為迅速有效。何況聯合國安全理事會的行動須受大國否決權的掣肘，無形中擴大了這種調解委員會的行動範圍[16]。

六、仲裁

仲裁（Arbitration）或稱之為「公斷」；是指由當事國所選定的一位

---

[16] 見前揭註8，第467頁。

或數位「仲裁員」（Arbitrator）或在國際法院等常設法院以外的非常設法庭中連任，對於某一爭端所作出原則上具有法律效力的裁決。仲裁與其他的各種和平解決爭端的最大不同之點，就在於它的裁決原則上具有拘束爭端的效果。也因此學理上，一般將其稱之為「準司法性的爭端解決方式」。

說到仲裁制度的淵源，在古代希臘羅馬的城國社會，即已相當發達。中古的教會也曾採這種方式，處理各國糾紛。迨近代主權國家出現，這一制度即失去重要地位，只是若干國際法學者，如維多利亞（Victoria）、蘇亞雷（Suarez）、格勞秀斯等，都還念念不忘，為一種維持國際和平的方法。直至18世紀末，因英美兩國之採用，仲裁制度才在國際間又被各國重視[17]。

在國際法上，當兩個國家在發生爭端時，任何一方均沒有片面地將爭端交付仲裁的權利；換言之，他方也沒有將該爭端交付仲裁的義務。這項義務的發生，僅在下列二方式：[18]

（一）仲裁條約

仲裁條約，或是雙邊的，或是多邊的。一般仲裁條約，規定某一類的爭端交付仲裁，如1903年英法仲裁條約與1930年中美仲裁條約。特殊仲裁條約，卻僅將某一個爭端交付仲裁，亦稱仲裁協定（Compromise）。

（二）仲裁條款

仲裁條款包含（Compromise Clause）於任何條約之中。該條款規定將關於該條約的一切爭端，交付仲裁。1874年郵政公約與1890年鐵路運輸公約，即已有這種條款。

仲裁適用的法律，原則上應當由爭端國同意決定，大概不外下列3種[19]：

---

[17] 同前註，第468頁。
[18] 見前揭註1，第13頁。
[19] 同前註，第14頁。

*1.*國際法的規則。

*2.*衡平法的規則，或公允善良（Ex aequo et bono）原則。

*3.*特別協議的規則。1871年，英美華盛頓條約，決定將阿拉巴馬Alabama
案交付仲裁，並協議關於中立義務的三規則：即後來所謂「華盛頓三規
則」Three Rules of Washington。1897年，英國與維內瑞拉的邊界條約，
規定兩國對邊界土地的時效時期為50年。1923年，美國墨西哥的賠償協
定，排除了國際法上的當地補救原則。此三者均為爭端國協議特別規則
的例證。

　　如果仲裁條約裡沒有相反的規定，仲裁的裁決Award是終審，而具有
拘束爭端國的力量。如果爭端國之一方，不服從仲裁的裁決，他方當然可
以使用國際法所允許的更有效的方法，以獲得該裁決的執行。

　　但是，仲裁的裁決如果有下列幾種情形之一，爭端國便可以不接受，
或同意加以覆審，或同意提出上訴於某一法院，如常設國際法院或國際法
院是[20]：

　　（一）仲裁者違背仲裁條約或越權。1827年，英美同意將關於東北邊
境的爭端交付荷蘭國王仲裁，請求他決定：究竟哪一國所主張的界線，與
1783年的和約相符合。1831年，荷蘭國王裁決的結果，認為英美兩國所主
張的界線，都不合乎1783年的和約，而另行提出一條新的界線。英美兩國
都認為荷蘭國王越權，而拒絕接受這個裁決。

　　（二）仲裁者納賄或舞弊。

　　（三）仲裁者受脅迫或陷於錯誤。1933年，美德混合賠償委員會，曾
決定對於3年前所作之一個裁決，重新仲裁。因為導致該裁決的程序中，
有舞弊（湮滅證據）與錯誤等等缺陷。

　　從理論上說，仲裁適用的範圍，可以廣及於任何國際爭端。只須兩爭
端國家表示同意，任阿國際爭端，都可以交付仲裁。但是事實上，任何國
家不會接受將一切爭端均交仲裁的義務。

　　不過，有一些國際爭端，宜於仲裁，或應當交付仲裁，卻是不可否認

---

[20] 同前註，第16頁。

之事[21]：1899年海牙和平解決國際爭端公約第16條與1907年海牙和平解決國際爭端條約第38條，都認為仲裁對於解決法律性質的一般爭端，尤其是對於解決關於條約解釋與適用的爭端，是最公允最有效的方法。1903年的英法條約，規定將一切法律爭端之不涉及國家重大利益、獨立、榮譽與第三國的利益者，交付仲裁。這個條約，為後來許多仲裁條約的範本。它最大的缺點是：某一個特殊的爭端，究竟是不是法律爭端，只得由爭端國自己決定，而兩爭端國的意見，往往不能夠一致。

　　最後，國際社會裡既然已經有了「國際法院」（International Court of Justice），卻仍然有不少的國家，將它們之間的爭端提交仲裁，原因何在？因為它具有下列幾點存在的價值[22]：

1. 當事國對仲裁法庭的組成較有辦法控制，所以可以選任雙方均有信心或熟習繫爭問題的人士擔任仲裁員。而到國際法院或以前的常設國際法院，對法官人選無法控制，基於意識型態或國家的基本政策，有些法官參與的判決在某些國家內部不易被接受。

2. 只有國家才能在國際法院及以前的常設國際法院提起訴訟，而仲裁法庭較有彈性，國家間的仲裁協議可以規定個人或公司（或其他法人）均可以直接在仲裁法庭提起訴訟。

3. 如果是國際政府間組織之間或其與國家之間的爭端，只能以仲裁方式解決，因為國際組織不能在國際法院提起訴訟或被訴。

4. 仲裁法庭適用的法律可以由雙方議定。

5. 仲裁的程序較為簡化與節省時間。

七、司法解決

　　所謂「司法解決」（Judicial Settlement），就是指國際爭端的解決，經由依法組成的「國際法院」，按照該院的訴訟規定程序，適用國際法的原理與規則，來解決國際社會所發生的爭端。這樣的方式來解決國際爭端，

---

[21] 同前註，第15頁。

[22] 丘宏達，現代國際法，臺北，三民，民國84年，第985頁至第986頁。

基本上，相當程度地排除了國際爭端之政治性介入的可能性。這也就是說，爭端國所尋求的解決乃是一個基於現行國際法的判決，而不是尋求一個修改現行法律為前提的解決辦法；要國際法院確認它們在國際法上的權利。

　　現階段國際法院行使司法職權有逐漸衰落的趨勢。學者認為除了導因於意識形態相對峙的東、西集團的緊張局勢外，還有兩項新的因素直接地減少了各國政府利用國際法院：其一是爭端達到司法階段者不多，各國政府對於國際法已有較正確的認識，可以預防爭端的發生。當爭端發生時，則較傾向於直接交涉的方式，予以解決；其二是解決爭端的分權，尤其是區域組織內特殊法院的設立[23]。

（一）法院管轄的基礎

　　國際法院（以前的常設國際法院也是一樣）與國內法上的法院最大的不同是其管轄權必須基於當事國的同意，並沒有強制管轄權，所以規約第36條第1項規定，「法院之管轄包括各當事國提交之一切案件，及聯合國憲章或現年條約及協約中所特定之一切事件。」當事國表示同意的方式有下列幾種方式[24]：

*1.*當事國之間締結專門協定，將其一特定案件提交國際法院解決。

*2.*各有關當事國曾在公約或條約中同意對某幾種或該約解釋或適用的爭端，不能以其他方式解決的，提交國際法院解決。如果約中所指的是以前的常設國際法院，依據規約第37條，「現行條約或協約或規定某項事件應提交國際聯合會（即「國際聯盟」）所設之任何裁判機關或常設國際法院者，在本規約當事國間，該項事件應提交國際法院。」據國際法院年報的記載，到1992年7月1日共有261件此種公約或協定[25]。

*3.*當事國一方未依條約或公約中有關國際法院管轄權的條款或未有專門協定，但向國際法院提出控訴，而被控一方同意應訴，國際法院也可以取得管轄權，這就是學者稱為默示接受管轄（forum progrogatum），這是

---

[23] 見前揭註13，第435頁。

[24] 見前揭註22，第999頁。

[25] International Court of Justice, Yearbook 1991-1992. (The Hague: 1CJ, 1992), PP.111-128.

1948年3月25日國際法院在哥甫海峽案先決反對部分（The Corfu Channel Case (Preliminary Objection)）判決中所建立的一種新的管轄根據。國際法院對這種片面申請控訴它國的情況，如爭端他方不同意或不提交法院處理，該案就從法院的案件單上取消。

以上是就個別案件國際法院管轄的基礎，但依法院規約第36條第2項的規定，規約當事國也可以授予國際法院強制管轄權，但並不一定要這樣做，換句話說，規約的當事國可以選擇接受這個條款，也可以不選擇這個條款，即使選擇了，可以加以條件或期限。

（二）國際法院之判決效力

國際法院的判詞全敘明理由，並應載明參與裁判的法官姓名。判詞如全部或一部分不能代表法官一致的意見時，任何法官得另行宣告其「反對」或「同意」的個別意見。判詞的意義或範圍發生爭端時，經任何當事國的請求後，法院應予解釋。

國際法院判決效力如下[26]：

1.拘束力

法院的判決除對於當事國及本案外，無拘束力。但有兩種情形，法院判決對於第三國具有同樣拘束力：其一是條約發生解釋問題，訴訟當事國以外其他簽字國行使參加程序的權利時，判決中的解釋對該國具有拘束力；其二是某國認為某案件的判決可影響屬於該國具有法律性質的利益時，得向法院聲請參加，並由法院裁定此項聲請。

2.確定力

法院的判決係屬確定，不得上訴。如於判決後，發現具有決定性的事實，而此項事實在判決宣告時為法院及有關當事國所不知者，此當事國得根據此項事項，聲請法院「覆核判決」。惟聲請覆核當事國所不知的事實，以非因過失而不知者為限。覆核的聲請至遲應於新事實發現後六個月內及自判決日起10年內為之。

---

[26] 見前揭註13，第441頁。

3.執行力

　　憲章第94條規定，聯合國每一會員國為任何案件的當事國者，承諾遵行國際法院的判決。遇有一造不履行依法院判決應負義務時，他造得向安理會「申訴」。安理會如認為必要時，得作成建議或決定應採辦法，以執行判決。

參、聯合國體制下的國際爭端之和平解決

　　兩次世界大戰之摧殘，讓國際社會不論大國、小國、強國或弱國，都一起體認到戰爭之恐怖與後果之可怕。回顧國際社會對於和平與秩序的要求與維護，長久以來一直是奮戰不懈而不遺餘力。但是，我們仍然可以觀察到，20世紀初的兩次海牙和平會議之後，仍然有第一次世界大戰的爆發。其後有「國際聯盟」的形成，也無濟於事，仍然有第二次世界大戰的戰火。其後有「聯合國」的成立，卻仍然有韓戰、越戰與兩次的波斯灣戰爭的發生。這些事實也都反映了國際社會顯然相當程度的致力於「和平」目標的追尋，卻難免仍有戰爭陸續的發生。

　　雖然，戰爭似乎是國際社會難以避免的夢魘，隨時都會出現。可是，從另外一個角度來加以研究，卻又發現國際社會的成員，對於人類社會和平的追求，似乎是孜孜不倦，未曾停歇過。縱然，爭端常常發生而且戰爭也似乎從未停止過。國際社會對於和平解決國際爭端的努力，事實上也從未間斷過。而且一次比一次更加努力，就拿聯合國來說，雖然不是那麼的完善，卻也對於國際爭端的和平解決，有了相當具體的貢獻，它對於國際社會幾十年來的和平與秩序的追求與努力，是國際社會有目共睹。看起來似乎是戰爭或爭端從未停止過；但是，如果仔細去想，國際社會在過去的幾十年，如果沒有聯合國的努力，將會是怎麼樣的狀況，真是不敢去想像，也難以去想像。

　　聯合國於1945年成立，負擔和平解決國際爭端的重大責任。換言之，和平解決國家間爭端，為聯合國基本目標之一。聯合國憲章第2條規定：

各會員國應以和平方法解決其國際爭端，不得以戰爭相威脅或使用武力。這是聯合國成立的初衷，也是它的基本訴求。

就此而言，聯合國大會及安全理事會不但負有重大之責任，抑且賦有廣泛之權力。憲章第14條授權大會，對於其所認為足以妨害國際間公共福利或友好關係之任何情勢，得建議和平調整辦法，聯合國大會長久以來也都發揮了這樣的功能。

聯合國憲章賦予安全理事會之權力則更為廣泛，俾使其能迅速採取防止及執行之行動。大致言之，安全理事會對於兩類爭端得採取行動[27]：（一）可能危害國際和平及安全之爭端；（二）威脅和平、或破壞和平、或侵略行為之案件。就前者而言，安全理事會於必要時得促請雙方當事國，用和平方法（仲裁、司法解決、談判、調查、調停及調解）解決其爭端。同時，安全理事會得在任何階段建議適當程序或調整方法，以解決此種爭端。就後者而言，安全理事會有權建議或決定，為維持或恢復國際和平及安全所需採取之辦法，並得促請關係當事國遵行若干必要或合宜之臨時辦法。安全理事會所作之建議或辦法，不論為最後的或暫時的，只要其認為必需，並無限制或條件[28]：它可以建議解決之基礎，可以指派調查委員會，可以提交國際法院以及採用其他辦法。依照憲章第41至47條之規定，安全理事會有權使用經濟制裁等壓力以實施其決議，對於不服從決議之國家更可使用武力，以維持或恢復國際和平及安全。這在韓戰及第一次波斯灣戰爭，就是最好的例子。雖然並不十分的理想，但是卻也或多或少的扮演了它的角色。這是不可忽視的。

聯合國大會於1982年核可「和平解決國際爭端馬尼拉宣言」（Manila Declaration on the Peaceful Settlement of International Disputes），重申聯合國憲章中和平解決爭端的各項原則，請各會員國利用上述及所有可供選擇的方法和平解決爭端。馬尼拉宣言要點如下[29]：

---

[27] 沈克勤編著，國際法，臺北，學生書局，民國80年，第514頁。
[28] 同前註。
[29] 同前註，第513頁。

　　一、各國應銘記直接談判（direct negotiations）是和平解決爭端一項彈性而有效的方法，倘其選擇此一方式，則應誠意商談。

　　二、依照憲章規定，安全理事會具有「調查事實」（fact-finding）職權，各會員國應多加利用。

　　三、法律爭端應謀求司法解決，尤其是提請國際法院解決，不應視為是一項不友好行為。

　　四、依照聯合國憲章規定，秘書長有責任將其所認為可能威脅國際和平及安全之任何事件，提請安全理事會注意，各國應充分利用秘書長此一功能，以解決爭端。

肆、結論

　　國際爭端難免發生，它發生的原因不外是各國國家利益的考量下，各處政策與立場上的不同，而導致了法律上或事實上的意見的分歧或利益上的衝突。傳統國際法的學者認為和平的方法來解決國際爭端，是所謂的「非強制方法」。而「強制方法」中除了戰爭以外，其餘的諸種方法也都屬於和平方法。由於傳統國際法肯定戰爭作為國家推行或執行它本身政策的合法性。就是因為如此，它把一切強制的與非強制的方法，不加區分的一概視為解決國際爭端的合法方法，其結果是造成了國際社會中的強權政治與霸權主義，國際社會中的強權國家，為了本身的利益與目的，動輒兵戎相見，國際社會戰禍連綿。

　　自19世紀以來，隨著維持國際社會的和平與安全的要求日益高漲之際，和平解決國際爭端以及相對應的解決機制的建立，也成為國際社會所重視的主要課題或重要議題。於是1899年的第一次海牙和平會議，就開啟了和平解決國際爭端之國際法制度的契機。它的最終目的就是要「將私人關係間應遵循的那種簡單的道德與正義的準則」，成為國際關係的至高無上之準則。緊接而來的1909年第二次海牙和平會議，至少開始了對於以往以戰爭作為解決國際爭端的「權利」加以某些限制，並開始倡導以誤判、

斡旋、調停、仲裁……等和平方法來解決國際爭端。其後，自1914年起，美國與一些國家簽訂了一系列的所謂的「布萊恩條約」，進一步規定，設立了「常設調查委員會」作為解決國際爭端的機關。接下來的「國際聯盟」時期，明白的限制了各國「戰爭權」的行使，到了1928年有了「廢戰公約」的訂立，在國際法上明確地宣布廢棄戰爭作為推行國家政策的工具。並且規定締約國只能用和平的方法，來解決它們之間的一切爭端。在「廢戰公約」簽訂後不久，國際間還訂立了「和平解決國際爭端總議定書」，規定各國間的「權利性爭端」均應提交「常設國際法院」，其他爭端凡是不能以外交方法解決者，均應提交和解程序或仲裁法庭。至此，國際法上的和平解決國際爭端制度，算是完成了，國際社會基本上也維持了約10年的和平。

「聯合國憲章」的制定是國際爭端解決史上的一樁劃時代的事件。憲章為國際爭端和平解決，確立了一些新的原則，使國際爭端的和平解決制度，更加的明確與完善。聯合國憲章關於和平解決國際爭端之原則、組織、程序、方法等一系列的明確規定，構成了20世紀和平解決國際爭端體制下的基本內容。

時值21世紀的國際社會，在聯合國體系下的國際關係，仍然不時有緊張情勢的出現，世界各地仍然充滿了權利的對抗與區域性的衝突。可以了解的是國際爭端仍將難以避免的發生，第二次世界大戰之後，聯合國憲章中所規定的禁止使用武力與威脅使用武力的禁止，和平解決國際爭端的原則與制度，並未能充分執行，世界各地大小衝突仍然是此起彼落，從未止歇。因此國際社會所追求的和平、安定、繁榮與發展的目標，仍然有賴於各國共同來努力，確實落實聯合國憲章下所規定的國際爭端和平解決的原則與機制。

■專題二：國際爭端之強制解決

壹、前言

「國際爭端之強制解決」（Compulsive Settlement of International Disputes）係指爭端當事國的一方在他方的壓力之下，被迫的同意解決彼此之間的爭端。他方的「壓力」，就是運用各種手段或是採取強制措施，來使得對方就範，接受其爭端解決的條件。任何一方的均無意採取極端的作法或是從事戰爭的行為。因此，爭端當事國之間的關係雖然相當程度的惡化，彼此之間最起碼的「和平狀態」還仍然存在，外交、商務及其他的條約關係尚未破壞，也仍然有某種程度的維繫。客觀上來檢視，強制措施可能對雙方之間的關係造成負面的影響或損害；但是主觀上事端當事國與第三國，均不認為強制措施已達「戰爭」的程度；而認為是國際法所許可的範圍內的壓力。然而，不論使用壓力一方主觀的認定為何，一旦對方表示願意接受所提的條件，使用壓力的這一方，便應立即停止使用壓力。

強制方法的使用，主要有兩個特性：其一，它必須「有害」於被強制國，縱使「損害」未必是明顯的或重大的，更未必是物質的。只要是讓被強制國感到「壓力」的存在，就算是「強制」的方法或措施。如果是「無害」於對方的方法或措施，就不算是強制性的；其二，它是基於「自助」（Self-help）的觀念，希望只依自己的行為或作法，即能達到目的，於要求對方履行「義務」時，無須求助於第三國或國際組織的從旁協助。如果有第三國或國際的「加入」，而完成目的，就不是所稱的「強制方法」或「強制措施」。

傳統的國際法容許一國以「戰爭以外的強制手段」（Forcible measures short of war）或所謂「自助」（Self help）手段迫使另一國家同意解決爭端。在原則上，這種手段在聯合國憲章之下，已成為違法的行為。因為聯合國憲章不但禁止以戰爭為推行國家政策的工具，同時也不容許採取其他強制手段。這些手段也屬聯合國所禁的「武力」範疇之內。據憲章所規定

各會員國應遵行之「原則」，一方面「各會員國應以和平方法解決其爭端」，另一方面「各會員國在其國際關係上不得以威脅或武力，用於侵害任何國家之領土完整或政治獨立，或用於與聯合國宗旨不符之任何其他方式」[30]。所以，傑塞普（Jessup）曾指出：「傳統國際法最顯著的弱點，是容許一個國家可以用武力強迫別國遵從其意願。這一弱點是兩個因素不可避免的結果，一為絕對主權觀念，一為缺乏具有充分權力的健全的國際組織。這兩個因素都將失去其已往的重要性了」[31]。不過，聯合國憲章第51條又允許會員國採取單獨或集體自衛之措施，則這些強制手段仍可適時採取，以達到自衛之目的[32]。與已往情形不同者，即以往各國可自由決定如何採取此種手段，而今後必須在憲章所許可的情形之下實施此種手段。再者，不論這種手段的各種方式，在今後有多少或如何被承認合法使用，仍不妨加以全盤的研究，以幫助了解國際法在這一方面的發展。

　　首先須明瞭的，這些強制手段雖與戰爭同屬使用武力（Use of force），卻不構成戰爭。如比休普（Bishop）所說：「從技術方面說，必須與戰爭有所區別。這些武力是用於平時，使用者絕無造成戰爭狀態的意思，而成為使用對象的國家也不認為構成戰爭」[33]。至於哪些手段可視為戰爭以外的強制手段及其定義如何，一向並無明確觀念。也就因為如此，對於戰爭以外的強制手段來解決國際爭端就有更進一步研究的必要。

貳、戰爭以外之強制解決國際爭端

一、報復

　　「報復」（Retorsion）乃是一個國家以相同的或類似的行動，來對付

---

[30] 杜蘅之，國際法大綱，臺北，臺灣商務印書館，民國80年，第488頁。
[31] 同前註。
[32] 同前註。
[33] 同前註，第489頁。

另一個國家的不禮貌、不友誼或不公平的行為。一般而言，當一個國家的尊嚴遭受侮辱時，該國在其能力的範圍內，所可以採取的不友好而合法的相同或類似的相對的行為。例如：絕交、取消外交特權或撤銷優惠的待遇。

任何一個國家，在其權限以內的立法，行政或司法的行為，儘管完全合乎國際法，可能對於另一個國家，含有不禮貌或不友誼的成分，或是可能對於另一個國家，構成一種不公平的措置。另一個國家如果認為自己忍受著不利的影響時，它便可以用報復的方法，以尋求解決。這時候，兩國之間，有一個政治性質的爭端存在著[34]。

但是，各國對於不禮貌、不友誼或不公平的觀念，彼此不同。因之，是否應當採用報復，便也沒有什麼抽象的原則，而決定於每一爭端的個別情形。一般說來，本國僑民在他國忍受著差別的待遇，如護照簽證的嚴厲或船舶的不許入港等等，本國往往採用報復的方法對抗該國。又如他國的法院拒絕對於本國法院作司法上的協助，或是他國無端地提高本國貨物的進口稅，本國也往往採用報復的方法為對付該國的手段[35]。

上述許多行為，如果行為國並不受條約上的限制，實屬於其國內管轄的行為，為國際法所不禁止。但是，忍受不利影響的他國，便可以對抗該國而作報復。報復方法，不必與原行為完全相同，其他與原行為類似，而也不違背國際法的行為，亦在許可之列。原行為國終止其不禮貌、不友誼或不公平的行為時，報復國便應當終止其報復的手段[36]。

聯合國各會員國可以合法使用報復[37]：此係受聯合國憲章第1、2條影響。例如第2條第3項規定；各會員國應以和平方法解決其國際爭端，俾免危及國際和平、安全及正義。一種可能被認為合法之報復行為，在某種情況下，如其足以危及正義者，依照聯合國憲章的規定，便被認為不合法。

[34] 雷崧生，國際法原理（下），臺北，正中書局，民國76年，第34頁。
[35] 同前註，第35頁。
[36] 同前註。
[37] 沈克勤編著，國際法，臺北，學生書局，民國80年，第516頁。

二、斷絕邦交

「斷絕邦交」（Severance of Diplomatic Relations）通常是指兩國間的爭端或糾紛，已經達到相當惡化的階段所使用的一種方法。這是國際間經常看到的事情。斷絕邦交的作法是多由主動國家發表聲明，將絕交的事由略加敘述；然後是使節返國，關閉使館；而將本國僑民利益，委託第三國使節照料，而更惡化的情形或後果是導致武裝衝突。

兩國間發生爭端，而和平解決的方法不能奏效時，一方可以宣布與他方斷絕外交關係。這種方法的目的，一在表示己國的憤懣；二在促進他國的反省與覺悟[38]。

在外交關係尚未斷絕以前，一方往往先召回其駐紮他方的外交代表。後一步驟，又可以有程度上的差別。最溫和的是外交代表的暫時離去；爭端有解決希望時，隨時回返任所。較為嚴重的是：外交代表離去時，作不再回任的表示。但是，使館仍然存在，由館員代理館務。最嚴重的當然是：外交代表率同所有使領人員，全部離去，而將其本國在駐在國的利益，交由第三國的外交代表代理[39]。然而，更重要的是邦交的斷絕，往往是宣戰的先聲。這種情形在國際社會中屢見不鮮。在國際關係日趨重要之時，各國切不可輕忽斷絕邦交之後續處理。

三、平時報仇

「報仇」（Reprisals）是由於加害國違反國際法，其後又未對損害給予救濟。受害國便可暫時將是否合乎國際法的要求，擱置不論而針對受到損害而從事自助的行為。簡單的說，報仇原本是不被國際法所允許的行為，只因加害國違反國際法在先，又不為其所造成的損害給予救濟，才例外的准許受害國「以牙還牙」，以迫使加害國同意而達成合意的解決；受害國基於自助，由自己來執行國際法所許可的「成比例」的對等行為。

---

[38] 見前揭註34，第33頁。
[39] 同前註。

　　國際法上的報仇，有「平時報仇」（Reprisals in time of peace）與「戰爭報仇」（Reprisals in time of war）之分。平時報仇係指非在戰爭發生後的一種解決國際爭端的「強制」方法。而戰時報仇則是指作戰時一方因為他方未能遵守戰時國際法的準則，所採取的一種對抗手段。因此，前者仍然在和平狀態中進行；而後者則必須已經有戰爭狀態的存在。二者之間最大的區分乃是「報仇」的時間點的不同。也就是說，平時報仇是在平時；而戰時報仇則是在戰時所作的報仇行為。

　　平時報仇是一國為了對抗他國「國際侵權行為」（International Delinquency）而對該侵權國所作之非法的損害行為。這種行為，雖然違背國際法，但是因其為平時報仇的緣故，例外地為國際法所允許。

　　平時報仇與報復有三種異點[40]：

　　一、平時報仇所對抗的對象，是一種違反國際法的行為，即所謂國際侵權行為。而報復所對抗的對象，為一種有失國際睦誼的行為，包括不禮貌，不友誼或不公平的行為等等。

　　二、平時報仇的行為，原是違反國際法的，其本身便是一種國際侵權行為，因其為對抗另一個先已發生的國際侵權行為的緣故，卻例外地為國際法所允許。報復的行為，總是不違反國際法的。

　　三、平時報仇的行為，較之原來的國際侵權行為，往往更為嚴酷。報復的行為，總是與原行為相同或類似。

　　一國的國際侵權行為，常常引起他國的平時報仇者，為對於他國在本國僑居的人民，有拒絕正義情形，或給以國際法所禁止的待遇；為侮辱他國的尊嚴、破壞他國的屬地管轄權或違背與他國締結的條約等等[41]。

　　平時報仇的施行，雖然不使報仇國與侵權國間的和平關係變為戰爭關係，但是因為報仇國不免使用武力而侵權國或以武力相抵抗的緣故，它們的關係，便不得不受戰時國際法的支配。平時報仇不應當損害到第三國的

---

[40] 同前註，第36頁。

[41] 同前註。

權利；它至多只應當使第三國感覺到一些不方便[42]。重要的是平時報仇的行為，應當由國家的機關如行政官吏，依據國家的特殊命令來加以實行；這也就是所謂的公共報仇。

合法的平時報仇所必須具備的要件有四[43]：

一、平時報仇必須先有一個國際侵權行為的存在。如果一國的行政官吏、司法官吏、軍隊或個人所犯的國際損害行為Internationally Injurious Acts，不引起該國的直接責任者，他國不得對之立刻施行平時報仇。只在該國拒絕負擔間接責任，因而發生直接責任時，它才可以成為平時報仇的對象。

二、平時報仇施行以前，必須先已採用過談判的程序。只在談判無功以後，被侵權國才有施行平時報仇的權利。

三、平時報仇的手段，必須與原來的國際侵權行為，在損害方面，保持一個「比例」。換言之，平時報仇的手段，不應當比原來的國際侵權行為，嚴酷過甚。

四、平時報仇的手段，於達到其特殊的目的以後，換言之，於對方的國際侵權行為停止或對方答應補救以後，便也應當停止。

另外，平時報仇可以分為積極的與消極的。積極的報仇必須要有主動的行為，牽涉加害國人的人身或財產，構成國際不法行為。消極的報仇是指不作為，拒絕履行在正常情形下應該履行的義務，例如，不支付債務、不許加害國人入境或不履行條約義務。一般而言，即使是不使用威脅或武力的消極報仇，雖然違反國務義務，卻不在聯合國憲章第2條第3款及第4款的禁止之例。但是，積極的報仇，如果以威脅使用武力或將武力付諸實施，則無論是個別國家或國家集體的行為，又無論加害國的國際不法行為已造成多麼大的損害，均已被聯合國憲章第2條所禁止，所以當今的報仇行為，儘管與原國際不法行為成適度的「比例」，而且於達到目的時即停止，祇要是違反了聯合憲章的規定，即是違反了國際法的規定，而必須擔負起國家的國際責任。

---

[42] 同前註，第37頁。

[43] 同前註，第38頁。

四、平時封鎖

　　封鎖是以軍艦或軍機斷絕被封鎖國的海上交通，和陸地上的堵塞不同。平時是指封鎖國與被封鎖國仍然維持著和平關係的時期。兩國間不存在戰爭狀態；因此，平時封鎖與戰爭時封鎖在內涵上大不相同。

　　在戰時，封鎖交戰國之港口乃是非常普通的海軍行動；然而「平時封鎖」（Pacific Blockade）乃是在和平時所用的一種辦法。平時封鎖有時列入報仇之類，目的在迫使港口被封鎖的國家，圓滿遵從封鎖國的要求。權威法學家們對其合法性頗持疑慮。依照聯合國憲章，即使現在不予廢棄，是否許可以平時封鎖作為一種片面行動仍有問題[44]。

　　平時封鎖開始於1827年，自此以後，實例不下二十起。通常皆由擁有海軍之強國對弱小國家行之。此種行為固易遭詬病，但按諸大部分實例，強國之使用平時封鎖，其目的每符合有關國家之利益，如制止內亂、促成條約之適切遵行或預防爆發戰爭。如1886年之對希臘實施封鎖，即是為了希臘囤兵邊境，藉封鎖而使之解除武裝，避免與土耳其衝突。若從此一觀點言之，平時封鎖亦不妨視同為加速解決國際歧見之一種集體措施。聯合國憲章第42條明文規定：安全理事會得採取封鎖，以「維持或恢復國際和平及安全」[45]。

　　平時封鎖之使用亦有若干顯著的優點[46]：它比起戰爭是一種不太暴烈的行動，且富有彈性。在另一方面又比報仇要過分些。除對弱小國家實施易於迫其就範外，對其他國家實施，將被視同一種戰爭行為。若謂強大的海權國家利用和平封鎖來避免戰爭，可謂為對於和平封鎖的中肯評語。

　　大多數國際法學家都同意，封鎖國無權沒收企圖突破封鎖的第三國船隻。大體上英國實例亦支持比種看法，因為第三國並無尊重平時封鎖之義務。一般原則是[47]：一個封鎖國只有在它宣布戰時封鎖，亦即是封鎖與被

---

[44] 見前揭註37，第518頁。

[45] 同前註。

[46] 同前註。

[47] 同前註，第519頁。

封鎖國之實際上已有戰爭存在，因而有權搜查中立國船隻時，才可扣押他國船隻。但若封鎖國僅僅實施平時封鎖，便無異默認其爭執中之利益，尚不足以與戰爭之負擔及冒戰爭危險相等。因此，在原則上，若無實際戰爭存在，封鎖國即不應將中立國的義務加諸第三國。換言之，封鎖國不能同時主張平時和戰爭兩種利益。

平時封鎖從性質上來檢視，它是屬於平時報仇的一種方法，用以強制已經從事了國際不法損害行為的國家，履行它的國際義務、負擔損害賠償的國際責任；或是以和平的方法來解決爭端。因而，部分國際法學者認為平時封鎖乃是「次於戰爭的一種手段」（A measure short of war）。有效的平時封鎖，必須仰賴武力或威脅使用武力，否則不能「有效」達成其目的。合法的平時封鎖，實施時必須符合以下三個條件[48]：（一）籍以解決爭端的談判已經失敗；（二）把封鎖的意思、開始的時刻與範圍等通知被封鎖國；（三）有效實施。而這裡所謂的「有效」，乃是指封鎖國能夠利用其軍艦、軍機、大　等武器，以阻擋、制止、攻擊或轟炸企圖穿過封鎖線者和有意破壞封鎖者。通常的情形是一個國家與他國的爭端，在外交談判失敗之後，才會封對方的港口、河口或沿岸實施平時封鎖。原則上，平時封鎖只對對方有效，如被封鎖國的船舶欲衝破封鎖線，則可予以拿捕。第三國的船舶則不應受拘束。

19世紀以前，國際法上的封鎖，總是戰時交戰國間所採用的一種作戰方法。1827年才有所謂平時封鎖（Pacific Blockade）出現。它最初被採用為武裝干涉的手段，不久成為平時報仇的手段。

從國際間的實例上研究起來，19世紀以來的多次平時封鎖，由於國際社會的默認，無疑已經使平時封鎖成了解決國際爭端的一種強制方法。它的效果，可以從兩方面說明[49]：

（一）對於被封鎖國的船舶而言，封鎖國只可以加以拿捕與扣押，它沒有加以處罰或沒收的權利。平時封鎖解除後，被拿捕與扣押的船舶便須

---

[48] 陳治世，國際法，臺北，臺灣商務印書館，民國79年，第489頁。

[49] 見前揭註34，第44頁。

歸還，而不必付給補償。1902年英德意三國對維內瑞拉的封鎖，雖然被稱為戰時封鎖，實際上只是平時封鎖。所以維內瑞拉公私船舶的被拿捕與扣押者，後來都由封鎖國一律退還。

（二）對於第三國的船舶而言，封鎖國最初也曾要求有拿捕與扣押的權利。後來，封鎖國的這種要求，往往因為第三國的抗議而放棄。所以，從19世紀的下半期起，國際間的實例是：平時封鎖的效果，不能夠達到第三國。這與大多數國際法學家的學說相吻合。

美國於1962年10月在平時對古巴實施「選擇性封鎖」（selective blockade）或稱「隔絕檢疫」（quarantine），與19世紀傳統的和平封鎖不盡相合[50]：第一、封鎖區域超越古巴海岸之外，及於公海，其目的在「禁止」（interdict）供應武器及裝備至古巴，以防止在古巴設立飛彈基地，但不阻止貨品進出。第二、美國使用武力封鎖的船舶不限於古巴，凡是前往古巴的船舶，必要時，對於第三國的船舶予以檢查或令其依照指定路線航行，以避免進入禁區。倘有違反禁令，並不扣押船舶及運送之武器。第三、美國總統「宣言」，實施此次「隔離檢疫」，是遵照美洲國家組織於1962年10月23日通過的一項建議：「會員國採取各種措施，確使古巴不應獲得補給」。第四、實施此項「隔離檢疫」，不同於傳統的平時封鎖，船舶事先可申請通行證（clearance certificate），運輸貨物經過禁區，經檢查後放行。

美國對古巴實施此種特殊封鎖，如果為聯合國憲章所許可，則是由於非常特殊的地理及其他情況所致，而非由於先例。依照習慣的國際法，此項「隔離檢疫」，影響公海自由，應為聯合國憲章所不許。

五、干涉

「干涉」（Intervention）係指以強制的方式介入他國的內政或外交，企圖藉以維持或改變事務的現狀。一般而言，干涉可以由一國單獨實施或

---

[50] 見前揭註37，第519頁。

一國以上共同實施；也可以對一國或數國進行。如果是使用說服、勸告、斡旋或調停等方式，以達到維持或改變事務現狀的目的，並不是干涉。如果介入國以專斷的夾持權威之方式，強使被干涉國接受其意見，或對被干涉國施加壓力，甚至以武力威脅或威脅使用武力來強迫被干涉國屈服，如此方是國際法所指之干涉。但是，必須注意的是，使用武力時，可能立即有戰爭狀態的存在；以致武力的使用，並不是次於戰爭的手段；唯有在干涉國與被干涉國之間，仍然維持著和平關係時，武力的使用或武力使用的威脅，才可以被視為干涉的手段。對干涉的定義，國際法大師奧本海（Oppenheim, Lassa F.L.）的界定是：一個強制干預另一國的事情，用以達成維持或變更現狀的目的。而學者盧梭（Rousseau, Charles）也定義干涉為一國從事干預另一國之內政或外交之行為，以強制執行或不執行一定之事項。由此可見，干涉之行為也屬於戰爭以外之強制手段，用來解決國際爭端。也因此，當然可以視為報仇方式的一種。干涉之適用，並不局限於一個爭端國對遭受另一個爭端國違法損害所採取之手段，有時是基於履行國際法所負加之責任。

原則上，國際法為維持國家的獨立，不容許一國干涉另一國的內政外交。這一原則原表現於慣例，至國際聯盟盟約（第15條第8項）及聯合國憲章（第2條第7項）而成為協定國際法了。但傳統國際法向來承認在此種情形之下，干涉可以「合法」，分述如下[51]：

第一，基於權利的干涉（Intervention by Right）。這種合法權利有的是條約所規定，如（1）保護國依保護條約而干涉被保護國；（2）締約國依含有「干涉」條款的條約而實行干涉，如各國依1856年的巴黎條約而干涉土耳其；美國依1903年與古巴所訂之條約，而於1906年對古巴干涉；以及美國依1903年與巴拿馬所訂之條約，而於1904年對巴拿馬干涉；（3）基於兩國間的友好條約關係，一國應邀對另一國干涉，通稱「應邀的干涉」（Invitational Intervention），如1958年美國應黎巴嫩之邀，而派陸戰隊登陸黎巴嫩。但此項邀請必須完全自動的，否則只是侵略之藉口而已。

---

[51] 見前揭註30，第494頁。

其次，合法干涉的權利也有的是國際法所認許，如（1）對違反國際法行為之干涉。例如任何一國侵占公海，其他國家自有權加以干涉；或平時封鎖而妨礙第三國，第三國也有權干涉；（2）國際法既規定一國有保護外國人的義務，當然也容許一國為保護本國僑民而對僑居國干涉，如1965年4月24日多米尼加發生政變，親共分子掌權，美國於4月28日派陸戰隊405名空降該國護僑，後來增至24,000名之多。

　　勞特派特亦曾列舉7種情形，使一國之干涉成為權利，簡介如下[52]：（1）保護國有權干涉被保護國的對外關係；（2）如一國對外關係同時屬另一國的權利範圍，則另一國有權干涉該國單獨行為，例如俄國在1877年與戰敗的土耳其訂聖斯德發諾和約（Peace of San Stefano），英國即提出抗議，因此項和約與1856年的巴黎條約及1871年的倫敦公約不合，俄國終於接受召開柏林會議，解決此事；（3）如一國之對外獨立是受國際條約之限制，也可構成一國干涉的根據，如美國之干涉古巴與巴拿馬。英法俄三國也曾根據1863年的倫敦條約，而於1916年及1917年干涉希臘之政府組織問題；（4）如一國有顯然違反國際法之行為，例如侵犯公海上其他船旗國之管轄權或破壞海牙公約之戰爭法規等，其他國家即有權干涉；（5）一國如因條約保證另一國之政府形式或王位，即有權干涉此等事項；（6）由於一國有保護海外僑民之權利，另一國在法律上應接受此種干涉；（7）在國際聯盟或聯合國主持下之集體干涉。

　　第二，雖非基於權利，卻因事實之所必需，而為國際法所允許的干涉，也有幾種：（1）「人道的干涉」（Humanitarian Intervention）。格魯秀斯、瓦德爾（Vattel）、威斯雷克（Westlake）等都認為一國如對其本國國民虐待過甚，其鄰邦可以為人道而實行干涉，19世紀歐洲列強之干涉土耳其對希臘的暴虐政治，即屬此例；（2）「戡亂主義」（Abatement Theory），指一國邊境不靖，而政府無能為力，其鄰邦為維持邊境治安，可以進入其境，代為除害；如1916年至1917年墨西哥邊境之亂黨擾及美國，美國曾派兵進入墨境清剿；（3）「預防的干涉」（Preventive

---

[52] 同前註，第495頁。

Intervention）是為防止對本國或第三國不利的事實之發生所採取的緊急行為，美國於1962年對古巴之「檢疫」可視為此種干涉。

這種非基於權利的干涉，最為被干涉國反對，自不待言。最早出現在美洲的門羅主義（Monroe Doctrine）及德拉哥主義（Drago Doctrine）都是這種反對的具體表示。

門羅主義起源於1823年12月2日美國門羅（James Monroe）總統致國會的咨文。在那咨文裡，門羅總統針對當日外交形勢，提出了3項原則，以後構成美國外交政策的一個基石，而被稱為門羅主義。三項原則是[53]：

（1）「美洲大陸已建立自由獨立的狀態，此後不應再被視為任何歐洲國家未來殖民之目標。

（2）對歐洲國家的戰爭，對它們自己的事情，我們從不參與，這種參與也不合我們的政策。

（3）「為了表示公正無私，以及美國與這些國家之間的友好關係，我們應該宣布凡欲將其制度伸展到美洲任何部分的任何企圖，我們都認為是危害我們的和平與安全。」

門羅主義雖然阻止了歐洲列強對美洲的干涉，卻因若干美國總統的不同解釋，而遠離原意。正如布萊利所說[54]：「這一主義原為否認歐洲有干涉拉丁美洲國家的權利，後來竟像變成主張只有美國有干涉這些國家的獨占權利了。」這種干涉當然引起拉丁美洲國家的普遍反感，因而形成一連串的關於「不干涉」（Non-intervention）原則的協議[55]。先是1933年美洲國家在蒙得維的亞開會所訂的「國家權利義務公約」（Convention on the Rights and Duties of States）就確立了這一原則。而1936年美洲國家在布諾艾爾（Buenos Aires）開會所訂的「關於不干涉原則補充議定書」（Additional Protocol Relative to Non-Intervention），其第1條對於這一原則更有明確的規定，即「締約國宣布不容許任何締約國，無論直接或間

---

[53] 同前註，第496頁。

[54] 同前註，第497頁。

[55] 同前註。

接，或任何理由，對任何另一締約國作內政或外交之干涉。」1946年7月17日泛美同盟理事會所通過的「美洲國家權利義務宣言草案」（Draft Declaration of the Rights and Duties of American States）關於這一原則的規定是：「一國或數國對另一國內政或外交之干涉，無論直接或間接，或任何理由，均所不許。」1948年的美洲國家組織憲章（Charter of the Organization of American States）規定更為詳密，其第15條除重申此項原則外，並規定：「這一原則不但禁止對一國法人資格或對其政治經濟及文化各要素使用武力，並禁止任何其他方式之干涉或威脅企圖。」

上述不干涉原則雖然是區域性的一種國際法的發展，但由聯合國憲章的基本精神來看，國家與國家之間的「不干涉」應該是今日國際法的主調。例如盧梭雖把干涉分為「不合法的干涉」（Interventions il-licites）與「合法的干涉」（Interventions licites），但其結論則說：「干涉不應稱為權利。如果說到權利，不是干涉，而是不干涉。不干涉原則才是唯一可成立的原則。至於干涉只是一種政治現象，有時固然合法，但通常大多是不合法的。」[56]。國際法院在1949年的「科學海峽案」（Corfu Channel Case）的判決，也曾明白否認國家之有「干涉權」，說：「本院只能認定所說干涉權是一種武力政策的表現。此種行動在過去曾造成極嚴重之流弊，故無論今日國際組織如何不健全，亦不能在國際法有存在之餘地。而此處之特殊情形，恐怕更難容許干涉，因為這一類的事情只有最強大的國家能做，將使國際司法制度為之輕易敗壞」。

在這種不干涉原則之下，何種干涉仍可為國際法認可，似可得到三點結論[57]：第一，非基於權利的干涉，應該是屬於歷史的範疇，不再為國際法承認合法；第二，基於權利的干涉，如有條約為依據，國際法為維護條約效力，自可認為合法。若是以國際法為依據的，就要視實際情況而定了；第三，至於以干涉作為解決國際爭端的一種方式，如奧本海所說，「對於兩國間的爭端，由第三國強制干涉，以達到依照干涉國的要求而

---

[56] 同前註，第499頁。

[57] 同前註。

解決爭端的目的」，則是否仍屬合法呢？顯而易見的，由一個國家出面干涉，已不合今日的法律觀念。但是國際集體安全組織為制裁爭端國，有權採取這種行動，正是第一次世界大戰後的新的國際法原則。所以勞特派特說：「從歷史及原則來看，對干涉之禁止，主要是為約束各國，使其不侵犯國際社會其他分子之獨立。因此，禁止干涉的觀念不應適用於為各國共同利益，或為共同執行國際法而採取的集體行動」[58]。

參、聯合國憲章下之強制解決國際爭端

聯合國強制解決國際爭端的方法，可以區分為軍事的與非軍事的兩大類別。均分別規定於憲章第6章第33條至第38條與第7章第39條至第51條。依照這兩章的相關規定，負責實施的機關，則以安全理事會為主。聯合國憲章中的第6章各條所規定的爭端解決方法，均屬於和平性且非軍事性質的作法。例如，第33條的原則性規定，就指出安全理事認為必要時，應促請各爭端當事國以談判、調查、和解、仲裁、司法解決，區域機構或區域辦法，來解決其爭端。其餘第34條及第36條的規定亦均是和平解決爭端的方法，不具有強制性。聯合國憲章下的強制解決制度，基本上是規定於第7章的規範授權。當然，安全理事會的一切決定或作為之前有其先決條件必先符合方進行強制解決的各項行動。現將聯合國憲章下有關強制解決國際爭端的作法一一加以分析。

一、機構

在聯合國，主持強制解決的機構是安全理事會。所以憲章第39條規定：「安全理事會應斷定任何和平之威脅、和平之破壞或侵略行為之是否存在，並應作成建議或抉擇依第41條及第42條規定之辦法，以維持或恢復

---

[58] Oppenheim-Lauterpacht, International Law, Vol.11, P.150.

國際和平及安全。」不過，1950年11月3日，聯合國大會曾通過一項「聯合維持和平」（Uniting for Peace）決議案[59]：認為如安全理事會無法行動時，大會應即開會，作集體措施之建議，包括必要時使用武力之建議。這顯然是企圖由大會分擔強制解決的職責。這一決議案的主要理由是：「安全理事會之未能代表全體會員國盡其責任……並不解除憲章所規定會員國對維持國際和平及安全之義務，以及聯合國對維持國際和平及安全之責任」。

所以，安全理事會之不盡其責，也「不能解除大會依憲章維持國際和平及安全之權利及責任。」決議案所規定的辦法是[60]：「當和平之威脅、和平之破壞或侵略行為發生，而安全理事會因常任理事國之不能一致，無法執行其維持國際和平及安全之主要責任時，大會應立即考慮此項問題，以便向會員國作適當集體措施（collective measures）之建議，包括當和平之破壞或侵略行為發生，必要時使用軍事力量，以維持或恢復國際和平與安全。如大會正在閉會期間，大會應於開會請求之24小時內舉行緊急特別大會。此項緊急特別大會由安全理事會任何7個理事國之表決，或聯合國過半數會員國之請求而召開」。

二、條件

依照聯合國憲章的規定，各國除了可以依法得進行自衛之外，均不得以武力或以武力相威脅，作為解決彼此之間爭端的最後手段。如果國際爭端在當事國之間得不到和平解決；而且已經惡化到威脅和平、破壞和平，甚至出現侵略行為時，安全理事會為了維持國際社會的和平與安全，可以依據聯合國憲章第7章的規定，作出建議或決定應該採取的「強制行動」（Enforcement Action）。

不過安全理事會首先應該來斷定是否有任何對國際和平的威脅、破壞和平的行為或侵略行為的存在。但是，在過去的實踐中，某一爭端或情勢

---

[59] 見前揭註30，第500頁。

[60] 同前註，第501頁。

是否屬於國際問題或是否已經發展到如此嚴重的程度，或者事態雖然嚴重，但是否須由安全理事會採取「強制行動」，這是一個頗為複雜與困難的問題，有時甚至可能被使用來干涉別國的內政。往往當問題涉及到大國的利益時，安全理事會即無法作出決定。

如果單獨針對強制解決之條件來檢視，依憲章第39條之規定，乃是指和平之威脅、和平之破壞或侵略行為之存在，範圍甚廣。其中「和平之破壞」（如1948年7月安全理事會所處理之巴勒斯坦糾紛，1965年9月所處理之印度與巴基斯坦關於克什米爾之糾紛）及「侵略行為」（如1950年的韓戰），都是指戰爭行為，還較易確定。至於「和平之威脅」則十分廣泛，「不僅是武力的行為或此種行為之威脅，也可能是一種不友好的態度或不給與方便，以致影響國際和平及安全之維持（不一定違反國際法）；也可能是違反國際法，但尚未構成武力的行為；或甚至可能是不遵照大會或安全理事會根據憲章條款而提出的並無拘束力的各種建議」[61]。由此可見任何一項國際爭端之發展，都可能構成這些條件，而受聯合國之制裁。

三、效力

憲章第25條規定：「聯合國會員國同意依憲章之規定接受並履行安全理事會之決議。」在憲章第7章內第48條規定：「執行安全理事會為維持國際和平及安全之決議所必要之行動，應由聯合國全體會員國或由若干會員國擔任之，一依安全理事會之決定。」第49條規定：「聯合國會員國應通力合作，彼此協助，以執行安全理事會所決定之辦法。」所以對於安全理事會所決定採取的強制手段，全體會員國都有遵從的義務。而依憲章之規定，聯合國執行行動的效力一樣及於非聯合國會員國。這就是第2條第6項所規定：「本組織在維持國際和平及安全之必要範圍內，應保證非聯合國會員國遵行上述原則。」所以第50條規定：「不論其是否為聯合國會員國」，遇有因執行行動而引起特殊經濟問題時，「應有權與安全理事會

---

[61] 見前揭註58，第163頁。

會商解決此項問題。」而事實所示，安全理事會的強制手段還可及於尚未被承認為國家的政治團體。例如以色列共和國雖於1948年5月14日宣布成立，聯合國當時並未承認其為一個國家，所以當安全理事會在1948年7月認為「巴勒斯坦的情勢構成憲章第39條之所謂和平之威脅」，而決議以色列與阿拉伯國家之間的軍事行動應即停止時，其所用的名詞是「有關政府及當局」（the Government and authorities concerned）[62]。而事實上是只有當聯合國大會決議擁有最大多數會員國之支持，特別是多數大國之實力相助時，才有貫徹執行的效力。

四、步驟

聯合國憲章中所規定的強制手段包括軍事的與非軍事的。這兩種手段對於聯合國所有的會員國有同樣的拘束力。只是在步驟上，安全理事會應先實施非軍事的強制手段，此即第41條所規定：「安全理事會得決定所應採武力以外之辦法，以實施其決議，並得促請聯合國會員國執行此項辦法。此項辦法得包括經濟關係、鐵路、海運、航空、郵、電、無線電，及其他交通工具之局部或全部停止，以及外交關係之斷絕。」然後是軍事的強制手段，即第42條的規定：「安全理事會如認為第41條所規定之辦法為不足或已經證明為不足時，得採取必要之空海陸軍行動，以維持或恢復國際和平及安全。此項行動得包括聯合國會員國之空海陸軍示威、封鎖及其他軍事舉動。」並且，為求此項軍事的強制手段之貫徹有效，憲章第43條規定：各會員國應與安全理事會締結一種「特別協定」（Special Agreement），規定其所提供的「軍隊之數目及種類，其準備程度及一般駐紮地點，以及所供便利及協助之性質」，使安全理事會可以控制一支強大的常備武力。不過，因大國之間對此種協定之內容，尚多歧見，故一直未能締結。幸有第106條規定：「在第43條所稱之特別協定尚未生效，因而安全理事會認為尚不得開始履行第42條所規定之責任前，1943年10月30

---

[62] 見前揭註30，第504頁。

日在莫斯科簽訂四國宣言之當事國（中、英、美、蘇）及法蘭西應依該宣言第5項之規定，互相洽商，以代表本組織採取為維持國際和平及安全宗旨所必要之聯合行動。」所以目前如安全理事會欲採取軍事行動時，須以五常任理事國之協議為基礎，而臨時向各會員國要求供給必要之部隊及其他便利。至於大會如建議使用武力制裁，自不受此項程序之限制，此所以1956年能夠在英法二國不予合作的情況下組成二支國際警察部隊，而執行運河地區停戰及撤兵的任務。無論非軍事的或軍事的強制解決，依憲章第7章的規定，都是歸安全理事會主持實施。

　　為安全理事會實施軍事的強制手段之需要，第47條規定「由安全理事會各常任理事國之參謀總長或其代表」組成軍事參謀團（Military Staff Committee），實際負責統率部隊。此外，在實施非軍事的或軍事的兩種強制手段之前，安全理事會還可採取兩項較緩和的措施，一項是憲章第40條所規定的「臨時辦法」（Provisional Measures），即「為防止情勢之惡化，安全理事會在依第39條規定作成建議或決定辦法以前，得促請關係當事國遵行安全理事會所認為必要或合宜之臨時辦法。」另一項即此處所說第39條所含之「建議」[63]。

肆、結論

　　雖然聯合國憲章所規定的強制解決制度之周密，遠勝於國際聯盟盟約，從理論上來看，仍規定在兩種情況之下，各國可以自行採取這種強制手段[64]：兩種情況之中，只有一種是不附有條件的，即憲章第107條所規定：「本憲章並不取消或禁止負行動責任之政府對於在第二次世界大戰中本憲章任何簽字國之敵國因該次戰爭而採取或受權執行之行動。」另外一種須受憲章的限制，即第51條所規定的「單獨或集體自衛」權之行使。

---

[63] 同前註，第505頁。
[64] 同前註。

至於第53條所規定「安全理事會對於職權內之執行行動，在適當情形下，應利用此項區域辦法或區域機關。」使各區域組織在「適當情形下」也可以實施強制手段，但憲章規定「如無安全理事會之授權，不得依區域辦法或由區域機關採取任何執行行動。」第54條又規定：「依區域辦法或由區域機關所已採取或正在考慮之行動，不論何時應向安全理事會充分報告之。」

聯合國憲章所規定安全理事會有權實施的任何強制辦法，卻都受「否決權」的限制。這一限制使安全理事會在許多國際爭端中未能採取這種辦法。因此，自聯合國成立以來，許多戰爭都在安全理事會之「不理」之下進行[65]：如1956年俄軍之侵入匈牙利，英法對埃及的戰爭，1961年印度武力收回果阿（Goa），1965年之印巴糾紛，以及1967年以來之各次中東戰爭。至於越南戰爭，其規模之大、延續之久，以及美蘇三大國之捲入漩渦，更是聯合國的一大諷刺。近年，憑聯合國大會之決議，雖也完成若干強制行動，究竟不能如安全理事會那樣迅速有力。再者，由於否決權之存在，一切強制行動不適用於五個常任理事國。所以儘管在和平解決的階段，常任理事國如為當事國，就沒有投票權，但進入強制解決的階段，即無此限制，使這個當事國可以濫用否決權，以阻止任何執行行動。有人則指出聯合國的基礎原是建立於五大強國的合作，彼此之間如發生爭端而需要制裁時，即說明此種合作之破裂，也就等於聯合國的喪鐘了。總之，憲章上的強制解決辦法只適用於五大強國以外的國家。並且，對其他國家實施強制辦法時還需要這五個國家的一致同意，也是為避免小國箝制大國，使大國擔負其所不願或認為不適當的義務[66]。

[65] 同前註，第506頁。
[66] 同前註。

參考文獻

一、中文參考書目

王志文著，國際法與兩岸法律問題論集，臺北：月旦出版公司，民國85年。

王鐵崖等著，王人傑校訂：國際法，臺北：五南圖書出版公司，民國81年。

尹章華編著，國際海洋法，臺北：文笙書局，民國92年。

丘宏達著，現代國際法，臺北：三民書局，民國84年。

丘宏達主編，陳治世、陳長文、俞寬賜、王人傑合著：現代國際法，臺北：三民書局，民國79年。

何適著，國際公法，臺北：臺灣商務印書館，民國79年。

杜蘅之著，國際法大綱（上、下冊），臺北：臺灣商務印書館，民國80年。

吳嘉生著，國際法與國內法關係之研析，臺北：五南圖書出版公司，民國87年。

吳嘉生著，國家之權力與國際責任，臺北：五南圖書出版公司，民國88年。

吳嘉生著，國際法學原理——本質與功能之研究，臺北：五南圖書出版公司，民國89年。

吳嘉生著，國際貿易法析論——WTO時代之挑戰，臺北：翰蘆圖書出版公司，民國93年。

沈克勤編著，國際法，臺北：學生書局，民國80年

姜皇池著，國際法等論，臺北：新學林出版公司，民國95年。

俞寬賜著，新世紀國際法，臺北：三民書局，民國83年。

俞寬賜著，國際法新論，臺北：啟英文化公司，民國91年。

徐熙光薯：國際法與國際事務論叢，臺北：臺灣商務印書館，民國84年。

孫哲著，新人權論，臺北：五南圖書出版公司，民國84年。

秦綬章著，國際公法，臺北：帕米爾書店，民國70年。

張宏生與谷春德編，西洋法律思想史，臺北：漢興書局，民國82年。

張道行著，國際公法，臺北：國立編譯館，民國76年。

陳治世著，條約法公約析論，臺北：學生書局，民國81年。

陳治世著，國際法，臺北：臺灣商務印書館，民國81年。

陳純一著，國家豁免問題之研究，臺北：三民書局，民國89年。

陳荔彤著，海洋法論，臺北：元照出版公司，民國91年。

陳隆生著，當代國際法引論，臺北；元照出版公司，民國88年。

梁西著，國際組織法，臺北：志一出版社，民國85年。

許煥益著，國際公法研究，臺北：友聯印刷有限公司，民國64年。

許慶雄與李明峻合著，現代國際法入門，臺北：月旦出版社，民國82年。

結構編輯群譯，Hans Kelsen, Principles of International Law 2nd ed.，國際法原理，臺北：結構群文化事業有限公司，民國81年。

雷崧生編著，國際法原理（上、下冊），臺北：正中書局，民國76年。

雷崧生譯韋雪爾著，國際法理論與實現，臺北：臺灣商務印書館，民國64年。

黃炳坤編，當代國際法，臺北：風雲論壇出版社，民國78年。

黃異著，國際海洋法，臺北：渤海堂文化公司，民國81年。

黃異著，海洋秩序與國際法，臺北：學林文化公司，民國89年。

董霖著，國際公法與國際組織，臺北：臺灣商務印書館，民國82年。

蘇義雄著，平時國際法，臺北：三民書局，民國82年。

關中著，變動世界秩序中的國際秩序問題，臺北：時報出版公司，民國71年。

二、英文參考書目

Akehurst, Michael, A Modern Introduction to International Law, 6th ed., (London: George Alien & Unwin, 1987).

August, Ray, Public International Law, (Englewood, N.J.: Prentice Hall, 1995).

Bederman David, International Law Frameworks, (N.Y: Foundation Press, 2006)。

Bishop, William W. Jr., International Law, 3rd ed. (Boston: Little, Brown, 1971).

Blay, Sam, Ryszard Piotrowicz and B. Martin Tsamenyi eds., Public International Law, (Oxford, Britain: Oxford University Press, 1997).

Brierly, James Leslie, The Law of Nations, (Oxford: Oxford Univ. Press, 1955).

Briggs, Herbert W., The Law of Nations, 2nd ed., (N.Y.: Appleton-Century-Crofts, 1952).

Brownlie, Ian, Principles of Public International Law, 6td ed., (Oxford: Oxford Univ. Press, 2003).

Butler, William E. ed Control over Compliance with International Law, (Dordrecht, Netherlands: Martinus Nijhoff Publishers, 1991).

Carter, Barry E. and Phillip R. Trimble, International Law, (Boston: Little, Brown, 2003).

Cassese, Antonio, International Law in a Divided World, (Oxford, Britain: Oxford University. Press, 1986).

Charney, Janathan I., Anton Donald K. and Mary Ellen O'connell eds., Politics, Values and Functions International Law in the 21st Century, (The Hague: Kluwer Law International, 1997).

Churchill, R.R. and A.V. Lowe eds.. The Law of the Sea, (Manchester, Britain: Manchester University press, 1992).

Clubb, Bruce E., United States Foreign Trade Law (Vol. I & II), (Boston: Little, Brown, 1991).

Collier, John and V. Lowe, The Settlement of Disputes in International Law, (Oxford N.Y: Oxford

University Press, 1998).

Comeaux, Paul E. and N. Stephan Kingsella, Protecting Foreign Investment Under International Law, (Dobbs Ferry, N.Y.:Oceana Publications Inc., 1997).

De Lupis, Ingrid Detter, Finance and Protection of Investments in Developing Countries 2nded., (Hants, England: Gower Publishing Company Ltd., 1987).

Detter, Ingrid, The International: ega; Prder (Jamts. England: Dartmouth Publishing, 1995).

Dixon, Martin and Robert McCorquodale, Cases and Materials on International Law, 2nded., (London: Blackstone Press, 1995).

Fenwick, Charles G., International Law, 4thed., (N.Y.:Appleton-Century-Crofts, 1965).

Freeman, Michael, Alternative Dispute Resolution, (Hants, England: Darmouth Publishing Company Ltd., 1995).

Green, Carl J. and Thomas L. Brewer eds., Investment Issue in Asia and the Pacific rim, (N. Y.: oceania Publications Inc., 1995).

Glahn, von Gerhard, Law among Nations, (N.Y.:McMillan Publishing, 1981).

Hampson, Fen Osier and Michael Hart eds., Multilateral Negotiations, (Baltimore, Md.:The Johns Hopkins University Press, 1995).

Harris, D.J. Cases and Materials on International Law, 5thed., (London: Sweet & Maxwell, 1998).

Henkin, Louis et al., International Law, 3rded., (St. Paul, Minn.:West Publishing, 1993).

Henkin, Louis International Law: politics and Values, (Dordrecht, Netherlands: Martinus Nijhoff Publishers, 1995).

Houtte, van Hans, The Law of International Trade, (London: Sweet & Maxwell, 1995).

Hudson, Manley O., International Legislation, 9 vols., (Dobbs Ferry, N.Y.: Oceana Publishing, 1972).

Jackson, John H., The World Trading Stystem, (Cambridge, Mass.:The MIT Press, 1997).

Jain, Subhash C., Nationalization of Foreign Property, (New Delhi: Deep & Deep Publications, 1983).

Jennings, Robert and Arthur Watts eds., Oppenheim's International Law9th ed Vol. 1, (Essex, England: Addison Wesley Longman, 1996).

Kolvenbach, Walter, Protection of Foreign Investments a Private Law Study of Safeguarding Devices in International Crisis Situations, (Deventer, Neitherland: Kluwer Law and Taxation Publishers, 1989).

Lauterpacht-Oppenheim, International Law, Vol. 1, 8thed. by H.Lauterpacht, (London: Longmans, Green, 1955).

Lauterpacht-Oppenheim, International Law, Vol.2-17th ed. by H.Lauterpacht (London: Longmans, Green, 1952).

Levi, Werner, Contemporary International Law: A Concise Introduction, (Boulder, Colo.: Westview Press, 1979).

Martinez, Magdalena M. Martin, National Sovereignty and International Organizations, (The Hague: Kluwer Law International, 1996).

Merrills, J. G., International Dispute Settlement 3td ed., (Cambridge, Britain: Cambridge University Press, 2000).

Meyer, Michael A. and Hilaire McCoubrey eds., Reflections on Law and Armed Conflicts, (London: Kluwer Law International, 1998).

Mouri, Allahyar, The International Law of Expropriation as Reflected in the Work of the Iran-U. S. Claims Tribunal, (Dordrecht, Neitherland: Martinus Nijhoff Publishers, 1994).

Nussbaum, Arthur, A Concise History of the Law of Nations, rev. ed., (N.Y.:McMillan, 1964).

Olmstead, Cecil J. ed., Extra-territory Application of Laws and Responses Thereto, (Oxford, Britain: ESC Publishing Ltd., 1984).

Osmanczyk, Edmundjan, Encyclopedia of the United Nations and International Agreement, 2nded., (N,Y Philadelphia, London: Taylor and Francis, 1990).

Parry, Clive and John P. Grant, The Encyclopedic Dictionary of International Law, (Dobbs Ferry, N.Y.: Oceana Publishing, 1986).

petersmann, Ernst-Ulrich, The GATT/WTO Dispute Settlement System, (London: Kluwer Law International, 1997).

Pritchard, Robert ed., Economic Development, Foreign Investment and the Law, (London: Kluwer Law International, 1996).

Rauschning, Doetrich, Kanja Wiesbrock and Martin Lailach, Key Resolutions of the United Nations General Assembly, (Cambridge, Britain: Cambridge University Press, XZZ1997).

Rubin, Harry, International Technology Transfers, (London: Kluwer Law International, 1996).

Sarcevic, Petar and Hans van Houtte, Legal Issues in International Trade, (London: Graham and Trotman, 1990).

Schwarzerberger, Georg and E.D. Brown, A Manual of International Law, (South Hackensack, N.J.: Fred B. Rothman, 1976).

Shaw, Malcolm N., International Law 4thed., (Cambridge, England: Grotius Publishing, 1997).

Shearer, I.A., Starke's International Law, 11thed., (London: Butterworths, 1994).

Shihata, Ibrahim F. I., Legal Treatment of Foreign Investment, (Dordrecht, Neitherlands: Martinus Nijhoff Publishers, 1993).

Sφrensen, Max, Manual of Public International Law, (N.Y.: St. Martin's Press, 1968).

Sornaryjah, M The International Law on Foreign Investment, (Cambridge, Britain: Cambridge University Press, 1994).

Starke, J.G., An Introduction to International Law, 10thed., (London: Butterworths,1989).

Sunga, Lyal S. ed.. The Emerging Sytem of International Criminal Law, (The Hague: Kluwer Law International 1997).

Sweeney, Joseph M., Covey T. Oliver and Noyes E. Leech eds., The International Legal System 2nded., (Westbury, N. Y.: The Foundation Press, Inc., 1981).

Waart, Paul De, Paul Peters and Erik Denters eds., International Law and Development, (Dordrecht, Neitherland: Martinus Nijhoff Publishers,1988).

Wang, James C.P Handbook on Ocean Politics and Law, (N.Y.: Greenwood Press, 1992).

Wolfrum, Rudiger and Christiane Philipp eds., United Nations: Law, Policies and Practice, (Vol. I & 2), (Dordrecht, Netherlands: Martinus Nijhoff Publishers, 1995).

附錄一之一　聯合國憲章

1945年6月26日通過，10月24日生效
1963年12月17日修正第23、27及第41條條文
1965年8月31日生效
1965年12月20日修正第109條條文
1968年6月12日生效

我聯合國人民同茲決心

欲免後世再遭今代人類兩度身歷慘不堪言之戰禍，重伸基本人權，人格尊嚴與價值，以及男女與大小各國平等權利之信念，創造適當環境，俾克維持正義，尊重由條約與國際法其他淵源而起之義務，久而弗懈，促成大自由中之社會進步及較善之民生，並為達此目的力行容恕，彼此以善鄰之道，和睦相處，集中力量，以維持國際和平及安全，授受原則，確立方法，以保證非為公共利益，不得使用武力，運用國際機構，以促成全球人民經濟及社會之進展，用是發憤立志，務當同心協力，以竟厥功。

爰由我各本國政府，經聚集金山市之代表各將所奉全權證書，互相校閱，均屬妥善，議定本聯合國憲章，並設立國際組織，定名聯合國。

第一章　宗旨及原則

第1條　聯合國之宗旨為：

一、維持國際和平及安全；並為此目的：採取有效集體辦法，以防止且消除對於和平之威脅，制止侵略行為或其他和平之破壞；並以和平方法且依正義及國際法之原則，調整或解決足以破壞和平之國際爭端或情勢。

二、發展國際間以尊重人民平等權利及自決原則為根據之友好關係，並採取其他適當辦法，以增強普遍和平。

三、促進國際合作，以解決國際間屬於經濟、社會、文化、及人類福利性質之國際問題，且不分種族、性別、語言、或宗教，增進並激勵對於全體人類之人權及基本自由之尊重。

四、構成一協調各國行動之中心，以達成上述共同目的。

第2條　為求實現第一條所述各宗旨起見，本組織及其會員國應遵行下列原則：

一、本組織係基於各會員國主權平等之原則。

二、各會員國應一秉善意，履行其依本憲章所擔負之義務，以保證全體會員國由加入本組織而發生之權益。

三、各會員國應以和平方法解決其國際爭端，俾免危及國際和平、安全及正義。

四、各會員國在其國際關係上不得使用威脅或武力，或以與聯合國宗旨不符之任何其他方法，侵害任何會員國或國家之領土完整或政治獨立。

五、各會員國對於聯合國依本憲章規定而採取之行動，應盡力予以協助，聯合國對於任何國家正在採取防止或執行行動時，各會員國對該國不得給予協助。

六、本組織在維持國際和平及安全之必要範圍內，應保證非聯合國會員國遵行上述原則。

七、本憲章不得認為授權聯合國干涉在本質上屬於任何國家國內管轄之事件，且並不要求會員國將該項事件依本憲章擬請解決；但此項原則不妨礙第七章內執行辦法之適用。

第二章　會員

第3條　凡曾經參加金山聯合國國際組織會議或前此曾簽字於1942年1月1日聯合國宣言之國家，簽訂本憲章，且依憲章第一百一十條規定而予以批准者，均為聯合國之創始會員國。

第4條　凡其他愛好和平之國家，接受本憲章所載之義務，經本組織認為確能並願意履行該項義務者，得為聯合國會員國。

準許上述國家為聯合國會員國，將由大會經安全理事會之推薦以決議行之。

第5條　聯合國會員國，業經安全理事會對其採取防止或執行行動者，大會經安全理事會之建議，得停止其會員權利及特權之行使。此項權利及特權之行使，得由安全理事會恢復之。

第6條　聯合國之會員國中，有屢次違犯本憲章所載之原則者，大會經安全理事會之建議，得將其由本組織除名。

第三章　機關

第7條　茲設聯合國之主要機關如下：

大會、安全理事會、經濟暨社會理事會、託管理事會、國際法院、及秘書處。聯合國得依本憲章設立認為必需之輔助機關。

第8條　聯合國對於男女均得在其主要及輔助機關在平等條件之下，親任任何職務，不得加以限制。

第四章　大會

組織

第9條　大會由聯合國所有會員國組織之。每一會員國在大會之代表，不得超過5人。

職權

第10條　大會得討論本憲章範圍內之任何問題或事項，或關於本憲章所規定任何機關之職權；並除第十二條所規定外，得向聯合國會員國或安全理事會或兼向兩者，提出對各該問題或事項之建議。

第11條　大會得考慮關於維持國際和平及安全之合作之普通原則，包括軍縮及軍備管制之原則；並得向會員國或安全理事會或兼向兩者提出對於該項原則之建議。

大會得討論聯合國任何會員國或安全理事會或非聯合國會員國依第三十五條第二項之規定向大會所提關於維持國際和平及安全之任何問題；除第十二條所規定外，並得向會員國或安全理事會或兼向兩者提出對於各該項問題之建議。凡對於需要行動之各該項問題，應由大會於討論前或討論後提交安全理事會。

大會對於足以危及國際和平與安全之情勢，得提請安全理事會注意。

本條所載之大會權力並不限制第十條之概括範圍。

第12條　當安全理事會對於任何爭端或情勢，正在執行本憲章所授予該會之職務時，大會非經安全理事會請求，對於該項爭端或情勢，不得提出任何建議。

秘書長經安全理事會之同意，應於大會每次會議時，將安全理事會正在處理中關於維持國際和平及安全之任何事件，通知大會；於安全理事會停止處理該項事件時，亦應立即通知大會，或在大會閉會期內通知聯合國會員國。

第13條　一、大會應發動研究，並作成建議：

(一)以促進政治上之國際合作，並提倡國際法之逐漸發展與編纂。

(二)以促進經濟、社會、文化、教育、及衛生各部門之國際合作，且不分種族、性別、語言、或宗教，助成全體人類之人權及基本自由之實現。

三、大會關於本條第一項(二)款所列事項之其他責任及職權。於第九章及第十章中規定之。

第14條　大會對於其所認為足以妨害國際公共福利或友好關係之任何情勢，不論其起源如何，包括由違反本憲章所載聯合國之宗旨及原則而起之情勢，得建議和平調

整辦法，但以不違背第十二條之規定為限。

第15條　大會應收受並審查安全理事會所送之常年及特別報告；該項報告應載有安全理事會對於維持國際和平及安全所已決定或施行之辦法之陳述。

大會應收受並審查聯合國其他機關所送之報告。

第16條　大會應執行第十二章及第十三章所授予關於國際託管制度之職務，包括關於非戰略防區託管協定之核准。

第17條　大會應審核本組織之預算。

大本組織之經費應由各會員國依照大會分配限額擔負之。

大會應審核經與第五十七條所指各種專門機關訂定之任何財政及預算辦法，並應審查該項專門機關之行政預算，以便向關係機關提出建議。

投票

第18條　大會之每一會員國，應有一個投票權。

大會對於重要問題之決議應以到會及投票之會員國2/3多數決定之。此項問題應包括：關於維持國際和平及安全之建議，安全理事會非常任理事國之選舉，經濟暨社會理事會理事國之選舉，依第八十六條第一項(三)款所規定託管理事會理事國之選舉，對於新會員國加入聯合國之准許，會員國權利及特權之停止，會員國之除名，關於施行託管制度之問題，以及預算問題。關於其他問題之決議，包括另有何種事項應以2/3多數決定之問題，應以到會及投票之會員國過半數決定之。

第19條　凡拖欠本組織財政款項之會員國，其拖欠數目如等於或超過前兩年所應繳納之數目時，即喪失其在大會投票權。大會如認拖欠原因，確由於該會員國無法控制之情形者，得准許該會員國投票。

程序

第20條　大會每年應舉行常會，並於必要時，舉行特別會議。特別會議應由秘書長繕安全理事會或聯合國會員國過半數之請求召集之。

第21條　大會應自行制定其議事規則。大會應選舉每次會議之主席。

第22條　大會得設立其認為於行使職務所必需之輔助機關。

第五章　安全理事會

組織

第23條　安全理事會以聯合國15會員國組織之。中華民國、法蘭西、蘇維埃社會主義共和國聯邦、大不列顛及北愛爾蘭聯合王國及美利堅合眾國應為安全理事會常任理事國。大會應選舉聯合國其他十會員國為安全理事會非常任理事國，選舉時首宜充分斟酌聯合國各會員國於維持國際和平與安全及本組織其餘各宗旨上之貢獻，並宜充分斟酌地域上之公勻分配。

安全理事會非常任理事國任期定為2年。安全理事會理事國自11國增至15國後第1次選舉非常任理事國時，所增四國中兩國之任期應為1年。任滿之理事國不得即行連選。

安全理事會每一王者事國應有代表1人。

職權

第24條　為保證聯合國行動迅速有效起見，各會員國將維持國際和平及安全之主要責任，授予安全理事會，並同意安全理事會於履行此項職務時，即係代表各會員國。

安全理事會於履行此項職務時，應遵照聯合國之宗旨及原則。為履行此項職務而授予安全理事會之特定權力，於本憲章第六章、第七章、第八章、及第十二章內規定之。

安全理事會應將常年報告，並於必要時將特別報告，提送大會審查。

第25條　聯合國會員國同意依憲章之規定接受並履行安全理事會之決議。

第26條　為促進國際和平及安全之建立及維持，以儘量減少世界人力及經濟資源之消耗於軍備起見，安全理事會藉第四十七條所指之軍事參謀團之協助，應負責擬具方案，提交聯合國會員國，以建立軍備管制制度。

投票

第27條　安全理事會每一理事國應有一個投票權。

安全理事會關於程序事項之決議，應以9理事國之可投票表決之。

安全理事會對於其他一切事項之決議，應以9理事國之可決票包括全體常任理事國之同意票表決之；但對於第六章及第五十二條第三項內各事項之決議，爭端當事國不得投票。

程序

第28條　安全理事會之組織，應以使其能繼續不斷行使職務為要件。為此目的，安全理事會之各理事國應有常駐本組織會所之代表。

安全理事會應舉行定期會議，每一理事國認為合宜時得派政府大員或其他特別指定之代表出席。

在本組織會所以外，安全理事會得在認為最能便利其工作之其他地點舉行會議。

第29條　安全理事會得設立其認為於行使職務所必需之輔助機關。

第30條　安全理事會應自行制定其議事規則，包括其推選主席之方法。

第31條　在安全理事會提出之任何問題，經其認為對於非安全理事會理事國之聯合國任何會員國之利益有特別關係時，讓會員國得參加討論，但無投票權。

第32條　聯合國會員國而非為安全理事會之理事國，或非聯合國會員國之國家，如於安全理事會考慮中之爭端為當事國者，應被邀參加關於該項爭端之討論，但無投票權。安全理事會應規定其所認為公平之條件，以便非聯合國會員國之國家參加。

第六章　爭端之和平解決

第33條　任何爭端之當事國，於爭端之繼續存在足以危及國際和平與安全之維持時，應儘先以談判、調查、調停、和解、公斷、司法解決、區域機關或區域辦法之利用、或各該國自行選擇之其他和平方法，求得解決。

安全理事會認為必要寺，應促請各當事國以此項方法，解決其爭端。

第34條　安全理事會得調查任何爭端或可能引起國際摩擦或惹起爭端之任何情勢，以斷定該項爭端或情勢之繼續存在是否足以危及國際和平與安全之維持。

第35條　聯合國任何會員國得將屬於第三十四條所指之性質之任何爭端或情勢，提請安全理事會或大會注意。

非聯合國會員國之國家如為任何爭端之當事國時，經預先聲明就該爭端而言接受本憲章所規定和平解決之義務後，得將該項爭端，提請大會或安全理事會注意。大會關於按照本條所提請注意事項之進行步驟，應遵守第十一條第十二條之規定。

第36條　屬於第三十三條所指之性質之爭端或相似之情勢，安全理事會在任何階段，得建議適當程序或調整方法。安全理事會對於當事國為解決爭端業經採取之任何程序，理應予以考慮。

安全理事會按照本條作成建議時，同時理應注意凡具有法律性質之爭端，在原則上，理應由當事國依國際法院規約之規定提交國際法院。

第37條　屬於第三十三條所指之性質之爭端，當事國如未能依該條所示方法解決時，應將該項爭端提交安全理事會。安全理事會如認為該項爭端之繼續存在，在事實上足以危及國際和平與安全之維持時，應決定是否當依第三十六條採取行動或建議其所認為適當之解決條件。

第38條　安全理事會如經所有爭端當事國之請求，得向各當事國作成建議，以求爭端之和平解決，但以不妨礙第三十三條至第三十七條之規定為限。

第七章　對於和平之威脅和平之破壞及侵略行為之應付辦法

第39條　安全理事會應斷定任何和平之威脅、和平之破壞、或侵略行為之是否存在，並應作成建議或抉擇依第四十一條及第四十二條規定之辦法，以維持或恢復國際和平及安全。

第40條　為防止情勢之惡化，安全理事會在依第三十九條規定作成建議或決定辦法以前，得促請關係當事國遵行安全理事會所認為必要或合宜之臨時辦法。此項臨時辦法並不妨礙關係理事國之權利、要求、或立場。安全理事會對於不遵行此項臨時辦法之情形，應予適當注意。

第41條　安全理事會得決定所應採武力以外之辦法，以實施其決議，並得促請聯合國會員國執行此項辦法。此項辦法得包括經濟關係、鐵路、海運航空、郵、電、無線電、及其他交通工具之局部或全部停止，以及外交關係之斷絕。

第42條　安全理事會如認第四十一條所規定之辦法為不足或已經證明為不足時，得採取必要之空海陸軍行動，以維持或恢復國際和平及安全。此項行動得包括聯合國會員國之空海陸軍示威、封鎖、及其他軍事舉動。

第43條　聯合國各會員國為求對於維持國際和平及安全有所貢獻起見，擔任於安全理事會發令時；並依特別協定，供給為維持國際和平及安全所必需之軍隊、協助、及便利，包括過境權。

此項特別協定應規定軍隊之數目及種類，其準備程度及一般駐紮地點，以及所供便利及協助之性質。

此項特別協定應以安全理事會之主動，盡速議訂。此項協定應由安全理事會與會員國或由安全理事會與若干會員國之集團締結之，並由簽字國各依其憲法程序批准之。

第44條　安全理事會決定使用武力時，於要求非安全理事會會員國依第四十三條供給軍

　　　　　隊以履行其義務之前，如經該會員國請求，應請其遣派代表，參加安全理事會
　　　　　關於使用其軍事部隊之決議。

第45條　為使聯合國能採取緊急軍事辦法起見，會員國應將其本國空軍部隊為國際共同
　　　　　執行行動隨時供給調遣。此項部隊之實力與準備之程度，及其共同行動之計
　　　　　畫，應由安全理事會以軍事參謀團之協助，在第四十三條所指之特別協定範圍
　　　　　內決定之。

第46條　武力使用之計畫應由安全理事會以軍事參謀團之協助決定之。

第47條　茲設立軍事參謀團，以便對於安全理事會維持國際和平及安全之軍事需要問
　　　　　題，對於受該會所支配軍隊之使用及統率問題，對於軍備之管制及可能之軍縮
　　　　　問題，向該會貢獻意見並予以協助。

　　　　　軍事參謀團應由安全理事會各常任理事國之參謀總長或其代表組織之。聯合國
　　　　　任何會員國在該團未有常任代表者，如於該團責任之履行在效率上必需該國參
　　　　　加其工作時，應由該團邀請參加。

　　　　　軍事參謀團在安全理事會權力之下，對於受該會所支配之任何軍隊，負戰略上
　　　　　之指揮責任；關於該項軍隊之統率問題，應待以後處理。

　　　　　軍事參謀團，經安全理事會之授權，並與區域內有關機關商議後，得設立區域
　　　　　分團。

第48條　執行安全理事會為維持國際和平及安全之決議所必要之行動，應由聯合國全體
　　　　　會員國或由若干會員國擔任之，一依安全理事會之決定。

　　　　　此項決議應由聯合國會員國以其直接行動，及經其加入為會員之有關國際機關
　　　　　之行動履行之。

第49條　聯合國會員國應通力合作，彼此協助，以執行安全理事會所決定之辦法。

第50條　安全理事會對於任何國家採取防止或執行辦法時，其他國家，不論其是否為聯
　　　　　合國會員國，遇有因此項辦法之執行而引起之特殊經濟問題者，應有權與安全
　　　　　理事會會商解決此項問題。

第51條　聯合國任何會員國受武力攻擊時，在安全理事會採取必要辦法，以維持國際和
　　　　　平及安全以前，本憲章不得認為禁止行使單獨或集體自衛之自然權利。會員國
　　　　　因行使此項自衛權而採取之辦法，應立即向安全理事會報告，此項辦法於任何
　　　　　方面不得影響該會按照本憲章隨時採取其所認為必要行動之權責，以維持或恢
　　　　　復國際和平及安全。

第八章　區域辦法

第52條　本憲章不得認為排除區域辦法或區域機關、用以應付關於維持國際和平及安全而且於區域行動之事件者；但以此項辦法或機關及其工作與聯合國之宗旨及原則符合者為限。

　　　　締結此項辦法或設立此項機關之聯合國會員國，將地方爭端提交安全理事會以前，應依該項區域辦法，或由該項區域機關，力求和平解決。

　　　　安全理事會對於依區域辦法或由區域機關而求地方爭端之和平解決，不論其係由關係國主動，或由安全理事會提交者，應鼓勵其發展。

　　　　本條絕不妨礙第三十四條及第三十五條之適用。

第53條　安全理事會對於職權內之執行行動，在適當情形下，應利用此項區域辦法或區域機關。如無安全理事會之授權，不得依區域辦法或由區域機關採取任何執行行動；但關於依第一百零七條之規定對付本條第二項所指之任何敵國之步驟，或在區域辦法內所取防備此等國家再施其侵略政策之步驟，截至本組織經各關係政府之請求，對於此等國家之再次侵略，能擔負防止責任時為止，不在此限。

　　　　本條第一項所稱敵國係指第二次世界大戰中為本憲章任何簽字國之敵國而言。

第54條　關於維持國際和平及安全起見，依區域辦法或由區域機關所已採取或正在考慮之行動，不論何時應向安全理事會充分報告之。

第九章　國際經濟及社會合作

第55條　為造成國際間以尊重人民平等權利及自決原則為根據之和平友好關係所必要之安定及福利條件起見，聯合國應促進：

　　　　一、較高之生活程度，全民就業，及經濟與社會進展。

　　　　二、國際間經濟、社會（衛生及有關問題之解決；國際間文化及教育合作。

　　　　三、全體人類之人權及基本自由之普遍尊重與遵守，不分種族、性別、語言或宗教。

第56條　各會員國擔允採取共同及個別行動與本組織合作，以達成第五十五條所載之宗旨。

第57條　由各國政府間協定所成立之各種專門機關，依其組織約章之規定，於經濟、社會、文化、教育、衛生、及其他有關部門負有廣大國際責任者，應依第六十三條之規定使與聯合國發生關係。

上述與聯合國發生關係之各專門機關，以下簡稱專門機關。

第58條　本組織應作成建議，以調整各專門機關之政策及工作。

第59條　本組織應於適當情形下，發動各關係國間之談判，以創設為達成第五十五條規定宗旨所必要之新專門機關。

第60條　履行本章所載本組織職務之責任，屬於大會及大會權力下之經濟暨社會理事會。為此目的，該理事會應有第十章所載之權力。

第十章　經濟暨社會理事會

組織

第61條　經濟暨社會理事會由大會選舉聯合國27會員國組織之。

除第三項所規定外，經濟暨社會理事會每年選舉理事9國任期3年。任滿之理事國得即行連選。

經濟暨社會理事會理事國自18國增至27國後第1次選舉時，除選舉理事6國接替任期在該年年終屆滿之理事國外，應另增選理事9國。增選之理事9國中，3國任期1年，另3國任期2年，一依大會所定辦法。經濟暨社會理事會之每一理事國應有代表1人。

職權

第62條　經濟暨社會理事會得作成或發動關於國際經濟、社會、文化、教育、衛生、及其他有關事項之研究及報告；並得向大會、聯合國會員國、及關係專門機關，提出關於此種事項之建議案。

本理事會為增進全體人類之人權及基本自由之尊重及維護起見，得作成建議案。

本理事會得擬具關於其職權範圍內事項之協約草案，提交大會。

本理事會得依聯合國所定之規則召集本理事會範圍以內事項之國際會議。

第63條　經濟暨社會理事會得與第五十七條所指之任何專門機關訂立協定，訂明關係專門機關與聯合國發生關係之條件，該項協定須經大會之核准。

本理事會，為調整各種專門機關之工作，得與此種機關會商並得向其提出建議，並得向大會及聯合國會員國建議。

第64條　經濟暨社會理事會得取適當步驟，以取得專門機關之經常報告。本理事會得與聯合國會員國及專門機關，商定辦法俾就實施本理事會之建議及大會對於本理事會職權範圍內事項之建議所採之步驟，取得報告。

　　本理事會得將對於此項報告之意見提送大會。

第65條　經濟暨社會理事會得向安全理事會供給情報，並因安全理事會之邀請，予以協助。

第66條　經濟暨社會理事會應履行其職權範圍內關於執行大會建議之職務。

　　經大會之許可，本理事會得應聯合國會員國或專門機關之請求，供其服務。

　　本理事會應履行憲章他章所特定之其他職務，以及大會所授予之職務。

投票

第67條　經濟暨社會理事會每一理事會應有一個投票權。

　　本理事會之決議，以到會及投票之理事國過半數表決之。

程序

第68條　經濟暨社會理事會應設立經濟與社會部門及以提倡人權為目的之各種委員會，並得設立於行使職務所必需之其他委員會。

第69條　經濟暨社會理事會應請聯合國會員國參加討論本對於該國有特別關係之任何事件，但無投票權。

第70條　經濟暨社會理事會得商定辦法使專門機關之代表無投票權而參加本理事會及本理事會所設各委員會之討論，或使本理事會之代表參加此項專門機關之討論。

第71條　經濟暨社會理事會得採取適當辦法，俾與各種非政府組織商有關於本理事會職權範圍內之事件。此項辦法得與國際組織商定之，並於適當情形下，經與關係聯合國會員國會商後，得與該國國內組織商定之。

第72條　經濟暨社會理事會應自行制定其議事規則，包括其推選主席之方法。

　　經濟暨社會理事會應依其規則舉行必要之會議。此項規則應包括因理事國半數之請求而召集會議之條款。

第十一章　關於非自治領土之宣言

第73條　聯合國各會員國，於其所負有或擔承管理責任之領土，其人民尚未臻自治之充分程度者，承認以領土居民之福利為至上之原則，並接受在本憲章所建立之國際和平及安全制度下，以充量增進領土居民福利之義務為神聖之信託，且為此目的：

　　一、於充分尊重關係人民之文化下，保證其政治、經濟、社會、及教育之進展，予以公平待遇，且保障其不受虐待。

二、按各領土及其人民特殊之環境、及其進化之階段，發展自治；對各該人民之政治願望，予以適當之注意；並助其自由政治制度之逐漸發展。

三、促進國際和平及安全。

四、提倡建議計畫，以求進步；獎勵研究；各國彼此合作，前於適當之時間及場合與專門國際團體合作，以求本條所載社會、經濟、及科學目的之實現。

五、在不違背安全及憲法之限制下，按寺將關於各會員國分別負責管理領土內之經濟、社會、及教育情形之統計及具有專門性質之情報，遞送秘書長，以供參考。本憲章第十二章及第十三章所規定之領土，不在此限。

第74條　聯合國各會員國共同承諾對於本章規定之領土，一如對於本國區域，其政策必須以善鄰之道奉為圭臬；並於社會、經濟、及商業上，對世界各國之利益及幸福，予以充分之注意。

第十二章　國際託管制度

第75條　聯合國在其權力下，應設立國際託管制度，以管理並監督憑此後個別協定而置於該制度下之領土。此項領土以下簡稱託管領土。

第76條　根據本憲章第一條所載聯合國之宗旨，託管制度之基本目的應為：

一、促進國際和平及安全。

二、增進託管領土居民之政治、經濟、社會、及教育之進展；並以適合各領土及其人民之特殊情形及關係人民自由表示之願望為原則，且按照各託管協定之條款，增進其趨向自治或獨立之逐漸發展。

三、不分種族、性別、語言、或宗教，提倡全體人類之人權及基本自由之尊重，並激發世界人民互相維繫之意識。

四、於社會、經濟、及商業事件上，保證聯合國全國會員國及其國民之平等待遇，及各該國民於司法裁判上之平等待遇，但以不妨礙上述目的之達成，且不違背第八十條之規定為限。

第77條　託管制度適用於依託管協定所置於該制度下之下列各種類之領土：

一、現在委任統治下之領土。

二、因第二次世界大戰結果或將自敵國割離之領土。

三、負管理責任之國家自願置於該制度下之領土。

關於上列種類中之何種領土將置於託管制度下，及其條件為此後協定所當規定之事項。

第78條　凡領土已成為聯合國之會員國者，不適用託管制度；聯合國會員國間之關係，應基於尊重主權平等之原則。

第79條　置於託管制度下之每一領土之託管條款，及其更改或修正，應由直接關係各國、包括聯合國之會員國而為委任統治地之受託國者，予以議定，其核准應依第八十三條及第八十五條之規定。

第80條　一、除依第七十七條、第七十九條、及第八十一條所訂置各領土於託管制度下之個別託管協定另有議定外，並在該項協定未經締結以前，本章任何規定絕對不得解釋為以任何方式變更任何國家或人民之權利，或聯合國會員國個別簽訂之現有國際約章之條款。

　　　　二、本條第一項不得解釋為對於依第七十七條之規定而訂置委任統治地或其他領土於託管制度下之協定，授以延展商訂之理由。

第81條　凡託管協定均應載有管理領土之條款，並指定管理託管領土之當局。該項當局，以下簡稱管理當局，得為一個或數個國家，或為聯合國本身。

第82條　於任何託管協定內，得指定一個或數個戰略防區，包括該項協定下之託管領土之一部或全部，但該項協定並不妨礙依第四十三條而訂立之任何特別協定。

第83條　聯合國關於戰略防區之各項職務，包括此項託管協定條款之核准。及其更改或修正，應由安全理事會行使之。第七十六條所規定之基本目的，適用於每一戰略防區之人民。

　　　　安全理事會以不違背託管協定之規定且不妨礙安全之考慮為限，應利用託管理事會之協助，以履行聯合國託管制度下關於戰略防區內之政治、經濟、社會、及教育事件之職務。

第84條　管理當局有保證託管領土對於維持國際和平及安全盡其本份之義務。該當局為此目的得利用託管領土之志願軍、便利、及協助，以履行該當局對於安全理事會所負關於此點之義務，並以實行地方自衛，且在託管領土內維持法律與秩序。

第85條　聯合國關於一切非戰略防區託管協定之職務，包括此項託管協定條款之核准及其更改或修正，應由大會行使之。

　　　　託管理事會於大會權力下，應協助大會履行上述之職務。

第十三章　託管理事會

組織

第66條　一、託管理事會應由下列聯合國會員國組織之：

(一)管理託管領土之會員國。

(二)第二十三條所列名之國家而現非管理託管領土者。

(三)大會選舉必要數額之其他會員國，任期3年，俾使託管理事會理事國之總數，於聯合國會員國中之管理託管領土者及不管理者之間，得以平均分配。

二、託管理事會之每一理事國應指定一特別合格之人員，以代表之。

職權

第87條　大會及在其權力下之託管理事會於履行職務時得：

一、審查管理當局所送之報告。

二、會同管理當局接受並審查請願書。

三、與管理當局商定時間，按期視察各託管領土。

四、依管理協定之條款採取上述其他行動。

第88條　託管理事會應擬定關於各託管領土居民之政治、經濟、褚、及教育進展之問題單；就大會職權範圍內，各託管領土之管理當局應根據該項問題單向大會提出常年報告。

投票

第89條　託管理事會之每一理事國應有一個投票權。

託管理事會之決議應以到會及投票之理事國過半數表決之。

程序

第90條　託管理事會應自行制定其議事規則，包括其推選主席之方法。

託管理事會應依其所定規則，舉行必要之會議。此項規則應包括關於經該會理事國過半數之請求而召集會議之規定。

第91條　託管理事會於適當時，應利用經濟暨社會理事會之協助，並對於各關係事項，利用專門機關之協助。

第十四章　國際法院

第92條　國際法院為聯合國之主要司法機關，應依所附規約執行其職務。該項規約係以國際常設法院之規約為根據，並為本憲章之構成部分。

第93條　聯合國各會員國為國際法院規約之當然當事國。

非聯合國會員國之國家得為國際法院規約當事國之條件，應由大會經安全理事會之建議就各別情形決定之。

第94條　聯合國每一會員國為任何案件之當事國，承諾遵行國際法院之判決。

遇有一造不履行依法院判決應負之義務時，他造得向安全理事會申訴。

安全理事會如認為必要時，得作成建議或決定應採辦法，以執行判決。

第95條　本憲章不得認為禁止聯合國會員國依據現有或以後締結之協定，將其爭端託付其他法院解決。

第96條　大會或安全理事會對於任何法律問題得請國際法院發表諮詢意見。

聯合國其他機關、及各種專門機關，對於其工作範圍內之任何法律問題，得隨時以大會之授權，請求國際法院發表諮詢意見。

第十五章　秘書處

第97條　秘書處置秘書長一人及本組織所需之辦事人員若干人。秘書長應由大會經安全理事會之推薦委派之。秘書長為本組織之行政首長。

第98條　秘書長在大會、安全理事會、經濟暨社會理事會、及託管理事會之一切會議，應以秘書長資格行使職務，並應執行各該機關所託付之其他職務。秘書長應向大會提送關於本組織工作之常年報告。

第99條　秘書長將其所認為可能威脅國際和平及安全之任何事件，提請安全理事會注意。

第100條　秘書長及辦事人員於執行職務時，不得請求或接受本組織以外任何政府或其他當局之訓示，並應避免足以妨礙其國際官員地位之行動。秘書長及辦事人員專對本組織負責。

聯合國各會員國承諾尊重秘書長及辦事人員責任之專屬國際性，決不設法影響其責任之履行。

第101條　辦事人員山秘書長依大會所定章程委派之。

適當之辦事人員應長期分配於經濟暨社會理事會、託管理事會，並於必要時，分配於聯合國其他之機關。此項辦事人員構成秘書處之一部。

辦事人員之僱用及其服務條件之決定，應以求達效率、才幹、及忠誠之最高標準為首要考慮。徵聘辦事人員寺，於可能範圍內，應充分注意地域上之普及。

第十六章　雜項條款

第102條　本憲章發生效力後，聯合國任何會員國所締結之一切條約及國際協定應儘速在秘書處登記，並由秘書處公布之。

當事國對於未經依本條第一項規定登記之條約或國際協定，不得向聯合國任何機關援引之。

第103條　聯合國會員國在本憲章下之義務與其依任何其他國際協定所負之義務有衝突時，其在本憲章下之義務應居優先。

第104條　本組織於每一會員國之領土內，應享受於執行其職務及達成其宗旨所必需之法律行為能力。

第105條　本組織於每一會員國之領土內，應享受於達成其宗旨所必需之特權及豁免。

聯合國會員國之代表及本組織之職員，亦應同樣享受於其獨立行使關於本組織之職務所必需之特權及豁免。

為明定本條第一項及第二項之施行細則起見，大會得作成建議，或為此目的向聯合國會員國提議協約。

第十七章　過渡安全辦法

第106條　在第四十三條所稱之特別協定尚未生效，因而安全理事會認為尚不得開始履行第四十二條所規定之責任前，1943年10月30日在莫斯科簽訂四國宣言當事國及法蘭西應依該宣言第五項之規定，互相洽商，並於必要寺，與聯合國其他會員國洽商，以代表本組織採取為維持國際和平及安全宗旨所必要之聯合行動。

第107條　本憲章並不取消或禁止負行動責任之政府對於在第二次世界大戰中本憲章任何簽字國之敵國因該次戰爭而採取或授權執行之行動。

第十八章　修正

第108條　本憲章之修正案經大會會員國2/3表決，並由聯合國會員國之2/3，包括安全理事會、經濟暨社會理事會，各依其憲法程序批准後，對於聯合國所有會員國發生效力。

第109條 聯合國會員國，為檢討本憲章得以大會會員國2/3之表決，經安全理事會任何七理事國之表決，確定日期及地點，舉行全體會議。聯合國每一會員國在全體會議中應有一個投票權。

全體會議以2/3表決所建議對於憲章之任何更改，應經聯合國會員國1/3，包括安全理事會、全體常任理事國，各依其憲法程序批准後，發生效力。

如於本憲章生效後大會第十屆年會前，此項全體會議尚未舉行時，應將召集全體會議之提議列入大會該屆年會之議事日程；如得大會會員國過半數及安全理事會任何7理事國之表決，此項會議應即舉行。

第十九章　批准及簽字

第110條 本憲章應由簽字國各依其憲法程序批准之。

批准書應交存到美利堅合眾國政府。該國政府應於每一批准書交存時通知各簽字國，如本組織秘書長業經委派寺，並應通知秘書長。

一俟美利堅合眾國政府通知已有中華民國、法蘭西、蘇維埃社會主義共和國聯邦、大不列顛及北愛爾蘭聯合國、與美利堅合眾國、以及其他簽字國之過半數將批准書交存時，本憲章即發生效力。美利堅合眾國政府應擬就此項交存批准之議定書並將副本分送所有簽字國。

四、本憲章簽字國於憲章發生效力後批准者，應自其各將批准書交存之日起為聯合國之創始會員國。

第111條 本憲章應留存美利堅合眾國政府之檔庫；其中、法、俄、英、及西文各本同一作準。該政府應將正式副本分送其他簽字國政府。

為此聯合國各會員國政府之代表謹簽字於本憲章，以昭信守。公曆1945年6月26日簽訂於金山市。

附錄一之二

Charter of the United Nations (AS AMENDED). Concluded at San Francisco, 26 June 1945. Entered into force, 24 October 1945. 1 U.N.T.S. xvi, 1976 Y.B.U.N. 1043, 59 Stat. 1031, T.S. 993

WE THE PEOPLES OF THE UNITED NATIONS DETERMINED

to save succeeding generations from the scourge of war, which twice in our lifetime has brought untold sorrow to mankind, and to reaffirm faith in fundamental human rights, in the dignity and worth of the human person, in the equal rights of men and women and of nations large and small, and to establish conditions under which justice and respect for the obligations arising from treaties and other sources of international law can be maintained, and to promote social progress and better standards of life in larger freedom,

AND FOR THESE ENDS

to practice tolerance and live together in peace with one another as good neighbors, and to unite our strength to maintain international peace and security, and to ensure by the acceptance of principles and the institution of methods, that armed force shall not be used, save in the common interest, and to employ international machinery for the promotion of the economic and social advancement of all peoples,

HAVE RESOLVED TO COMBINE OUR EFFORTS TO ACCOMPLISH THESE AIMS

Accordingly, our respective Governments, through representatives assembled in the city of San Francisco, who have exhibited their full powers found to be in good and due form, have agreed to the present Charter of the United Nations and do hereby establish an international organization to be known as the United Nations.

CHAPTER I.

PURPOSES AND PRINCIPLES

Article 1

The Purposes of the United Nations are:

1. To maintain international peace and security, and to that end: to take effective collective measures for the prevention and removal of threats to the peace, and for the suppression of acts of aggression or other breaches of the peace, and to bang about by peaceful means, and in conformity with the principles of justice and international law, adjustment or settlement of international disputes or situations which might lead to a breach of the peace;

2. To develop friendly relations among nations based on respect for the principle of equal fights and self-determination of peoples, and to take other appropriate measures to strengthen, universal peace;

3. To achieve international cooperation in solving international problems of an economic, social, cultural, or humanitarian character, and Hi promoting and encouraging respect for human rights and for fundamental freedoms for all without distinction as to race, sex, language, or religion; and

4. To be a center for harmonizing the actions of nations in the attainment of these common ends.

Article 2

The Organization and its Members, in pursuit of the Purposes stated in Article 1, shall act in accordance with the following Principles.

1. The Organization is based on the principle of the sovereign equality of all its Members.

2. All Members, in order to ensure to all of them the rights and benefits resulting from membership, shall fulfill in good faith the obligations assumed by them in accordance -with the present Charter.

3. All Members shall settle their international disputes by peaceful means in such a manner that international peace and security, and justice, are not endangered.

4. All Members shall refrain in their international relations from the threat or use of force against the territorial integrity or political independence of any state, or in any other manner inconsistent with the Purposes of the United Nations.

5. All Members shall give the United Nations every assistance in any action it takes in accordance with the present Charter, and shall refrain from giving assistance to any state against which the United Nations is taking preventive or enforcement action.

6. The Organization shall ensure that states which are not Members of the United Nations act in

accordance with these Principles so far as may be necessary for the maintenance of international peace and security.

7. Nothing contained in the present Charter shall authorize the United Nations to intervene in matters which are essentially within the domestic jurisdiction of any state or shall require the Members to submit such matters to settlement under the present Charter; but this principle shall not prejudice the application of enforcement measures under Chapter VII.

CHAPTER II.

MEMBERSHIP

Article 3

The original Members of the United Nations shall be the states which, having participated in the United Nations Conference on International Organization at San Francisco, or having previously signed the Declaration by United Nations of January 1, 1942, sign the present Charter and ratify it in accordance with Article 110.

Article 4

1. Membership in the United Nations is open to all other peace-loving states which accept the obligations contained in the present Charter and, in the judgment of the Organization, are able and willing to carry out these obligations.

2. The admission of any such state to membership in the United Nations will be effected by a decision of the General Assembly upon the recommendation of the Security Council.

Article 5

A member of the United Nations against which preventive or enforcement action has been taken by the Security Council may be suspended from the exercise of the rights and privileges of membership by the General Assembly upon the recommendation of the Security Council. The exercise of these rights and privileges may be restored by the Security Council.

Article 6

A Member of the United Nations which has persistently violated the Principles contained in the present Charter may be expelled from the Organization by the General Assembly upon the recommendation of the Security Council.

CHAPTER III.

ORGANS

Article 7

1. There are established as the principal organs of the United Nations: a General Assembly, a Security Council, an Economic and Social Council, a Trusteeship Council, an International Court of Justice, and a Secretariat.

2. Such subsidiary organs as may be found necessary may be established in accordance with the present Charter.

Article 8

The United Nations shall place no restrictions on the eligibility of men and women to participate in any capacity and under conditions of equality in its principal and subsidiary organs.

CHAPTER IV.

THE GENERAL ASSEMBLY

Composition

Article 9

1. The General Assembly shall consist of all the Members of the United Nations.

2. Each member shall have not more than five representatives in the General Assembly.

Functions and Powers

Article 10

The General Assembly may discuss any questions or any matters within .the scope of the present Charter or relating to the powers and functions of any organs provided for in the present Charter, and, except as provided m Article 12, may make recommendations to the Members of the United Nations or to the Security Council or to both on any such questions or matters.

Article 11

1. The General Assembly may consider the general principles of cooperation in the maintenance of international peace and security, including the principles governing disarmament and the regulation

of armaments, and may make recommendations with regard to such principles to the Members or to the Security Council or to both.

2. The General Assembly may discuss any questions relating to the maintenance of international peace and security brought before it by any Member of the United Nations, or by the Security Council, or by a state which is not a Member of the United Nations in accordance with Article 35, paragraph 2, and, except as provided in Article 12, may make recommendations with regard to any such questions to the state or states concerned or to the Security Council or to both. Any such question on which action is necessary shall be referred to the Security Council by the General Assembly either before or after discussion.

3. The General Assembly may call the attention of the Security Council to situations which are likely to endanger international peace and security.

4. The powers of the General Assembly set forth in this Article shall not limit the general scope of Article 10.

Article 12

1. While the Security Council is exercising in respect of any dispute or situation the functions assigned to it in the present Charter, the General Assembly shall not make any recommendation with regard to that dispute or situation unless the Security Council so requests.

2. The Secretary-General, with the consent of the Security Council, shall notify the General Assembly at each session of any matters relative to the maintenance of international peace and security which are being dealt with by the Security Council and shall similarly notify the General Assembly, or the Members of the United Nations if the General Assembly is not in session, immediately the Security Council ceases to deal with such matters.

Article 13

1. The General Assembly shall initiate studies and make recommendations for the purpose of:

a. promoting international cooperation in the political field and encouraging the progressive development of international law and its codification;

b. promoting international cooperation in the economic, social, cultural, educational, and health fields, and assisting in the realization of human rights and fundamental freedoms for all without distinction as to race, sex, language, or religion.

2. The further responsibilities, functions and powers of the General Assembly with respect to matters mentioned in paragraph 1(b) above are set forth in Chapters IX and X.

Article 14

Subject to the provisions of Article 12, the General Assembly may recommend measures for the peaceful adjustment of any situation, regardless of origin, which it deems likely to impair the general welfare or friendly relations among nations, including situations resulting from a violation of the provisions of the present Charter setting forth the Purposes and Principles of the United Nations.

Article 15

1. The General Assembly shall receive and consider annual and special reports from the Security Council; these reports shall include an account of the measures that the Security Council has decided upon or taken to maintain international peace and security.

2. The General Assembly shall receive and consider reports from the other organs of the United Nations.

Article 16

The General Assembly shall perform such functions with respect to the international trusteeship system as are assigned to it under Chapters XII and XIII, including the approval of the trusteeship agreements for areas not designated as strategic.

Article 17

1. The General Assembly shall consider and approve the budget of the Organization.

2. The expenses of the Organization shall be borne by the Members as apportioned by the General Assembly.

3. The General Assembly shall consider and approve any financial and budgetary arrangements with specialized agencies referred to in Article 57 and shall examine the administrative budgets of such specialized agencies with a view to making recommendations to the agencies concerned.

Voting

Article 18

1. Each member of the General Assembly shall have one vote.

2. Decisions of the General Assembly on important questions shall be made by a two-thirds majority of the members present and voting. These questions shall include: recommendations with respect to the maintenance of international peace and security, the election of the non-permanent members of the Security Council, the election of the members of the Economic and Social Council,

the election of members of the Trusteeship Council in accordance with paragraph 1(c) of Article 86, the admission of new Members to the United Nations, the suspension of the rights and privileges of membership, the expulsion of Members, questions relating to the operation of the trusteeship system, and budgetary questions.

3. Decisions on other questions. Composition including the determination of additional categories of questions to be decided by a two-thirds majority, shall be made by a majority of the members present and voting.

Article 19

A Member of the United Nations which is in arrears in the payment of its financial contributions to the Organization shall have no vote in the General Assembly if the amount of its arrears equals or exceeds the amount of the contributions due from it for the preceding two full years. The General Assembly may, nevertheless, permit such a Member to vote if it is satisfied that the failure to pay is due to conditions beyond the control of the Member.

Procedure

Article 20

The General Assembly shall meet in regular annual sessions and in such special sessions as occasion may require. Special sessions shall be convoked by the Secretary-General at the request of the Security Council or of a majority of the Members of the United Nations.

Article 21

The General Assembly shall adopt its own rules of procedure. It shall elect its President for each session.

Article 22

The General Assembly may establish such subsidiary organs as it deems necessary for the performance of its functions.

CHAPTER V.

THE SECURITY COUNCIL

Composition

Article 23[1]

1. The Security Council shall consist of fifteen Members of the United Nations. The Republic of China, France, the Union of Soviet Socialist Republics, the United Kingdom of Great Britain and Northern Ireland, and the United States of America shall be permanent members of the Security Council. The General Assembly shall elect ten other Members of the United Nations to be non-permanent members of the Security Council, due regard being specially paid, in the first instance to the contribution of Members of the United Nations to the maintenance of international peace and security and to the other purposes of the Organization, and also to equitable geographical distribution.

2. The non-permanent members of the Security Council shall be elected for a term of two years. In the first election of the non-permanent members after the increase of the membership of the Security Council from eleven to fifteen, two of the four additional members shall be chosen for a term of one year. A retiring member shall not be eligible for immediate e-election,

3.Each member of the Security Council shall have one representative.

Functions and Powers

Article 24

1. In order to ensure prompt and effective action by the United Nations, its Members confer on the Security Council primary responsibility for the maintenance of international peace and security, and agree that in carrying out its duties under this responsibility the Security Council acts on their behalf.

2. In discharging these dudes the Security Council shall act in accordance with the Purposes and Principles of the United Nations. The specific powers granted to the Security Council for the discharge of these duties are laid down in Chapters VI, VII, VIII, and XII.

3. The Security Council shall submit annual and, when necessary, special reports to the General Assembly for its consideration.

Article 25

The Members of the United Nations agree to accept and carry out the decisions of the Security Council in accordance with the present Charter.

Article 26

In order to promote the-establishment and maintenance of international peace and security with the least diversion for armaments of the world's human and economic resources, the Security Council shall be responsible for formulating, with the assistance of the Military Staff Committee referred to in Article 47, plans to be submitted to the Members of the United Nations for the establishment of a system for the regulation of armaments.

Voting

Article 27[2]

1. Each member of the Security Council shall have one vote.

2. Decisions of the Security Council on procedural matters shall be made by an affirmative vote of nine members.

3. Decisions of the Security Council on all other matters shall be made by an affirmative vote of nine members including the concurring votes of the permanent members; provided that, in decisions under Chapter VI, and under paragraph 3 of Article 52, a party to a dispute shall abstain from. voting.

Procedure

Atticle28

1. The Security Council shall be so organized as to be able to function continuously. Each member of the Security Council shall for this purpose be represented at all times at the seat of the Organization.

2. The Security Council shall hold periodic meetings at which each of its members may, if it so desires, be represented by a member of the government or by some other specially designated representative.

3. The Security Council may hold meetings at such places other than the seat of the Organization as in its judgment will best facilitate its work.

Article 29

The Security Council may establish such subsidiary organs as it deems necessary for the performance of its functions.

Article 30

The Security Council shall adopt its own rules of procedure, including the method of selecting its President.

Article 31

Any Member of the United Nations which is not a member of the Security Council may participate, without vote, in the discussion of any question brought before the Security Council whenever the latter considers that the interests of that Member are specially affected.

Article 32

Any Member of the United Nations which is not a member of the Security Council or any state which is not a Member of the United Nations, if it is a party to a dispute under consideration by the Security Council, shall be invited to participate, without vote, in the discussion relating to the dispute. The Security Council shall lay down such conditions as it deems just for the participation of a state which is not a Member of the United Nations.

CHAPTER VI.

PACIFIC SETTLEMENT OF DISPUTES

Article 33

1. The parries to any dispute, the continuance of which is likely to endanger the maintenance of international peace and security, shall, first of all, seek a solution by negotiation, enquiry, mediation, conciliation, arbitration, judicial settlement, resort to regional agencies or arrangements, or other peaceful means of their own choice.

2. The Security Council shall, -when it deems necessary, call upon the patties to settle their dispute by such means.

Article 34

The Security Council may investigate any dispute, or any situation which might lead to international friction or give rise to a dispute, in order to determine whether the continuance of the dispute or situation is likely to endanger the maintenance of international peace and security.

Article 35

1. Any Member of the United Nations may bring any dispute, or any situation of the nature referred to in Article 34, to the attention of the Security Council or of the General Assembly.

2. A state which is not a Member of the United Nations may bring to the attention of the Security Council or of the General Assembly any dispute to which it is a party if it accepts in advance, for the

purposes of the dispute, the obligations of pacific settlement provided in the present Charter.

3. The proceedings of the General Assembly in respect of matters brought to its attention under this Article will be subject to the provisions of Articles 11 and 12.

Article 36

1. The Security Council may, at any stage of a. dispute of the nature referred to in Article 33 or of a situation of like nature, recommend appropriate procedures or methods of adjustment.

2. The Security Council should take into consideration any procedures for the settlement of the dispute which have already been adopted by the parties.

3. In making recommendations under this Article the Security Council should also take into consideration that legal disputes should as a general rule be referred by the parties to the International Court of Justice in accordance with the provisions of the Statute of the Court.

Article 37

1. Should the parties to a dispute of the nature referred to in Article 33 fail to settle it by the means indicated in that Article, they shall refer it to the Security Council.

2. If the Security Council deems that the continuance of the dispute is in fact likely to endanger the maintenance of international peace and security, it shall decide whether to take action under Article 36 or to recommend such terms of settlement as it may consider appropriate.

Article 38

Without prejudice to the provisions of Articles 33 to 37, the Security Council may, if all the parties to any dispute so request, make recommendations to the parties with a view to a pacific settlement of the dispute.

CHAPTER VII.

ACTION WITH RESPECT TO THREATS TO THE

PEACE, BREACHHES OF THE PEACE, AND ACTS OF AGGRESSION

Article 39

The Security Council shall determine the existence of any threat to the peace, breach of the peace, or act of aggression and shall make recommendations, or decide what measures shall be taken in accordance with Articles 41 and 42, to maintain or restore international peace and security.

Article 40

In order to prevent an aggravation of the situation, the Security Council may, before making the recommendations or deciding upon the measures provided for in Article 39, call upon the parties concerned to comply with such provisional measures as it deems necessary or desirable. Such provisional measures shall be without prejudice to the rights, claims, or position of the parties concerned. The Security Council shall duly take account of failure to comply with such provisional measures.

Article 41

The Security Council may decide what measures not involving the use of armed force are to be employed to give effect to its decisions, and it may call upon the Members of the United Nations to apply such measures. These may include complete or partial interruption of economic relations and of rail, sea, air, postal, telegraphic, radio, and other means of communication, and the severance of diplomatic relations,

Article 42

Should the Security Council consider that measures provided for in Article 41 would be inadequate or have proved to be inadequate, it may take such action by air, sea, or land forces as may be necessary to maintain or restore international peace and security. Such action may include demonstrations, blockade, and other operations by air, sea, or land forces of Members of the United Nations.

Article 43

1. All Members of the United Nations, in order to contribute to the maintenance of international peace and security, undertake to make available to the Security Council, on its call and in accordance with a special agreement or agreements, armed forces, assistance, and facilities, including rights of passage, necessary for the purpose of maintaining international peace and security.

2. Such agreement or agreements shall govern the numbers and types of forces, their degree of readiness and general location, and the nature of the facilities and assistance to be provided.

3. The agreement or agreements shall be negotiated as soon as possible on the initiative of the Security Council. They shall be concluded between the Security Council and Members or between the Security Council and groups of Members and shall be subject to ratification by the signatory states in accordance with their respective constitutional processes,

Article 44

When the Security Council has decided to use force it shall) before calling upon a Member not represented on it to provide armed forces in fulfillment of the obligations assumed under Article 43, invite that Member, if the Member so desires, to participate in the decisions of the Security Council concerning the employment of contingents of that Member's armed forces,

Article 45

In order to enable the United Nations to take urgent military measures Members shall hold immediately available national air-force contingents for combined international enforcement action. The strength and degree of readiness of these contingents and plans for their combined action shall be determined, within the limits laid down in the special agreement or agreements referred to in Article 43, by the Security Council with the assistance of the Military Staff Committee.

Article 46

Plans for the application of armed force shall be made by the Security Council with the assistance of the Military Staff Committee.

Article 47

1. There shall be established a Military Staff Committee to advise and assist the Security Council on all questions relating to the Security Council's military requirements for the maintenance of international peace and security, the employment and command of forces placed at its disposal, the regulation of armaments, and possible disarmament.

2. The Military Staff Committee shall consist of the Chiefs of Staff of the permanent members of the Security Council or their representatives. Any Member of the United Nations not permanently represented on the Committee shall be invited by the Committee to be associated with it when the efficient discharge of the Committee's responsibilities requires the participation of that Member in its work.

3. The Military Staff Committee shall be responsible under the Security Council for the strategic direction of any armed forces placed at the disposal of the Security Council. Questions relating to the command of such forces shall be worked out subsequently.

4. The Military Staff Committee, with the authorization of the Security Council and after consultation with appropriate regional agencies, may establish regional subcommittees.

Article 48

1.The action required to carry out the decisions of the Security Council for the maintenance of international peace and security shall be taken by all the Members of the United Nations or by some of them, as the Security Council may determine.

2. Such decisions shall be carried out by the Members of the United Nations directly and through their action in the appropriate international agencies of which they are members.

Article 49

The Members of the United Nations shall join in affording mutual assistance in carrying out the measures decided upon by the Security Council.

Article 50

If preventive or enforcement measures against any state are taken by the Security Council, any other state, whether a Member of the United Nations or not, which finds itself confronted with special economic problems arising from the carrying out of those measures shall have the right to consult the Security Council with regard to a solution of those problems.

Article 51

Nothing in the present Chatter shall impair the inherent right of individual or collective self-defense if an armed attack occurs against a Member of the United Nations, until the Security Council has taken measures necessary to maintain international peace and security. Measures taken by Members in the exercise of this right of self-defense shall be immediately reported to the Security Council and shall not in any way affect the authority and responsibility of the Security Council under the present Charter to take at any time such action as it deems necessary in order to maintain or restore international peace and security.

CHAPTER VIII.

REGIONAL ARRANGEMENTS

Article 52

1. Nothing in the present Charter precludes the existence of regional arrangements or agencies for dealing with such matters relating to the maintenance of international peace and security as are appropriate for regional action, provided that such arrangements or agencies and their activities are

consistent with the Purposes and Principles of the United Nations.

2. The Members of the United Nations entering into such arrangements or constituting such agencies shall make every effort to achieve pacific settlement of local disputes through such regional arrangements or by such regional agencies before referring them to the Security Council.

3. The Security Council shall encourage the development of pacific settlement of local disputes through such regional arrangements or by such regional agencies either on the initiative of the states concerned or by reference from the Security Council.

4. This Article in no way impairs the application of Articles 34 and 35.

Article 53

1. The Security Council shall, where appropriate, utilize such regional arrangements or agencies for enforcement action under its authority. But no enforcement action shall be taken under regional arrangements or by regional agencies without the authorization of the Security Council, with the exception of measures against any enemy state, as defined in paragraph 2 of this Article, provided for pursuant to Article 107 or in regional arrangements directed against renewal of aggressive policy on the part of any such state, until such time as the Organization may, on request of the Governments concerned, be charged with the responsibility for preventing further aggression by such a state.

2. The term enemy state as used in paragraph 1 of this Article applies to any state which during the Second World War has been an enemy of any signatory of the present Charter.

Article 54

The Security Council shall at all times be kept fully informed of activities undertaken or in contemplation under regional arrangements or by regional agencies for the maintenance of international peace arid security.

CHAPTER IX.

INTERNATIONAL ECONOMIC AND SOCIAL CO-OPERATION

Article 55

With a view to the creation of conditions of stability and well-being which are necessary for peaceful and friendly relations among nations based on respect for the principle of equal rights and self-determination of peoples, the United Nations shall promote:

a. higher standards of living, full employment, and conditions of economic and social progress and development;

b. solutions of international economic, social, health, and related problems; and international cultural and educational co-operation; and

c. universal respect for, and observance of, human rights and fundamental freedoms for all without distinction as to race, sex, language, or religion.

Article 56

All Members pledge themselves to take joint and separate action in cooperation with the Organization for the achievement of the purposes set forth in Article 55.

Article 57

1. The various specialized agencies, established by intergovernmental agreement and having wide international responsibilities, as defined in their basic instruments, in economic, social, cultural, educational, health, and related fields, shall be brought into relationship with the United Nations in accordance with the provisions of Article 63.

2. Such agencies thus brought into relationship with the United Nations are hereinafter referred to as specialized agencies.

Article 58

The Organization shall make recommendations for the coordination of the policies and activities of the specialized agencies.

Article 59

The Organization shall, where appropriate, initiate negotiations among the states concerned for the creation of any new specialized agencies required for the accomplishment of the purposes set forth in Article 55.

Article 60

Responsibility for the discharge of the functions of the Organization set forth in this Chapter shall be vested in the General Assembly and, under the authority of the General Assembly, in the Economic and Social Council, which. shall have for this purpose the powers set forth in Chapter X.

CHAPTER X.

THE ECONOMIC AND SOCIAL COUNCIL

Composition

Article 61[3]

1. The Economic and Social Council shall consist of fifty-four Members of the United Nations elected by the General Assembly.

2. Subject to the provisions of paragraph 3, eighteen members of the Economic and Social Council shall be elected each year for a term of three years. A retiring member shall be eligible for immediate re-election.

3. At the first election after the increase in the membership of the Economic and Social Council from twenty-seven to fifty-four members, in addition to the members elected in place of the nine members whose term of office expires at the end of that year, twenty-seven additional members shall be elected. Of these twenty-seven additional members, the term of office of nine members so elected shall expire at the end of one year, and of nine other members at the end of two years, in accordance with arrangements made by the General Assembly.

4. Each member of the Economic and Social Council shall have one representative.

Functions and powers

Article 62

1. The Economic and Social Council may make or initiate studies and reports with respect to international economic, social, cultural, educational, health, and related matters and may make recommendations with respect to any such matters to the General Assembly, to the Members of the United Nations, and to the specialized agencies concerned.

2. It may make recommendations for the purpose of promoting respect for, and observance of, human rights and fundamental freedoms for all.

3. It may prepare draft conventions for submission to the General Assembly, with respect to matters falling within its competence.

4. It may call, in accordance with the rules prescribed by the United Nations, international conferences on matters falling within its competence.

Article 63

1. The Economic and Social Council may enter into agreements with any of the agencies referred to in Article 57, defining the terms on which the agency concerned shall be brought into relationship with the United Nations. Such agreements shall be subject to approval by the General Assembly.

2. It may coordinate the activities of the specialized agencies through consultation with and recommendations to such agencies and through recommendations to the General Assembly and to the Members of the United Nations.

Article 64

1. The Economic and Social Council may take appropriate steps to obtain regular reports from the specialized agencies. It may make arrangements with the Members of the United Nations and with the specialized agencies to obtain reports on the steps taken to give effect to its own recommendations and to recommendations on matters falling within its competence made by the General Assembly.

2. It may communicate its observations on these reports to the General Assembly.

Article 65

The Economic and Social Council may furnish information to the Security Council and shall assist the Security Council upon its request.

Article 66

1. The Economic and Social Council shall perform such functions as fall within its competence in connection with the carrying out of the recommendations of the General Assembly.

2. It may, with the approval of the General Assembly, perform services at the request of Members of the United Nations and at the request of specialized agencies.

3. It shall perform such other functions as are specified elsewhere in the present Charter or as may be assigned to it by the General Assembly.

Voting

Article 67

1. Each member of the Economic and Social Council shall have one vote.

2. Decisions of the Economic and Social Council shall be made by a majority of the members present and voting.

Procedure

Article 68

The Economic and Social Council shall set up commissions in economic and social fields and for the promotion of human rights, and such other commissions as may be required for the performance of its functions.

Article 69

The Economic and Social Council shall invite any Member of the United Nations to participate, without vote, in its deliberations on any matter of particular concern to that Member.

Article 70

The Economic and Social Council may make arrangements for representatives of the specialized agencies to participate, without vote, in its deliberations and in those of the commissions established by it, and for its representatives to participate in the deliberations of the specialized agencies.

Article 71

The Economic and Social Council may make suitable arrangements for consultation with non-governmental organizations which are concerned with matters within Its competence. Such arrangements may be made with international organizations and, where appropriate, with national organizations after consultation with the Member of the United Nations concerned.

Article 72

1. The Economic and Social Council shall adopt its own rules of procedure, including the method of selecting its President.

2. The Economic and Social Council shall meet as required in accordance with its rules, which shall include provision for the convening of meetings on the request of a majority of its members.

CHAPTER XI.

DECLARATION REGARDING NON-SELF-GOVERNING

TERRITORIES

Article 73

Members of the United Nations which have or assume responsibilities for the administration of territories whose peoples have not yet attained a full measure of self-government recognize the principle that the interests of the inhabitants of these territories are paramount, and accept as a sacred trust the obligation to promote to the utmost, within the system of international peace and security established by the present Charter, the well-being of the inhabitants of these territories, and, to this end:

a. to ensure, with due respect for the culture of the peoples concerned, their political, economic, social, and educational advancement, their just treatment, and their protection against abuses;

b. to develop self-government, to take due account of the political aspirations of the peoples, and to assist them in the progressive development of their free political institutions, according to the particular circumstances of each territory and its peoples and their varying stages of advancement;

c. to further international peace and security;

d. to promote constructive measures of development, to encourage research. and to cooperate with one another and, when and where appropriate, with specialized international bodies with a view to the practical achievement of the social, economic, and scientific purposes set forth in this Article; and

e. to transmit regularly to the Secretary-General for information purposes, subject to such limitation as security and constitutional considerations may require, statistical and other information of a technical nature relating to economic, social, and educational conditions in the territories for which they are respectively responsible other than those territories to which Chapter XII and XIII apply.

Article 74

Members of the United Nations also agree that their policy in respect of the territories to which this Chapter applies, no less than in respect of their metropolitan areas, must be based on the general principle of good-neighborliness, due account being taken of the interests and well-being of the rest of the world, in social, economic, and commercial matters.

CHAPTER XII.

INTERNATIONAL TRUSTEESHIP SYSTEM

Article 75

The United Nations shall establish under its authority an international trusteeship system for the administration and supervision of such territories as may be placed there under by subsequent individual agreements. These territories are hereinafter referred to as trust territories.

Article 76

The basic objectives of the trusteeship system, in accordance with the Purposes of the United Nations laid down in Article I of the present Charter, shall be:

a. to further international peace and security;

b. to promote the political, economic, social, and educational advancement of the inhabitants of the trust territories, and their progressive development towards self-government or independence as may be appropriate to the particular circumstances of each territory and its peoples and the freely expressed wishes of the peoples concerned, and as may be provided by the terms of each trusteeship agreement;

c. to encourage respect for human rights and for fundamental freedoms for all without distinction as to race, sex, language, or religion, and to encourage recognition of the interdependence of the peoples of the world; and

d. to ensure equal treatment in social, economic, and commercial matters for all Members of the United Nations and their nationals and also equal treatment for the latter in the administration of justice without prejudice to the attainment of the foregoing objectives and subject to the provisions of Article 80.

Article77

1. The trusteeship system shall apply to such territories in the following categories as may be placed there under by means of trusteeship agreements:

a. territories now held under mandate;

b. territories which may be detached from enemy states as a result of the Second World War, and.

c. territories voluntarily placed under the system by states responsible for their administration.

2. It will be a matter for subsequent agreement as to which territories in the foregoing categories will be brought under the trusteeship system and upon what terms.

Article 78

The trusteeship system shall not apply to territories which have become Members of the United Nations, relationship among which shall be based on respect for the principle of sovereign equality.

Article 79

The terms of trusteeship for each territory to be placed under the trusteeship system, including any alteration or amendment, shall be agreed upon by .the states directly concerned, including the mandatory power in the case of territories held under mandate by a Member of the United Nations, and shall be approved as provided for in Articles 83 and 85.

Article 80

　　1. Except as may be agreed upon in individual trusteeship agreements, made under Articles 77, 79, and 81, placing each territory under the trusteeship system, and until such agreements have been concluded, nothing in this Chapter shall be construed in or of itself to alter in any manner the rights whatsoever of any states or any peoples or the teens of existing international instruments to which Members of the United Nations may respectively be parties.

　　2. Paragraph I of this Article shall not be interpreted as giving grounds for delay or postponement of the negotiation and conclusion of agreements for placing mandated and other territories under the trusteeship system as provided for in Article 77.

Article 81

　　The trusteeship agreement shall in each case include the terms under which the trust territory will be administered and designate the authority which will exercise the administration of the trust territory. Such authority, hereinafter called the administering authority, may be one or more states or the Organization itself.

Article 82

　　There may be designated, in any trusteeship agreement, a strategic area or areas which may include part or all of the trust territory to which the agreement applies, without prejudice to any special agreement or agreements made under Article 43.

Article 83

　　1. All functions of the United Nations relating to strategic areas, including the approval of the terms of the trusteeship agreements and of their alteration or amendment, shall be exercised by the Security Council.

　　2. The basic objectives set forth in Article 76 shall be applicable to the people of each strategic area.

　　3. The Security Council shall, subject to the provisions of the trusteeship agreements and without prejudice to security considerations, avail itself of the assistance of the Trusteeship Council to perform those functions of the United Nations under the trusteeship system relating to political, economic, social, and educational matters in the strategic areas.

Article 84

　　It shall be the duty of the administering authority to ensure that the trust territory shall play its part in the maintenance of international peace and security. To this end the administering authority may make use of volunteer forces, facilities, and assistance from the trust territory in carrying out the obligations towards the Security Council undertaken in this regard by the administering authority, as well as for local defense and the maintenance of law and order within the trust territory.

Article 85

　　1. The functions of the United Nations with regard to trusteeship agreements for all areas not designated as strategic, including the approval of the terms of the trusteeship agreements and of their alteration or amendment, shall be exercised by the General Assembly.

　　2. The Trusteeship Council, operating under the authority of the General Assembly, shall assist the General Assembly in carrying out these functions.

CHAPTER XIII.

THE TRUSTEESHIP COUNCIL

Composition

Article 86

　　1. The Trusteeship Council shall consist of the following Members of the United Nations:

　　a. those Members administering trust territories;

　　b. such of those Members mentioned by name in Article 23 as are not administering trust territories; and

　　c. as many other Members elected for three-year terms by the General Assembly as may be necessary to ensure that the total number of members of the Trusteeship Council is equally divided between those Members of the United Nations which administer trust territories, and those which do not.

　　2. Each member of the Trusteeship Council shall designate one specially qualified person to represent it therein.

Functions and Powers

Article 87

　　The General Assembly and, under its authority, the Trusteeship Council, in carrying out their functions, may:

　　a. consider reports submitted by the administering authority;

　　b. accept petitions and examine them in consultation with the administering authority;

c. provide for periodic visits to the respective trust territories at times agreed upon with the administering authority; and.

d. take these and other actions in conformity with the terms of the trusteeship agreements.

Article 88

The Trusteeship Council shall formulate a questionnaire on the political, economic, social, and educational advancement of the inhabitants of each trust territory, and the administering authority for each trust territory within the competence of the General Assembly shall make an annual report to the General Assembly upon the basis of such questionnaire.

Voting

Article 89

1. Each member of the Trusteeship Council shall have one vote.

2. Decisions of the Trusteeship Council shall be made by a majority of the members present and voting.

Procedure

Article 90

1. The Trusteeship Council shall adopt its own rules of procedure, including the method of selecting its President.

2. The Trusteeship Council shall meet as required in accordance with its rules, which shall include provision for the convening of meetings on the request of a majority of its members.

Article 91

The Trusteeship Council shall, when appropriate, avail itself of the assistance of the Economic and Social Council and of the specialized agencies in regard to matters with which they are respectively concerned.

CHAPTER XIV.

THE INTERNATIONAL COURT OF JUSTICE

Article 92

The International Court of Justice shall be the principal judicial organ of the United Nations. It shall function in accordance with the annexed Statute which is based upon the Statute of the Permanent Court of International Justice and forms an integral part of the present Charter.

Article 93

1. All Members of the United Nations are ipso facto parties to the Statute of the International Court of Justice.

2. A state which is not a Member of the United Nations may become a party to the Statute of the International Court of Justice on conditions to be determined in each case by the General Assembly upon the recommendation of the Security Council.

Article 94

1. Each Member of the United Nations undertakes to comply with the decision of the International Court of Justice in any case to which it is a party.

2. If any party to a case fails to perform the obligations incumbent upon it under a judgment rendered by the Court, the other party may have recourse to the Security Council, which may, if it deems necessary, make recommendations or decide upon measures to be taken to give effect to the judgment.

Article 95

Nothing in the present Charter shall prevent Members of the United Nations from entrusting the solution of their differences to other tribunals by virtue of agreements already in existence or which may be concluded in the future.

Article 96

1, The General Assembly or the Security Council may request the International Court of Justice to give an advisory opinion on any legal question.

2. Other organs of the United Nations and specialized agencies, which may at any time be so authorized by the General Assembly, may also request advisory opinions of the Court on legal questions arising within the scope of their activities.

CHAPTER XV.

THE SECRETARIAT

Article 97

The Secretariat shall comprise a Secretary-General and such staff as the Organization may require. The Secretary-General shall be appointed by the General Assembly upon the recommendation of the Security Council. He shall be the chief administrative officer of the Organization.

Article 98

The Secretary-General shall act in that capacity in all meetings of the General Assembly, of the Security Council, of the Economic and Social Council, and of the Trusteeship Council, and shall perform such other functions as are entrusted to him by these organs. The Secretary-General shall make an annual report to the General Assembly on the work of the Organization.

Article 99

The Secretary-General may bring to the attention of the Security Council any matter which iii his opinion may threaten the maintenance of international peace and security.

Article 100

1. In the performance of their duties the Secretary-General and the staff shall not seek or receive instructions from any government or from any other authority external to the Organization. They shall refrain from any action which might reflect on their position as international officials responsible only to the Organization.

2. Each Member of the United Nations undertakes to respect the exclusively international character of the responsibilities of the Secretary-General and the staff and not to seek to influence them in the discharge of their responsibilities.

Article 101

1. The staff shall be appointed by the Secretary-General under regulations established by the General Assembly.

2. Appropriate staffs shall be permanently assigned to the Economic and Social Council, the Trusteeship Council, and, as required, to other organs of the United Nations. These staffs shall form a part of the Secretariat.

3. The paramount consideration in the employment of the staff and in the determination of the

conditions of service shall be the necessity of securing the highest standards of efficiency, competence, and integrity. Due regard shall be paid to the importance of recruiting the staff on as wide a geographical basis as possible.

CHAPTER XVI.

MISCELLANEOUS PROVISIONS

Article 102

1. Every treaty and every international agreement entered into by any Member of the United Nations after the present Charter comes into force shall as soon as possible be registered with the Secretariat and published by it.

2. No party to any such treaty or international agreement which has not been registered in accordance with the provisions of paragraph I of this Article may invoke that treaty or agreement before any organ of the United Nations.

Article 103

In the event of a conflict between the obligations of the Members of the United Nations under the present Charter and their obligations under any other international agreement, their obligations under the present Charter shall prevail.

Article 104

The Organization shall enjoy in the territory of each of its Members such legal capacity as may be necessary for the exercise of its functions and the fulfillment of its purposes.

Article 105

1. The Organization shall enjoy in the territory of each of its Members such privileges and immunities as are necessary for the fulfillment of its purposes.

2. Representatives of the Members of the United Nations and officials of the Organization shall similarly enjoy such privileges and immunities as are necessary for the independent exercise of their functions in connection with the Organization.

3. The General Assembly may make recommendations with a view to determining the details of the application of paragraphs 1 and 2 of this Article or may propose conventions to the Members of the United Nations for this purpose.

CHAPTER XVII.

TRANSITIONAL SECURITY ARRANGEMENTS

Article 106

　　Pending the coming into force of such special agreements referred to in Article 43 as in the opinion of the Security Council enable it to begin the exercise of its responsibilities under Article 42, the parties to the Four-Nation Declaration, signed at Moscow October 30, 1943, and France, shall, in accordance with the provisions of paragraph 5 of that Declaration, consult with one another and as occasion requires with other Members of the United Nations with a view to such joint action on behalf of the Organization as may be necessary for the purpose of maintaining international peace and security.

Article 107

　　Nothing Hi the present Charter shall invalidate or preclude action, in relation to any state which during the Second World War has been an enemy of any signatory to the present Charter, taken or authorized as a result of that war by the Governments having responsibility for such action.

CHAPTER XVIII.

AMENDMENTS

Article 108

　　Amendments to the present Charter shall come into force for all Members of the United Nations when they have been adopted by a vote of two thirds of the members of the General Assembly and ratified in accordance with their respective constitutional processes by two thirds of the Members of the United Nations, including all the permanent members of the Security Council.

Article 109[4]

　　1. A General Conference of the Members of the United Nations for the purpose of reviewing the present Charter may be held at a date and place to be fixed by a two-thirds vote of the members of the General Assembly and by a vote of any seven members of the Security Council. Each Member of the United Nations shall have one vote in the conference.

　　2. Any alteration of the present Charter recommended by a two-thirds vote of the conference shall take effect when ratified in accordance with their respective constitutional processes by two thirds of the Members of the United Nations including all the permanent members of the Security Council.

3. If such a conference has not been held before the tenth annual session of the General Assembly following the coming into force of the present Charter, the proposal to call such a conference shall be placed on the agenda of that session of the General Assembly, and the conference shall be held if so decided by a majority vote of the members of the General Assembly and by a vote of any seven members of the Security Council.

CHAPTER XIX.

RATIFICATION AND SIGNATURE

Article 110

1. The present Charter shall be ratified by the signatory states in accordance with their respective constitutional processes.

2. The ratifications shall be deposited with the Government of the United States of America, which shall notify all the signatory states of each deposit as well as the Secretary-General of the Organization when he has been appointed.

3. The present Charter shall come into force upon the deposit of ratifications by the Republic of China, France, the Union of Soviet Socialist Republics, the United Kingdom of Great Britain and Northern Ireland, and the United States of America, and by a majority of the other signatory states. A protocol of the ratifications deposited shall thereupon be drawn up by the Government of the United States of America which shall communicate copies thereof to all the signatory states.

4. The states signatory to the present Charter which ratify it after it has come into force will become original Members of the United Nations on the date of the deposit of their respective ratifications.

Article 111

The present Charter, of which the Chinese, French, Russian, English, and Spanish texts are equally authentic, shall remain deposited in the archives of the Government of the United States of America. Duly certified copies thereof shall be transmitted by that Government to the Governments of the other signatory states.

附錄二　國際法院規約

1945年6月26日通過

第1條　聯合國憲章所設之國際法院為聯合國主要司法機關，其組織及職務之行使應依本規約之下列規定。

第一章　法院之組織

第2條　法院以獨立法官若干人組織之。此項法官應不論國籍，就品格高尚並在各本國具有最高司法職位之任命資格或公認為國際法之法學家中選舉之。

第3條　法院以法官15人組織之，其中不得有2人為同一國家之國民。

　　　就充任法院法官而言，一人而可視為一個國家以上之國民者，應認為屬於其通常行使公民及政治權利之國家或會員國之國民。

第4條　法院法官應由大會及安全理事會做下列規定就常設公斷法院各國團體所提出之名單內選舉之。

　　　法在常設公斷法院並無代表之聯合國會員國，其候選人名單應由各該國政府專為此事而委派之團體提出；此項各國團體之委派，準用1907年海牙和平解決國際紛爭條約第四十四條規定委派常設公斷法院公斷員之條件。

　　　凡非聯合國會員國而已接受法院規約之國家，其參加選舉法院法官時，參加條件，如無特別協定，應由大會經安全理事會之提議規定之。

第5條　聯合國秘書長至遲應於選舉日期3個月前，用書面邀請屬於本規約當事國之常設公斷法院公斷員，及依第四條第二項所委派之各國團體。於一定期間內分別由各國團體提出能接受法官職務之人員。

　　　每一團體所提人數不得超過4人，其中屬其本國國籍者不得超過2人。在任何情形下，每一團體所提候選人之人數不得超過應占席數之一倍。

第6條　各國團體在提出上項人員以前，宜諮詢本國最高法院、大學法學院、法律學校、專研法律之國家研究院、及國際研究院在各國所設之各分院。

第7條　秘書長應依字母次序，編就上項所提人員之名單。除第十二條第二項規定外，僅此項人員有被選權。

　　　秘書長應將前項名單提交大會及安全理事會。

第8條　大會及安全理事會各應獨立舉行法院法官之選舉。

第9條　每次選舉時，選舉人不獨應注意被選人必須各具必要資格，並應注意務使法官全體確能代表世界各大文化及各主要法系。

第10條　候選人在大會及在安全理事會得絕對多數票者應認為當選。

安全理事會之投票，或為法官之選舉或為第十二條所稱聯席會議人員之指派，應不論安全理事會常任理事國及非常任理事國之區別。

如同一國家之國民得大會及安全理事會之絕對多數票者不止1人時，其年事最高者應認為當選。

第11條　第一次選舉會後，如有一席或一席以上尚待補選時，應舉行第二次選舉會，並於必要寺舉行第三次選舉會。

第12條　第三次選舉會後，如仍有一席或一席以上尚待補選時，大會或安全理事會得隨時聲請組織聯席會議，其人數為6人，由大會及安全理事會各派2人。此項聯席會議就每一懸缺以絕對多數票選定一人提交大會及安全理事會分別請其接受。

具有必要資格人員，即未列入第七條所指之候選人名單，如經聯席會議全體同意，亦得列入該會議名單。

如聯席會議確認選舉不能有結果時，應由已選出之法官，在安全理事會所定之期間內，就曾在大會或安全理事會得有選舉票之候選人中，選定若干人補足缺額。

法官投票數相等時，年事最高之法官應投決定票。

第13條　法官任期9年，並得連選，但第一次選舉選出之法官中，5人任期應為3年，另5人為6年。

上述初期法官，任期孰為3年孰為6年，應於第一次選舉完畢後立由秘書長以抽籤方法決定之。

法官在其後任接替前，應繼續行使其職務，雖經接替，仍應結束其已開始辦理之案件。

法官辭職時應將辭職書致送法院院長轉知秘書長。轉知後，該法官之一席即行出缺。

第14條　凡遇出缺，應照第一次選舉時所定之辦法補選之，但秘書長應於法官出缺後1個月內，發出第五條規定之邀請書，並由安全理事會指定選舉日期。

第15條　法官被選以接替任期未滿之法官者，應任職至其前任法官任期屆滿時為止。

第16條　法官不得行使任何政治或行政職務，或執行任何其他職業性質之任務。

關於此點，如有疑義，應由法院裁決之。

第17條　法官對於任何案件，不得充任代理人、律師或輔佐人。

法官曾以當事國一道之代理人、律師或輔佐人、或以國內法院或國際法院或調

查委員會委員、或以其他資格參加任何案件者，不得參與該案件之裁決。

關於此點，如有疑義，應由法院決定之。

第18條 法官除由其餘法官一致認為不復適合必要條件外，不得免職。

法官之免職，應由書記官長正式通知秘書長。

此項通知一經送達秘書長，該法官之一席即行出缺。

第19條 法官於執行法院職務時，應享受外交特權及豁免。

第20條 法官於就職前應在公開法庭鄭重宣言本人必當秉公竭誠行使職權。

第21條 法院應選舉院長及副院長，其任期各3年，並得連選。

法院應委派書記長官，並得酌派其他必要之職員。

第22條 法院設在海牙，但法院如認為合目時，得在他處開庭及行使職務。

院長及書記長官應駐於法院所在地。

第23條 法院除司法假期外，應常住辦公。司法假期之日期及期間由法院定之。法官得
有定時假期，其日期及期間，由法院斟酌海牙與各法官住所之距離定之。

法官除在假期或因疾病或其他重大原由，不克視事，經向院長作適當之解釋
外，應常住備由法院分配工作。

第24條 法官如因特別原由認為於某案之裁判不應參與時，應通知院長。

院長如認某法官因特別原由不應參與某案時，應以此通知該法官。

遇有此種情形，法官與院長意見不同時，應由法院決定之。

第25條 除本規約另有規定外，法院應由全體法官開庭。

法院規則得按情形並以輪流方法，規定准許法官1人或數人免予出席，但準備出
席之法官人數不得因此減至少於11人。

法官九人即足構成法院之法定人數。

第26條 法院得隨時設立一個或數個分庭，並得決定由法官3人或3人以上組織之。此項
分庭處理特種案件，例如勞工案件及關於過境與交通案件。

法院為處理某特定案件，得隨時設立分庭，組織此項分庭法官之人數，應由法
院得當事國之同意定之。

案件經當事國之請求應由本條規定之分庭審玊者裁判之。

第27條 第二十六條及第二十九條規定之任何分庭所為之裁判，應視為法院之裁判。

第28條 第二十六條及第二十九條規定之分庭，經當事國之同意，得在海牙以外地方開
庭及行使職務。

第29條 法院為迅速處理事務，應於每年以法官5人組織一分庭。該分庭經當事國之請
求，得用簡易程序，審理及裁判案件。法院並應選定法官二人，以備接替不能
出庭之法官。

第30條　法院應訂立規則，以執行其職務，尤應訂定關於程序之規則。

法院規則得規定關於襄審官之出席法院或任何分庭，但無表決權。

第31條　屬於訴訟當事國國籍之法官，於法院受理該訴訟案件時，保有其參與之權。

法院受理案件，如法官中有屬於一造當事國之國籍者，任何他造當事國得選派1人為法官，參與該案。此項人員尤以就第四條及第五條規定所提之候選人中選充為宜。

法院受理案件，如當事國均無本國國籍法官時，各當事國均得依本條第二項之規定選派法官一人。

本條之規定於第二十六條及第二十九條之情形適用之。在此種情形下，院長應請分庭法官一人，或於必要時2人，屬於關係當事國國籍之法官，如無各當事國國籍之法官或各該法官不能出席時，應讓與各當事國特別選派之法官。

如數當事國具有同樣利害關係時，在上列各規定適用範圍內，祇應作為一當事國。關於此點，如有疑義，由法院裁決之。

依本條第二項、第三項、及第四項規定所選派之法官，應適合本規約第二條、第十七條第二項、第二十條、及第二十四條規定之條件。各該法官參與案件之裁判時，與同事立於完全平等之地位。

第32條　法院法官應領年俸。

院長每年應領特別津貼。

副院長於代行院長職務時，應按日領特別津貼。

依第三十一條規定所選派之法官而非法院之法官者，於執行職務時，應按日領酬金。

上列俸給津貼及酬金由聯合國大會定之，在任期內，不得減少。

書記官長之俸給，經法院之提議由大會定之。

法官及書記長兩丘支給退休金及補領旅費之條件由大會訂立章程規定之。

上列俸給津貼及酬金，應免除一切稅捐。

第33條　法院經費由聯合國擔負，其擔負方法由大會定之。

第二章　法院之管轄

第34條　在法院得為訴訟當事國者，限於國家。

法院得依其規則，請求公共國際團體供給關於正在審理案件之情報。該項團體自動供給之情報，法院應接受之。

法院於某一案件遇有公共國際團體之組織約章、或依該項約章所締結之國際協

約，發生解釋問題時，書記官長應通知有關公共國際團體並向其遞送所有書面程序之文件副本。

第35條　法院受理本規約各當事國之訴訟。

法院受理王者其他各國訴訟之條件，除現行條約另有特別規定外，由安全理事會定之，但無論如何，此項條件不得使當事國在法院處於不平等地位。

非聯合國會員國為案件之當事國時，其應擔負法院費用之數目由法院定之。如該國業已分擔法院經費之一部，本項規定不適用之。

第36條　法院之管轄包括各當事國提交之一切案件，及聯合國憲章或現行條約及協約中所特定之一切事件。

本規約各當事國得隨時聲明關於具有下列性質之一切法律爭端，對於接受同樣義務之任何其他國家，承認法院之管轄為當然而具有強制性，不須另訂特別協定：

一、條約之解釋。

二、國際法之任何問題。

三、任何事實之存在，如經確定即屬違反國際義務者。

四、因違反國際義務而應予賠償之性質及其範圍。

上述聲明，得無條件為之，或以數個或特定之國家間彼此拘束為條件，或以一定之期間為條件。

此項聲明，應交存聯合國秘書長並由其將副本份送本規約各當事國及法院書記官長。

曾依常設國際法院規約第三十六條所為之聲明而現仍有效者，就本規約當事國間而言，在該項聲明期間尚未屆滿前並依其條款，應認為對於國際法院強制管轄之接受。

關於法院有無管轄權之爭端，由法院裁決之。

第37條　現行條約或協約或規定某項事件應提交國際聯合會所設之任何裁判機關或常設國際法院者，在本規約當事國間，該項事件應提交國際法院。

第38條　法院對於陳訴各項爭端，應依國際法裁判之，裁判時應適用：

一、不論普通或特別國際協約，確立訴訟當事國明白承認之規條者。

二、國際習慣，作為通例之證明而經接受為法律者。

三、一般法律原則為文明各國所承認者。

四、在第五十九條規定之下，司法判例及各國權威最高之公法學家學說，作為確定法律原則之補助資料者。

前項規定不妨礙法院經當事國同意本「公允及善良」原則裁判案件之權。

第三章　程序

第39條　法院正式文字為英法兩文。如各當事國同意用法文辦理案件，其判決應以法文為之。如各當事國同意用英文辦理案件，其判決應以英文為之。如未經同意應用何種文字，每一當事國於陳述中得擇用英法兩文之一，而法院之判詞應用英法兩文。法院並應同時確定以何者為準。

法院經任何當事國之請求，應准該當事國央英法文以外之文字。

第40條　向法院提出訴訟案件，應按其情形將所訂特別協定通告書記官長或以請求書送達書記官長。不論用何項方法，均應敘明爭端事由及各當事國。

書記官長應立將請求書通知有關各方。

書記官長並應經由秘書長通知聯合國會員國及有權在法院出庭其他之國家。

第41條　法院如認情形有必要時，有權指示當事國應行遵守以保全彼此權利之臨時辦法。

在終局判決前，應將此項指示辦法立即通知各當事國及安全理事會。

第42條　各當事國應由代理人代表之。

各當事國得派律師或輔佐人在法院予以協助。

各當事國之代理人、律師及輔佐人應享受關於獨立行使其職務所必要之特權及豁免。

第43條　訴訟程序應分書面與口述兩部分。

書面程序係指以訴狀、辯訴狀、及必要時之答辯狀連同可資佐證之各種文件及公文書、送達法院及各當事國。

此項送達應由書記官長依法院所定次序及期限為之。當事國一造所提出之一切文件應將證明無訛之抄本一份送達他造。

口述程序係指法院審訊證人、鑑定人、代理人、律師及輔佐人。

第44條　法院遇有對於代理人、律師及輔佐人以外之人送達通知書，而須在某國土內行之者，應逕向該政府接洽。

為就地搜集證據而須採取步驟時，適用前項規定。

第45條　法院之審訊應由院長指揮，院長不克出席時，由副院長指揮；院長副院長均不克出席時，由出席法官中之資深者主持。

第46條　法院之審訊應公開行之，但法院另有決定或各當事國要求拒絕公眾旁聽時，不在此限。

第47條　每次審訊應作成記錄，由書記官長及院長簽名。

前項記錄為唯一可據之記錄。

第48條　法院為進行辦理案件應頒發命令；對於當事國每造，應決定其必須終結辯論之
　　　　方式及時間；對於證據之搜集，應為一切之措施。

第49條　法院在開始審訊前，亦得令代理人提出任何文件，或提供任何解釋。如經拒絕
　　　　應予正式記載。

第50條　法院得隨時選擇任何個人、團體、局所、委員會、或其他組織，委以調查或鑑
　　　　定之責。

第51條　審訊時得依第三十條所指法院在其程序規則中所定之條件，向證人及鑑定人提
　　　　出任何切要有關之詰問。

第52條　法院於所定期限內收到各項證明及證據後，得拒絕接受當事國一造欲提出之其
　　　　他口頭或書面證據，但經他造同意者，不在此限。

第53條　當事國一造不到法院或不辯護其主張時，他造得請求法院對自己主張為有利之
　　　　裁判。
　　　　法院於允准前項請求前，應查明不特依第三十六條及第三十七條法院對本案有
　　　　管轄權，且請求人之主張在事實及法律上均有根據。

第54條　代理人律師及輔佐人在法院指揮下陳述其主張已完畢時，法院應宣告辯論終結。
　　　　法官應退席討論判決。
　　　　法官之評議應秘密為之，並永守秘密。

第55條　一切問題應由出席法官之過半數決定之。
　　　　如投票數相等時，院長或代法院長職務之法官應投決定票。

第56條　判詞應敘明理由。
　　　　判詞應載明參與裁判之法官姓名。

第57條　判詞如全部或一部分不能代表法官一致之意見時，任何法官得另行宣告其個別
　　　　意見。

第58條　判詞應由院長及書記官長簽名，在法庭內公開宣讀，並應先期通知各代理人。

第59條　法院之裁判除對於當事國及本案外，無拘束力。

第60條　法院之判決係屬確定，不得上訴。判詞之意義或範圍發生爭端時，經任何當事
　　　　國之請求後，法院應予解釋。

第61條　聲請法院覆核判決，應根據發現具有決定性之事實，而此項事實在判決宣告寺
　　　　為法院之聲請覆核之當事國所不知者，但以非因過失而不知者為限。
　　　　覆核程序之開始應由法院下以裁決，載明新事實之存在，承認此項新事實具有
　　　　使本案應予覆核之性質，並宣告覆核之聲請因此可予接受。
　　　　法院於接受覆核訴訟前得令先行反行判決之內容。
　　　　聲請覆核至遲應於新事實發現後6個月內為之。

聲請覆核自判決日起逾10年後不得為之。

第62條　某一國家如認為某案件之判決可影響屬於該國具有法律性質之利益時，得向法院聲請參加。

此項聲請應由法院裁決之。

第63條　凡協約發生解釋問題，而訴訟當事國以外尚有其他國家為該協約之簽字國者，應立由書記官長通知各該國家。

受前項通知之國家有參加程序之權；但如該國行使此項權利時，判決中之解釋對該國具有同樣拘束力。

第64條　除法院另有裁定外，訴訟費用由各造當事國自行擔負。

第四章　諮詢意見

第65條　法院對於任何法律問題如經任何團體由聯合國憲章授權而請求或依照聯合國憲章而請求時，得發表諮詢意見。

凡向法院請求諮詢意見之問題，應以聲請書送交法院。此項聲請書對於諮詢意見之問題，應有確切之敘述，並應附送足以釋明該問題之一切文件。

第66條　書記官長應立將諮詢意見之聲請，通知凡有權在法院出庭之國家。

書記官長並應以特別且直接之方法通知法院（或在法院不開庭時，院長）所認為對於諮詢問題能供給情報之有權在法院出庭之任何國家，或能供給情報之國際團體，聲明法院於院長所定之期限內準備接受關於該問題之書面陳述，或準備於本案公開審訊時聽取口頭陳述。

有權在法院出庭之任何國家如未接到本條第二項所指之特別通知時，該國家得表示願以書面或口頭陳述之意思，而由法院裁決之。

凡已經提出書面成口頭陳述或兩項陳述之國家及團體，對於其他國家或團體所提之陳述，准其依法院（或在法院不開庭時，院長）所以關於每案之方式，範圍及期限，予以評論。書記官長應於適當時間內將此項書面陳述通知已經提出此類陳述之國家及團體。

第67條　法院應將其諮詢意見當庭公開宣告並先期通知秘書長、聯合國會員國及有直接關係之其他國家及國際團體之代表。

第68條　法院執行關於諮詢意見之職務時，並應參照本規約關於訴訟案件各條款之規定，但以法院認為該項條款可以適用之範圍為限。

第五章　修正

第69條　本規約之修正準用聯合國憲章所規定關於修正憲章之程序，但大會經安全理事會之建議得制定關於本規約當事國而非聯合國會員國參加該項程序之任何規定。

第70條　法院認為必要時得以書面向秘書長提出對於本規約之修正案，由聯合國依照第六十九條之規定，加以討論。

STATUTE OF THE INTERNATIONAL COURT OF JUSTICE.
Concluded at San Francisco, 26 June 1945. Entered into force, 24 October 1945.
1976 Y.B.U.N. 1052, 59 Stat. 1031, T.S. No. 993

Article 1

The International Court of Justice established by the Chatter of the United Nations as the principal judicial organ of the United Nations shall be constituted and shall function in accordance with the provisions of the present Statute.

CHAPTER I.

ORGANIZATION OF THE COURT

Article 2

The Court shall be composed of a body of independent judges, elected regardless of their nationality from among persons of high moral character, who possess the qualifications required in their respective countries for appointment to the highest judicial offices, or are jurisconsults of recognized competence in international law.

Article 3

1. The Court shall consist of fifteen members, no two of whom may be nationals of the same state.

2. A person who for the purposes of membership in the Court could be regarded as a national of more than. one state shall be deemed to be a national of the one in which he ordinarily exercises civil and political rights.

Article 4

1. The members of the Court shall be elected by the General Assembly and by the Security Council from a list of persons nominated by the national groups in the Permanent Court of Arbitration, in accordance with the following provisions.

2. In the case of Members of the United Nations not represented in the Permanent Court of Arbitration, candidates shall be nominated by national groups appointed for this purpose by their governments under the same conditions as those prescribed for members of the Permanent Court of Arbitration by Article 44 of the Convention of The Hague of 1907 for the pacific settlement of international disputes.

3. The conditions under which a state which is a party to the present Statute but is not a Member of

the United Nations may participate in electing the members of the Court shall, in the absence of a special agreement, be laid down by the General Assembly upon recommendation of the Security Council.

Article 5

I .At least three months before the date of the election, the Secretary-General of the United Nations shall address a written request to the members of the Permanent Court of Arbitration belonging to the states which are parties to the present Statute, and to the members of the national groups appointed under Article 4, paragraph 2, inviting them to undertake, within a given time, by national groups, the nomination of persons in a position to accept the duties of a member of the Court.

2. No group may nominate more than four persons, not more than two of whom shall be of their own nationality. In no case may the number of candidates nominated by a group be more than double the number of seats to be filled.

Article 6

Before making these nominations, each national group is recommended to consult its highest court of justice, its legal faculties and schools of law, and its national academies and national sections of international academies devoted to the study of law.

Article 7

1. The Secretary-General shall prepare a list in alphabetical order of all the persons thus nominated. Save as provided in Article 12, paragraph 2, these shall be the only persons eligible.

2. The Secretary-General shall submit this list to the General Assembly and to the Security Council.

Article 8

The General Assembly and the Security Council shall proceed independently of one another to elect the members of the Court.

Article 9

At every election, the electors shall bear in mind not only that the persons to be elected should individually possess the qualifications required, but also that in the body as a whole the representation of the main forms of civilization and of the principal legal systems of the world should be assured.

Article 10

1. Those candidates who obtain an absolute majority of votes in the General Assembly and in the Security Council shall be considered as elected.

2. Any vote of the Security Council, whether for the election of judges or for the appointment of members of the conference envisaged in Article 12, shall be taken without any distinction between permanent and non-permanent members of the Security Council.

3. In the event of more than one national of the same state obtaining an absolute majority of the votes both of the General Assembly and of the Security Council, the eldest of these only shall be considered as elected.

Article 11

If, after the first meeting held for the purpose of the election, one or more seats remain to be filled, a second and, if necessary, a third meeting shall take place.

Article 12

1. If, after the third meeting, one or more seats still remain unfilled, a joint conference consisting of six members, three appointed by the General Assembly and three by the Security Council, may be formed at any time at the request of either the General Assembly or the Security Council, for the purpose of choosing by the vote of an absolute majority one name for each seat still vacant, to submit to the General Assembly and the Security Council for their respective acceptance.

2. If the joint conference is unanimously agreed upon any person who fulfills the required conditions, he may be included in its list, even though he was not included in the list of nominations referred to in Article 7.

3. If the joint conference is satisfied that it will not be successful in procuring an election, those members of the Court who have already been elected shall, within a period to be fixed by the Security Council, proceed to fill the vacant seats by selection from among those candidates who have obtained votes either in the General Assembly or in the Security Council.

4. In the event of an equality of votes among the judges, the eldest judge shall have a casting vote.

Article 13

1. The members of the Court shall be elected for nine years and may be re-elected; provided, however, that of the judges elected at the first election, the terms of five judges shall expire at the end of three years and the terms of five more judges shall expire at the end of six years.

2. The judges whose terms are to expire at the end of the above-mentioned initial periods of three and six years shall be chosen by lot to be drawn by the Secretary-General immediately after the first election has been completed.

3. The members of the Court shall continue to discharge their duties until their places have been

filled. Though replaced, they shall finish any cases which they may have begun.

4. In the case of the resignation of a member of the Court, the resignation shall be addressed to the President of the Court for transmission to the Secretary-General. This last notification makes the place vacant.

Article 14

Vacancies shall be filled by the same method as that laid down for the first election subject to the following provision: the Secretary-General shall, within one month of the occurrence of the vacancy, proceed to issue the invitations provided for in Article 5, and the date of the election shall be fixed by the Security Council.

Article 15

A member of the Court elected to replace a member whose term. of office has not expired shall hold office for the remainder of his predecessor's term.

Article 16

1. No member of the Court may exercise any political or administrative function, or engage in any other occupation of a professional nature.

2. Any doubt on this point shall be settled by the decision of the Court.

Article 17

1. No member of the Court may act as agent, counsel, or advocate in any case.

2. No member may participate in the decision of any case in which he has previously taken part as agent, counsel, or advocate for one of the parties, or as a member of a national or international court, or of a commission of enquiry, or in any other capacity.

3. Any doubt on this point shall be settled by the decision of the Court.

Article 18

1. No member of the Court can be dismissed unless, in the unanimous opinion of the other members, he has ceased to fulfill the required conditions.

2. Formal notification thereof shall be made to the Secretary-General by the Registrar.

3. This notification makes the place vacant.

Article 19

The members of the Court, when engaged on the business of the Court, shall enjoy diplomatic privileges and immunities.

Article 20

Every member of the Court shall, before taking up his duties, make a solemn declaration in open court that he will exercise his powers impartially and conscientiously.

Article 21

l. The Court shall elect its President and Vice-President for three years; hey may be re-elected.

2. The Court shall appoint its Registrar and may provide for the appointment of such other officers as may be necessary.

Article 22

1. The seat of the Court shall be established at The Hague. This, however, shall not prevent the Court from sitting and exercising its functions elsewhere whenever the Court considers it desirable.

2. The President and the Registrar shall reside at the seat of the Court.

Article 23

1. The Court shall remain permanently in session, except doling the judicial vacations, the dates and duration of which shall be fixed by the Court.

2. Members of the Court are entitled to periodic leave, the dates and duration of which shall be fixed by the Court, having in mind the distance between The Hague and the home of each judge.

3. Members of the Court shall be bound, unless they are on leave or prevented from attending by illness or other serious reasons duly explained to the President, to hold themselves permanently at the disposal of the Court.

Article 24

1. If, for some special reason, a member of the Court considers that he should not take part in the decision of a particular case, he shall so inform the President.

2. If the President considers that for some special reason one of the members of the Court should not sit in a particular case, he shall give him. notice accordingly.

3. If in any such case the member Court and the President disagree, the matter shall be settled by the decision of the Court.

Article 25

1. The full Court shall sit except when it is expressly provided otherwise in the present Statute.

2. Subject to the condition that the number of judges available to constitute the Court is not thereby reduced below eleven, the Rules of the Court may provide for allowing one or more judges, according to

circumstances and in rotation, to be dispensed from sitting.

3. A quorum of nine judges shall suffice to constitute the Court.

Article 26

1. The Court may from time to time form one or more chambers, composed of three or more judges as the Court may determine, for dealing with particular categories of cases; for example, labour cases and cases relating to transit and communications.

2. The Court may at any time form a chamber for dealing with a particular case. The number of judges to constitute such a chamber shall be determined by the Court with the approval of the parties.

3. Cases shall be heard and determined by the chambers provided for in this article if the parties so request.

Article 27

A judgment given by any of the chambers provided for in Articles 26 and 29 shall be considered as rendered by the Court.

Article 28

The chambers provided for in Articles 26 and 29 may, with the consent of the parties, sit and exercise their functions elsewhere than at The Hague.

Article 29

With a view to the speedy dispatch of business, the Court shall form annually a chamber composed of five judges which, at the request of the parties, may hear and determine cases by summary procedure. In addition, two judges shall be selected for the purpose of replacing judges who find it impossible to sit.

Article 30

1. The Court shall frame rules for carrying out its functions. In particular, it shall lay down rules of procedure.

2. The Rules of the Court may provide for assessors to sit with the Court or with any of Its chambers, without the right to vote.

Article 31

1. Judges of the nationality of each of the parties shall retain, their right to sit in the case before the Court.

2. If the Court includes upon the Bench a judge of the nationality of one of the parties, any other

party may choose a person to sit as judge. Such person shall be chosen preferably from among those persons who have been nominated as candidates as provided in Articles 4 and 5.

3. If the Court includes upon the Bench no judge of the nationality of the parties, each of these parties may proceed to choose a judge as provided in paragraph 2 of this Article.

4. The provisions of this Article shall apply to the case of Articles 26 and 29. In such cases, the President shall request one or, if necessary, two of the members of the Court forming the chamber to give place to the members of the Court of the nationality of the patties concerned, and, failing such, or if they are unable to be present, to the judges specially chosen by the parties.

5. Should there be several parties in the same interest, they shall, for the purpose of the preceding provisions, be reckoned as one party only. Any doubt upon this point shall be settled by the decision of the Court.

6. Judges chosen as laid down in paragraphs 2,3, and 4 of this Article shall fulfill the conditions required by Articles 2, 17 (paragraph 2), 20, and 24 of the present Statute. They shall take part in the decision on terms of complete equality with their colleagues.

Article 32

1. Each member of the Court shall receive an annual salary.

2. The President shall receive a special annual allowance.

3. The Vice-President shall receive a special allowance for every day on which he acts as President.

4. The judges chosen under Article 31, other than members of the Court, shall receive compensation for each day on which they exercise their functions.

5. These salaries, allowances, and compensation shall be fixed by the General Assembly. They may not be decreased during the term of office.

6. The salary of the Registrar shall be fixed by the General Assembly on the proposal of the Court.

7. Regulations made by the General Assembly shall fix the conditions under which retirement pensions may be given to members of the Court and to the Registrar, and the conditions under which members of the Court and the Registrar shall have their travelling expenses refunded.

8. The above salaries, allowances, and compensation shall be free of all taxation.

Article 33

The expenses of the Court shall be borne by the United Nations in such a manner as shall be decided by the General Assembly.

CHAPTER II.

COMPETENCE OF THE COURT

Article 34

1. Only states may be parties in cases before the Court.

2. The Court, subject to and in conformity with its Rules, may request of public international organizations information relevant to cases before it, and shall receive such information presented by such organizations on their own initiative.

3. Whenever the construction of the constituent instrument of a public international organization or of an international convention adopted thereunder is in question in a case before the Court, the Registrar shall so notify the public international organization concerned and shall communicate to it copies of all the written proceedings.

Article 35

1. The Court shall be open to the states parties to the present Statute.

2. The conditions under which the Court shall be open to other states shall, subject to the special provisions contained in treaties in force, be laid down by the Security Council, but in no case shall such conditions place the parties in a position of inequality before the Court.

3. When a state which is not a Member of the United Nations is a party to a case, the Court shall fix the amount which that party is to contribute towards the expenses of the Court, This provision shall not apply if such state is bearing a share of the expenses of the Court

Article 36

1. The jurisdiction of the Court comprises all cases which the parties refer to it and all matters specially provided for in the Charter of the United Nations or in treaties and conventions in force.

2. The states parties to the present Statute may at any time declare that they recognize as compulsory ipso facto and without special agreement, in relation to any other state accepting the same obligation, the jurisdiction of the Court in all legal disputes concerning:

a. the interpretation of a treaty;

b. any question of international law;

c. the existence of any fact which, if established, would constitute a breach of an international obligation;

d. the nature or extent of the reparation to be made for the breach of an international obligation.

3. The declarations referred to above may be made unconditionally or on condition of reciprocity on the part of several or certain states, or for a certain time.

4. Such declarations shall be deposited with the Secretary-General of the United Nations, who shall transmit copies thereof to the parties to the Statute and to the Registrar of the Court.

5. Declarations made under Article 36 of the Statute of the Permanent Court of International Justice and which are still in force shall be deemed, as between the parties to the present Statute, to be acceptances of the compulsory jurisdiction of the International Court of Justice for the period which they still have to run and in accordance with their terms,

6. In the event of a dispute as to whether the Court has jurisdiction, the matter shall be settled by the decision of the Court.

Article 37

Whenever a treaty or convention in force provides for reference of a matter to a tribunal to have been instituted by the League of Nations, or to the Permanent Court of International Justice, the matter shall, as between the parties to the present Statute, be referred to the International Court of Justice.

Article 38

1. The Court, whose function is to decide in accordance with international law such disputes as are submitted to it, shall apply:

a. international conventions, whether general or particular, establishing rules expressly recognized by the contesting states;

b. international custom, as evidence of a general practice accepted as law;

c. the general principles of law recognized by civilized nations;

d. subject to the provisions of Article 59, judicial decisions and the teachings of the most highly qualified publicists of the various nations, as subsidiary means for the determination of rules of law.

2. This provision shall not prejudice the power of the Court to decide a case ex aequo et bono, if the parries agree thereto.

CHAPTER III.

PROCEDURE

Article 39

1. The official languages of the Court shall be French and English. If the parties agree that the case

shall be conducted in French, the judgment shall be delivered in French. If the parties agree that the case shall be conducted in English, the judgment shall be delivered in English.

2. In the absence of an agreement as to which language shall be employed, each party may, in the pleadings, use the language which it prefers; the decision of the Court shall be given in French and English. In this case the Court shall at the same time determine which of the two texts shall be considered as authoritative.

3. The Court shall, at the request of any party, authorize a language other than French or English to be used by that party.

Article 40

1. Cases are brought before the Court, as the case may be, either by the notification of the special agreement or by a written application addressed to the Registrar. In either case the subject of the dispute and the parties shall be indicated.

2. The Registrar shall forthwith communicate the application to all concerned.

3. He shall also notify the Members of the United Nations through the Secretary General, and also any other states entitled to appear before the Court.

Aiticle 41

1. The Court shall have the power to indicate, if it considers that circumstances so require, any provisional measures which ought to be taken to preserve the respective rights of either party.

2. Pending the final decision, notice of the measures suggested shall forthwith be given to the parties and to the Security Council

Article 42

1. The parties shall be represented by agents.

2. They may have the assistance of counsel or advocates before the Court.

3. The agents, counsel, and advocates of parties before the Court shall enjoy the privileges and immunities necessary to the independent exercise of their duties.

Article 43

1. The procedure shall consist of two parts: written and oral.

2. The written proceedings shall consist of the communication to the Court and to the parties of memorials, counter-memorials and, if necessary, replies; also all papers and documents in support.

3. These communications shall be made through the Registrar, in the order and within the time fixed by the Court.

4. A certified copy of every document produced by one party shall be communicated to the other party.

5. The oral proceedings shall consist of the hearing by the Court of witnesses, experts, agents, counsel, and advocates.

Article 44

1. For the service of all notices upon persons other than the agents, counsel, and advocates, the Court shall apply direct to the government of the state upon whose territory the notice has to be served.

2. The same provision shall apply whenever steps are to be taken to procure evidence on the spot.

Article 45

The hearing shall be under the control of the President or, if he is unable to preside, of the Vice-President; if neither is able to preside, the senior judge present shall preside.

Article 46

The hearing in Court shall be public, unless the Court shall decide otherwise, or unless the parties demand that the public be not admitted.

Article 47

1. Minutes shall be made at each hearing and signed by the Registrar and the President.

2. These minutes alone shall be authentic.

Article 48

The Court shall make orders for the conduct of the case, shall decide the form and time in which each party must conclude its arguments, and make all arrangements connected with the taking of evidence.

Article 49

The Court may, even before the hearing begins, call upon the agents to produce any document or to supply any explanations. Formal note shall be taken of any refusal.

Article 50

The Court may, at any time, entrust any individual, body, bureau, commission, or other organization that it may select, with the task of carrying out an enquiry or giving an expert opinion.

Article 51

During the hearing any relevant questions are to be put to the witnesses and experts under the conditions laid down by the Court in the rules of procedure referred to in Article 30.

Article 52

After the Court has received the proofs and evidence within the time specified for the purpose, it may refuse to accept any further oral or written evidence that one party may desire to present unless the other side consents.

Article 53

1. Whenever one of the parties does not appear before the Court, or fails to defend its case, the other party may call upon the Court to decide in favour of its claim.

2. The Court must, before doing so, satisfy itself, not only that it has jurisdiction in accordance with Articles 36 and 37, but also that the claim is well founded in fact and law.

Article 54

1. When, subject to the control of the Court, the agents, counsel, and advocates have completed their presentation of the case, the President shall declare the hearing closed.

2. The Court shall withdraw to consider the judgment.

3. The deliberations of the Court shall take place in private and remain secret.

Article 55

1. All questions shall be decided by a majority of the judges present.

2. In the event of an equality of votes, the President or the judge who acts in his place shall have a casting vote.

Article 56

1. The judgment shall state the reasons on which it is based.

2. It shall contain the names of the judges who have taken part in the decision.

Article 57

If the judgment does not represent in whole or in part the unanimous opinion of the judges, any judge shall be entitled to deliver a separate opinion.

Article 58

The judgment shall be signed by the President and by the Registrar. It shall be read in open court, due notice having been given to the agents.

Article 59

The decision of the Court has no binding force except between the parties and in respect of that particular case.

Article 60

The judgment is final and without appeal. In the event of dispute as to the meaning or scope of the judgment, the Court shall construe it upon the request of any party.

Article 61

1. An application for revision of a judgment may be made only when it is based upon the discovery of some fact of such a nature as to be a decisive factor, which fact was, when the judgment was given, unknown to the Court and also to the party claiming revision, always provided that such ignorance was not due to negligence.

2. The proceedings for revision shall be opened by a judgment of the Court expressly recording the existence of the new fact, recognizing that it has such a character as to lay the case open to revision, and declaring the application admissible on this ground.

3. The Court may require previous compliance with the terms of the judgment before it admits proceedings in revision.

4. The application for revision must be made at latest within six months of the discovery of the new fact.

5. No application for revision may be made after the lapse often years from the date of the judgment.

Article 62

1. Should a state consider that it has an interest of a legal nature which may be affected by the decision in the case, it may submit a request to the Court to be permitted to intervene.

2 It shall be for the Court to decide upon this request.

Article 63

1. Whenever the construction of a convention to which states other than those concerned in the case are parties is in question, the Registrar shall notify all such states forthwith,

2. Every state so notified has the right to intervene in the proceedings; but if it uses this right, the construction given by the judgment will be equally binding upon it.

Article 64

Unless otherwise decided by the Court, each party shall bear its own costs.

CHAPTER IV.

ADVISORY OPINIONS

Article 65

1. The Court may give an advisory opinion on any legal question at the request of whatever body may be authorized by or in accordance with the Charter of the United Nations to make such a request.

2. Questions upon which the advisory opinion of the Court is asked shall be laid before the Court by means of a written request containing an exact statement of the question upon which an opinion is required, and accompanied by all documents likely to throw light upon the question.

Article 66

1. The Registrar shall forthwith give notice of the request for an. advisory opinion to all states entitled to appear before the Court.

2. The Registrar shall also, by means of a special and direct communication, notify any state entitled to appear before the Court or international organization considered by the Court, or, should it not be sitting, by the President, as likely to be able to furnish information on the question, that the Court will be prepared to receive, within a time limit to be fixed by the President, written statements, or to hear, at a public sitting to be held for the purpose, oral statements relating to the question.

3. Should any such state entitled to appear before the Court have failed to receive the special communication referred to in paragraph 2 of this Article, such state may express a desire to submit a written statement or to be heard; and the Court will decide.

4. States and organizations having presented written or oral statements or both shall be permitted to comment on the statements made by other states or organizations in the form, to the extent, and within the time limits which the Court, or, should it not be sitting, the President, shall decide in each particular case. Accordingly, the Registrar shall in due time communicate any such written statements to states and organizations having submitted similar statements.

Article 67

The Court shall deliver its advisory opinions in open court, notice having been given to the Secretary-General and to the representatives of Members of the United Nations, of other states and of international organizations immediately concerned.

Article 68

In the exercise of its advisory functions the Court shall further be guided by the provisions of the present Statute which apply in contentious cases to the extent to which it recognizes them to be applicable.

CHAPTER V.

AMENDMENT

Article 69

Amendments to the present Statute shall be effected by the same procedure as is provided by the Charter of the United Nations for amendments to that Charter, subject however to any provisions which the General Assembly upon recommendation of the Security Council may adopt concerning the participation of states which are parties to the present Statute but are not Members of the United Nations.

Article 70

The Court shall have power to propose such amendments to the present Statute as it may deem necessary, through written communications to the Secretary-General, for consideration Hi conformity with the provisions of Article 69.

Home Page What's new Docket Decisions General Information Basic documents Publications Search.

附錄三　美國臺灣關係法

（第96屆國會公法第8號，載「美國法規大全」United States Statute At Large第93卷第14頁以下，1979年4月10日卡特總統簽署，但本法溯及1979年1月1日起生效。）

一件法律授權繼續美國人民與臺灣人民商業文化及其他關係以及達到其他目的以有助於西太平洋和平、安全與穩定及推行美國外交政策美利堅合眾國國會參眾二院代表制定以下法律。

簡稱

第1條　這項法律可以被稱為「臺灣關係法」。

政策事實與宣言

第2條　A.總統已終止美國與1979年1月1日以前所承認為中華民國的臺灣統治當局間的政府關係，國會認為制定這項法有其必要，以：

①協助維持西太平洋和平、安全與穩定；及

②授權繼續維持美國人民與臺灣人民間的商務、文化與其他關係，俾促進美國的外交政策。

B.美國的政策是：

①維護並促進美國人民與臺灣人民，以及中國大陸人民和西太平洋地區所有其他人民間的廣泛、密切與友好的商務、文化與其他關係；

②宣布該地區的和平與穩定，與美國政治、安全與經濟的利益息息相關，也是國際關切之事；

③明白表示，美國決定與「中華人民共和國」建立「外交關係」，完全是基於臺灣的未來將以和平方式解決這個期望上；

④任何企圖以和平方式以外的方式決定臺灣未來的努力，包括抵制、禁運等方式，都將被視為對西太平洋地區和平與安全的一項威脅，也是美國嚴重關切之事；

⑤以防衛性武器供應臺灣；及

⑥保持美國對抗以任何訴諸武力或其他強制形式而危害到臺灣人民的安全、或社會與經濟制度的能力。

C.本法中的任何規定，在人權方面都不能與美國的利益相牴觸，特別是有關大約

1,800萬臺灣居民的人權方面。本法特重伸維護與提高臺灣所有人民的人權，為美國的目標。

有關美國對臺灣政策之執行

第3條 A.為促進本法第二條所訂定的政策，美國將以臺灣足以維持其自衛能力所需要數量的防衛武器與防衛性服務，供應臺灣。

B.總統與國會應根據他們對臺灣的需要所作的判斷，並按照法律程序決定供應臺灣所需防衛性武器與服務的性質和數量。此種對臺灣防衛需要所作的決定，應包括美國軍方所作的評估，並將此種建議向總統和國會提出報告。

C.任何對臺灣人民的安全或社會或經濟制度的威脅，以及因此而引起對美國利益所造成的任何危險，總統應通知國會。任何此類危險，總統與國會應按照憲法程序，決定美國所應採取的適當行動。

法律的適用、國際協定

第4條 A.雖無外交關係和承認，應不致影響美國法律之適用於臺灣，且美國法律應以1979年1月1日以前相同的方式，適用於臺灣。

B.本條A項所稱的法律適用應包括但不應限於下列各點：

①凡美國法律提及關於外國、外國政府或類似實體時，此等條文應包括臺灣，且此等法律應適用於臺灣。

②凡被授權或依循美國法律，以與外國、政府或類似實體進行或執行計畫、交易或其他關係時，總統或任何美國政府機構均可按照本法第六條規定，獲得授權根據可適用的美國法律與臺灣進行或執行此類計畫、交易與其他關係。（其中包括，但並不限於──經由與臺灣商業實體訂約，為美國提供服務在內。）

③a.對臺灣雖無外交關係與承認，但在任何情形下，不應就此廢止、侵害、修改、否決或影響前此或今後依據美國法律臺灣所獲致的任何權利與義務。（其中包括，但並不限於有關契約、債務或任何種類的財產利益。）

b.根據美國法律所進行的各種目的，包括在美國任何法院的訴訟行動，美國承認「中華人民共和國」，不應影響臺灣統治當局在1978年12月31日以前所擁有或持有的任何財產的所有權，或其他權利與利益，以及此後所獲得或賺得的任何有形、無形或其他有價值事物的所有權。

④凡美國法律的適用，以目前或過去對臺灣可適用、或今後可適用的法律為依據時，對臺灣人民所適用的法律，應被認為是讓項目的可適用法。

⑤本法中所載，或總統給於「中華人民共和國」外交承認的行動，臺灣人民與美

國人民間沒有外交關係或不被美國承認等事實，以及若干隨附的狀況，不得在任何行政或司法過程中，被解釋為美國政府機構、委員會或部門，依據1954年原子能法以及1978年禁止核子擴散法作事實的判定或法律的裁定，以拒絕一項出口許可證申請或廢止現行對臺灣核子輸出許可證的基礎。

⑥關於移民暨歸化法，臺灣可以受到該法第202條B款前段所明訂的待遇。〔註：即指臺灣可以被給以單獨每年2萬人移民配額，不必與大陸共享有2萬人配額，國會已作此決定。〕

⑦臺灣依據美國法律，在美國各法院進行控告與被控告的資格，在任何情形下，不得因無外交關係或承認而受到廢止、侵害·修改、拒絕或影響。

⑧根據有關維持外交關係或承認某個政府的美國法律，不論是明訂或暗示者，都不得適用於臺灣。

C.為了各項目的，包括在美國任何法院中進行訴訟在內，美國和在1979年1月1日以前被承認為中華民國的臺灣統治當局之間所簽訂，並迄至1978年月12月31日一直有效的各項條約和其他國際協定，包括多邊公約在既繼續有效，除非或直至依法終止為止。

D.本法的一切條款，均不可被解釋為贊成排除或驅逐臺灣在任何國際金融機構或任何其他國際組織會籍之依據。

海外民間投資〔保險〕公司

第5條　A.在本法開始生效日起的3年期間，1961年援外法第二三一條第二項第二款中所規定的1,000美元個人平均所得的限制，不應用來限制海外民間投資〔保險〕公司提供有關在臺灣投資計畫任何保險、再保險、貸款或擔保等活動。

B.除了本條A項所規定之對在臺灣投資計畫提供保險、再保險、貸款與保證外，海外民間保險公司應比照對世界其他各地所適用同樣標準〔對臺灣〕提供服務。

〔註：1981年國會將1,000美元個人平均所得限制提高到2,950元──依1979年幣值，因此臺灣仍在海外民間投資公司之擔保範圍內。〕

美國在臺協會

第6條　A.美國總統或美國政府任何機構所進行的與臺灣有關的計畫、交易或其他關係，必須在總統指示的方式與範圍內，經由或透過下述機構執行：

①美國在臺協會，一個根據哥倫比亞特區法律組成的非營利法人團體；或

②總統可能指定的類似非政府代替機構（以下在此法中以「協會」稱呼）。

B.無論何時，總統或任何美國政府機構在美國法律的授權、要求或規定下，展開、履行、執行或制定與臺灣有關的協定或交易時，此類協定或交易，必須在總統指示的方式與範圍內，經由或透過協會來展開、履行和執行。

C.協會所據以成立或有業務關係的哥倫比亞特，或任何一州，或〔次一級行政區域〕的任何法律、規章、條例或法令，若阻礙或干預協會根據本法的行事與運作，則本法將替代此類法律、規章、條例或法令。

協會對在臺美國公民之服務

第7條　A.協會可以授權其在臺灣之任何工作人員：

①執行或監督任何人宣誓、認證、作口供或提出證詞，從事任何公證人在美國國內根據法律授權與規定所能夠從事的公證行為；

②擔任已逝世的美國公民私人財產的臨時保管人；及

③得以根據總統可能明確指定的美國法律的授權，採取類似美國國外領事事務的其他行動，以協助與保護美國人的利益。

B.協會授權的工作人員，根據本條所從事的行為，與任何其他美國法律授權從事此類行為者的行為，具有同等的效力。

協會的免稅地位

第8條　A.本協會，它的財產與它的收入，得以免繳現在或此後美國，或任何一州或地方稅收當局所規定的所有稅捐（除非本法第十一條A③要求根據1954年國稅法第二十一條有關聯邦保險捐款法的規定課稅）。

B.對1954年的國稅法而言，協會將被視為一個如以下各條項所描述之組織：一七○B①A，一七○C，二○五五A，二一○六A②A，二五二二A和二五二二B。

協會所獲得之財產與服務及所提供之服務

第9條　A. 任何美國政府機構有權在總統規定的條件與情況下，對協會出售，借貸或出租財產（包括利息在內），和對其作業提供行政與技術支援或其他服務。根據本項之規定，協會對各機構之償付，應納入有關機構目前可使用之經費中。

B. 任何美國政府機構得以根據總統所規定之條件與情況，獲得和接受協會提供之服務。只要總統認為有助於本法之目的，此類機構可獲得協會之服務，而不必顧慮美國法律通常對此類機構獲得此類服務所作的規定，這些法律可由總統以行政命令決定。

C. 任何根據本法對協會提供資金的美國機構，必須與協會之間作成一項安排，使得美國的主計處得以查看協會的帳目與紀錄，並有機會監督協會的作業。

臺灣的機構

第10條 A. 無論何時；總統或任何美國政府機構根據美國法律的授權、要求與規定，對臺灣提供、或接受來自臺灣的任何行動、通訊、保證、擔保或其他行為時，這些行為必須依據總統所指示的方式與範圍，對臺灣成立的一個機構提供，或自這個機構接受，臺灣的此一機構必須經由總統確認，具有根據臺灣人民所採用之法律，代表臺灣提供本法要求之保證與其他行動之必要權威。

B. 總統被要求給予臺灣成立的機構，與在1979年1月1日以前為美國政府承認為中華民國之臺灣政府當局以前在美國所有之辦事處與人員同樣數目的單位與名額。

C. 根據臺灣給予協會與其正規人員之特權與豁免權，總統有權給予臺灣的機構與其正規人員相對的特權與豁免權（附帶適當的條件與義務），以便利他們發揮有效的履行其功能。

第11條 A. ①美國政府的任何機構，依總統指示的條件及情況，應允接受美國在臺協會職務的該機構任何官員或僱員離開公職一段特定期間。

②依本條第一項規定，離開一個機構而受僱於美國在臺協會的官員或僱員，在終止受僱後，應有權獲該機構（或接替機構）重新僱用或恢復職務，畀以適當職務，而其附隨的權利、特權及福利，應與他或她在總統所可能規定的期間及其他條件下，如果不離開原職時所應有或應得者相同。

③依本條第二項規定，有權重獲僱用或恢復職務的官員或僱員，在繼續受僱於美國在臺協會期間，得繼續參加這名官員或僱員在受僱於該協會之前所曾參加的任何福利計畫，包括因公死亡、受傷、疾病的賠償計畫；健康及生命保險計畫；年假、病假及其他法定假期；及依美國法律所建立的任何制度下的退休計畫。除非受僱於該協會為參加此種計畫的基礎，即在受僱於該協會期間，為參加這種計畫，依規定僱員所扣繳及僱主須捐納的、而目前存入該計畫或制度的基金或保管處者。

在獲准受僱於該協會期間及在原機構重新僱用或恢復其職之前，任何這種官員或僱員的死亡或退休，應被視為在服公職期間死亡或退休，俾僱員本人或眷屬享有美國政府機構所給的優惠。

④美國政府某一機構之任何官員或僱員在本法制訂前。以事假方式加入協會服務而未支薪者，在其服務期間接受本條所列之各項福利。

B. 美國政府任何機構在臺灣僱用之外國人，可將這類人員連同其應得之津貼福利與權利轉移至協會，為退休和其他福利之目的照樣計算其服務年資，包括繼續

參與該外國人在轉入協會之前已參加的任何由美國政府依法制訂聘僱人員〔福利〕制度。但以在受僱於該協會期間，為參加此制度，依規定僱員所扣繳及僱主須捐納，而目前存入該制度之基金或公庫者為限。

C. 協會之僱員並非美國之僱員，而在代表協會時應免除受美國法典第十八章二〇七條之約束。

D.①按照1954年國內稅法第九一一暨九一三條之規定，協會付給其僱員之薪金，不視為營利所得。協會僱員所受領之薪金，應不括在所得總額內。並免予扣繳稅金，其最高額相當美國政府文利。

官及僱員之薪給數額以及依同法第九一二條規定免稅之津貼與福

②除本條A③所規定範圍外，在協會僱用期間之服務，不構成該法規第二十一章及社會安全法第二部之僱用。

第12條　A. 國務卿應將協會為一造之任何協定全文送達國會。不過，任何此類協定，經總統認定，如予立即公開透露將妨礙美國國家安全者，不應如此送達；而應經總統加以適當之保密禁令後，再送達參院外交關係委員會及眾院外交事務委員會，此等禁令只能由總統經適當通知後解除。B、A段所稱之「協定」係指——

①協會與臺灣統治當局或由臺灣所設置之機構之間所締結之任何協定以及；

②協會與美國政府任何機構所締結之協定。

③由協會或經由協會制訂或行將制訂之協議與交易，須由國會知會、檢討與批准，一如這些協議與交易係經由或通過協會代為行事之美國政府機構締訂者一樣。

④自本法生效之日開始之兩年期間內，國務卿應每隔六個月將一份描述與檢討美國與臺灣經濟關係之報告向眾院議長及參院外交關係委員會提出，指明任何對正常商務關係之干擾。

規則與章程

第13條　總統有權制定被認為適於執行本法所需之規則與章程。自本法生效之日開始之3年期間內，這類規則與章程應適時送達眾院議長及參院外交關係委員會。不過，這類行動不應解除本法加諸於協會之各項責任。

國會之監督

第14條　A. 眾院外交事務委員會、參院外交關係委員會以及國會之其他適當委員會應監督：

　　　①本法各條款之執行；

　　　②協會之作業及程序；

　　　③美國與臺灣關係繼續之法理、與技術層面；

　　　④美國有關東亞安全與合作政策之執行。

　　B.上述各委員應適時將其監督結果，分別向所屬參、眾議院提出報告。

定義

第15條　本法所提及之各項名詞，其定義如下：

　　　①「美國之法律」一詞，包括任何成文法、法令、規章、條例、命令或美國或
次一級行政區域所決定的有法律性質的法令；以及

　　　②「臺灣」一詞，涵蓋臺灣本島及澎湖，該等島嶼上之人民，以及依據適用於
這些島嶼的各項法律所成立之法人及其他實體與協會，以及在1979年之前美
國所承認的在臺灣的中華民國政府當局，以及該政府當局之任何繼承者（包
括次一級行政區域、機構及實體組織等）

撥款之授權

第16條　除了為執行本法的條款，而從其他方面可獲得經費外，在1980會計年度內，授
權撥款給國務卿執行這些條款所需的經費。這些經費已授權撥出，以備使用。

第17條　如果本法的任何條款或其後對任何人或情況的適用被認為無效，本法的其餘部
分及該條款對任何其他人或情況的適用，並不因而受影響。

第18條　本法將自1979年1月1日起生效。

（編者自譯本）

附錄四　維也納條約法公約

　　本公約各當事國，鑒於條約在國際關係歷史上之基本地位，承認條約為國際法淵源之一，且為各國間不分憲法及社會制度發展和平合作之工具，其重要性日益增加，鑒悉自由同意與善意之原則以及條約必須遵守規則乃舉世所承認，確認凡關於條約之爭端與其他國際爭端同，皆應以和平方法且依正義及國際法之原則解決之，念及聯合國人民同茲決心創造適當環境，俾克維持正義及尊重由條約而起之義務，鑒及聯合國憲章所載之國際法原則，諸如人民平等權利及自決，所有國家主權平等及獨立，不干涉各國內政，禁止使用威脅或武力以及普遍尊重與遵守全體人類之人權及基本自由等原則，深信本公約所達成之條約法之編纂及逐漸發展可促進憲章所揭櫫之聯合國宗旨，即維持國際和平及安全，發展國際間之友好關係能達成其彼此合作，確認凡未經本公約各條規定之問題，將仍以國際習慣法規則為準，爰議定條款如下：

第一編　導言

第1條　本公約之範圍

　　本公約適用於國家間之條約。

第2條　用語

　　一、就適用本公約而言：

　　（甲）稱「條約」者，謂國家間所締結而以國際法為準之國際書面協定，不論其載於一項單獨文書或兩項以上相互有關之文書內，亦不論其特定名稱為何；

　　（乙）稱「批准」、「接受」、「贊同」及「加入」者，各依本義指一國據以在國際上確定其同意承受條約拘束之國際行為；

　　（丙）稱「全權證書」者，謂一國主管當局所頒發，指派一人或數人代表該國談判、議定或認證條約約文，表示該國同意承受條約拘束，或完成有關條約之任何其他行為之文件；

　　（丁）稱「保留」者，謂一國於簽署、批准、接受、贊同或加入條約時所作之片面聲叭不論措辭或名稱為何，其目的在摒除或更改條約中若干規定對該國適用時之法律效果；

　　（戊）稱「談判國」者，謂參與草擬及議定條約約文之國家；

　（己）稱「締約國」者，謂不問條約已未生效，同意承受條約拘束之國家；

　（庚）稱「當事國」者，謂同意承受條約拘束及條約對其有效之國家；

　（辛）稱「第三國」者，謂非條約當事國之國家；

　（壬）稱「國際組織」者，謂政府間之組織。

二、第一項關於本公約內各項用語之規定不妨礙此等用語在任何國家國內法上之使用或所具有之意義。

第3條　不屬本公約範圍之國際協定

本公約不適用於國家與其他國際法主體間所締結之國際協定或此種其他國際法主體間之國際協定或非書面國際協定，此一事實並不影響：

　（甲）此類協定之法律效力；

　（乙）本公約所載任何規則之依照國際法而毋須基於本公約原應適用於此類協定者，對於此類協定之適用；

　（丙）本公約之適用於國家間以亦有其他國際法主體為其當事者之國際協定為根據之彼此關係。

第4條　本公約不溯既往

以不妨礙本公約所載任何規則之依國際法而毋須基於本公約原應適用於條約者之適用為限，本公約僅對各國於本公約對各該國生效後所締結之條約適用之。

第5條　組成國際組織之條約及在一國際組織內議定之條約

本公約適用於為一國際組織組織約章之任何條約及在一國際組織內議定之任何條約；但對該組織任何有關規則並無妨礙。

第二編　條約之締結及生效

第一節　條約之締結

第6條　國家締結條約之能力

每一國家皆有締結條約之能力。

第7條　全權證書

一、任一人員如有下列情形之一，視為代表一國議定或認證條約約文或表示該國承受條約拘束之同意：

　（甲）出具適當之全權證書；或

　（乙）由於有關國家之慣例或由於其他情況可見此等國家之意思係認為該人員為此事代表該國而可免除全權證書。

二、下列人員由於所任職務毋須出具全權證書，視為代表其國家：

（甲）國家元首、政府首長及外交部長，為實施關於締結條約之一切行為；

（乙）使館館長，為議定派遣國與駐在國間條約約文；

（丙）國家派往國際會議或派駐國際組織或該國際組織一機關之代表，為議定在該會議、組織或機關內議定之條約約文。

第8條　未經授權所實施行為之事後確認

關於締結條約之行為係依第七條不能視為經授權為此事代表一國之人員所實施者，非經該國事後確認，不發生法律效果。

第9條　約文之議定

一、除依第二項之規定外，議定條約約文應以所有參加草擬約文國家之同意為之。

二、國際會議議定條約之約文應以出席及參加表決國家三分之二多數之表決為之，但此等國家以同樣多數決定適用另一規則者不在此限。

第10條　約文之認證

條約約文依下列方法確定為作準定本：

（甲）依約文所載或經參加草擬約文國家協議之種序；或

（乙）倘無此項程序，由此等國家代表在條約約文上，或在載有約文之會議蔵事文件上簽署，作待核准之簽署或草簽。

第11條　表示同意承受條約拘束之方式

一國承受條約拘束之同意得以簽署、交換構成條約之文書、批准、接受、贊同或加入，或任何其他同意之方式表示之。

第12條　以簽署表示承受條約拘束之同意

一、遇有下列情形之一，一國承受條約拘束之同意以該國代表之簽署表示之：

（甲）條約規定簽署有此效果；

（乙）另經確定談判國協議簽署有此效果；或

（丙）該國使簽署有此效果之意思可見諸其代表所奉之全權證書或已於談判時有此表示。

二、就適用第一項而言：

（甲）倘經確定談判國有此協議，約文之草簽構成條約之簽署；

（乙）代表對條約作待核准之簽署，倘經其本國確認，即構成條約之正式簽署。

第13條　以交換構成條約之文書表示承受條約拘束之同意

遇有下列情形之一，國家同意承受由彼此間交換之文書構成之條約拘束，以此

　　　　種交換表示之：

　　　（甲）文書規定此種交換有此效果；或

　　　（乙）另經確定此等國家協議文書之交換有此效果。

第14條　以批准、接受或贊同表示承受條約拘束之同意

　　　一、遇有下列情形之一，一國承受條約拘束之同意，以批准表示之：

　　　（甲）條約規定以批准方式表示同意；

　　　（乙）另經確定談判國協議需要批准；

　　　（丙）該國代表已對條約作須經批准之簽署；或

　　　（丁）該國對條約作須經批准之簽署之意思可見諸其代表所奉之全權證書，成
　　　　　　已於談判時有此表示。

　　　二、一國承受條約拘束之同意以接受或贊同方式表示者，其條件與適用於批准
　　　　　者同。

第15條　以加入表示承受條約拘束之同意

　　　遇有下列情形之一，一國承受條約拘束之同意，以加入表示之：

　　　（甲）條約規定該國得以加入方式表示此種同意；

　　　（乙）另經確定談判國協議該國得以加入方式表示此種同意；

　　　（丙）全體當事國嗣後協議該國得以加入方式表示此種同意。

第16條　批准書、接受書、贊同書或加入書之交換或交存

　　　除條約另有規定外，批准書、接受書、贊同書或加入書依下列方式確定一國承
　　　受條約拘束之同意：

　　　（甲）由締約國互相交換；

　　　（乙）將文書交存保管機關；或

　　　（丙）如經協議，通知締約國或保管機關。

第17條　同意承受條約一部分之拘束及不同規定之選擇

　　　一、以不妨礙第十九條至第二十三條為限，一國同意承受條約一部分之拘束，
　　　　　僅於條約許可或其他締約國同意時有效。

　　　二、一國同意承受許可選擇不同規定之條約之拘束，僅於指明其所同意之規定
　　　　　時有效。

第18條　不得在條約生效前妨礙其目的及宗旨之義務

　　　一國負有義務不得採取任何足以妨礙條約目的及宗旨之行動：

　　　（甲）如該國已簽署條約或已交換構成條約之文書而須經批准、接受或贊同，
　　　　　　但尚未明白表示不欲成為條約當事國之意思；或

　　　（乙）如該國業已表示同意承受條約之拘束，而條約尚未生效，且條約之生效

不稽延過久。

第二節　保留

第19條　提具保留

一國得於簽署、批准、接受、贊同或加入條約時，提具保留，但有下列情形之一者不在此限：

（甲）該項保留為條約所禁止者；

（乙）條約僅准許特定之保留而有關之保留不在其內者；或

（丙）凡不屬（甲）及（乙）兩款所稱之情形，該項保留與條約目的及宗旨不合者。

第20條　接受及反對保留

一、凡為條約明示准許之保留，無須其他締約國事後予以接受，但條約規定須如此辦理者，不在此限。

二、倘自談判國之有限數目及條約之目的與宗旨，可見在全體當事國間適用全部條約為每一當事國同意承受條約拘束之必要條件時，保留須經全體當事國接受。

三、倘條約為國際組織之組織約章，除條約另有規定外，保留須經該組織主管機關接受。

四、凡不屬以上各項所稱之情形，除條約另有規定外：

（甲）保留經另一締約國接受，就該另一締約國而言，保留國即成為條約之當事國，但須條約對各該國均已生效；

（乙）保留經另一締約國反對，則條約在反對國與保留國間並不因此而不生效力，但反對國確切表示相反之意思者不在此限；

（丙）表示一國同意承受條約拘束而附以保留之行為，一俟至少有另一締約國接受保留，即發生效力。

五、就適用第二項與第四項而言，除條約另有規定外，倘一國在接獲關於保留之通知後12個月期間屆滿時或至其表示同意承受條約拘束之日為止，兩者中以較後之日期為準，迄未對保留提出反對，此項保留即視為業經該國接受。

第21條　保留及對保留提出之反對之法律效果

一、依照第十九條、第二十條及第二十三條對另一當事國成立之保留：

（甲）對保留國而言，其與該另一當事國之關係上照保留之範圍修改保留所關涉之條約規定；及

（乙）對該另一當事國而言，其與保留國之關係上照同一範圍修改此等規定。

二、此項保留在條約其他當事國相互間不修改條約之規定。

三、倘反對保留之國家未反對條約在其本國與保留國間生效，此項保留所關涉之規定在保留之範圍內於該兩國間不適用之。

第22條　撤回保留及撤回對保留提出之反對

一、除條約另有規定外，保留得隨時撤回，無須經業已接受保留之國家同意。

二、除條約另有規定外，對保留提出之反對得隨時撤回。

三、除條約另有規定或另經協議外：

（甲）保留之撤回，在對另一締約國之關係上，自該國收到撤回保留之通知之時起方始發生效力；

（乙）對保留提出之反對之撤回，自提出保留之國家收到撤回反對之通知時起方始發生效力。

第23條　關於保留之程序

一、保留、明示接受保留及反對保留，均必須以書面提具並致送締約國及有權成為條約當事國之其他國家。

二、保留係在簽署須經批准、接受或贊同之條約時提具者，必須由保留國在表示同意承受條約拘束時正式確認。遇此情形，此項保留應視為在其確認之日提出。

三、明示接受保留或反對保留係在確認保留前提出者，其本身無須經過確認。

四、撤回保留或撤回對保留提出之反對，必須以書面為之。

第三節　條約之生效及暫時適用

第24條　生效

一、條約生效之方式及日期，依條約之規定或依談判國之協議。

二、倘無此種規定或協議，條約一俟確定所有談判國同意承受條約之拘束，即行生效。

三、除條約另有規定外，一國承受條約拘束之同意如係於條約生效後之一日期確定，則條約自該日起對該國生效。

四、條約中為條約約文之認證，國家同意承受條約拘束之確定，條約生效之方式或日期，保留，保管機關之職務以及當然在條約生效前發生之其他事項所訂立之規定，自條約約文議定時起適用之。

第25條　暫時適用

一、條約或條約之一部分於條約生效前在下列情形下暫時適用：

（甲）條約本身如此規定；或

（乙）談判國以其他方式協議如此辦理。

二、除條約另有規定或談判國另有協議外，條約或條約一部分對一國之暫時適
　　用，於該國將其不欲成為條約當事國之意思通知已暫時適用條約之其他各
　　國時終止。

第三編　條約之遵守、適用及解釋

第一節　條約之遵守

第26條　條約必須遵守

凡有效之條約對其各當事國有拘束力，必須由各該國善意履行。

第27條　國內法與條約之遵守

一當事國不得援引其國內法規定為理由而不履行條約。此項規則不妨礙第
四十六條。

第二節　條約之適用

第28條　條約不溯既往

除條約表示不同意思，或另經確定外，關於條約對一當事國生效之日以前所發
生之任何行為或事實或已不存在之任何情勢，條約之規定不對該當事國發生拘
束力。

第29條　條約之領土範圍

除條約表示不同意思，或另經確定外，條約對每一當事國之拘束力及於其全部
領土。

第30條　關於同一事項先後所訂條約之適用

一、以不違反聯合國憲章第一百零三條為限，就同一事項先後所訂條約當事國
　　之權利與義務應依下列各項確定之。

二、遇條約訂明須不違反先訂或後訂條約或不得視為與先訂或後訂條約不合
　　時，該先訂或後訂條約之規定應居優先。

三、遇先訂條約全體當事國亦為後訂條約當事國但不依第五十九條終止或停止
　　施行先訂條約時，先訂條約僅於其規定與後訂條約規定相合之範圍內適用
　　之。

四、遇後訂條約之當事國不包括先訂條約之全體當事國時：

（甲）在同為兩條約之當事國間，適用第三項之同一規則；

（乙）在為兩條約之當事國與僅為其中一條約之當事國間彼此之權利與義務依
兩國均為當事國之條約定之。

五、第四項不妨礙第四十一條，或依第六十條終止或停止施行條約之任何問
題，或一國因締結或適用一條約而其規定與該國依另一條約對另一國之義
務不合所生之任何責任問題。

第三節　條約之解釋

第31條　解釋之通則

一、條約應依其用語按其上下文並參照條約之目的及宗旨所具有之通常意義，
善意解釋之。

二、就解釋條約而言，上下文除指連同弁言及附件在內之約文外，並應包括：

（甲）全體當事國間因締結條約所訂與條約有關之任何協定；

（乙）一個以上當事國因締結條約所訂並經其他當事國接受為條約有關文書之
任何文書。

三、應與上下文一併考慮者尚有：

（甲）當事國嗣後所訂關於條約之解釋或其規定之適用之任何協定；

（乙）嗣後在條約適用方面確定各當事國幾條約解釋之協定之任何慣例；

（丙）適用於當事國間關係之任何有關國際法規則。

四、倘經確定當事國有此原意，條約用語應使其具有特殊意義。

第32條　解釋之補充資料

為證實由適用第三十一條所得之意義起見，或遇依第三十一條作解釋而：

（甲）意義仍屬不明或難解；或

（乙）所獲結果顯屬荒謬或不合理時，為確定其意義起見，得使用解釋之補充
資料，包括條約之準備工作及締結之情況在內。

第33條　以兩種以上文字認證之條約之解釋

一、條約約文經以兩種以上文字認證作準者，除依條約之規定或當事國之協議
遇意義分歧時應以某種約文為限據外，每種文字之約文應同一作準。

二、以認證作準文字以外之他種文字作成之條約譯本，僅於條約有此規定或當
事國有此協議時，始得視為作準約文。

三、條約用語推定在各作準約文內意義相同。

四、除依第一項應以某種約文為根據之情形外，倘比較作準約文後發現意義有
差別而非適用第三十一條及第三十二條所能消除時，應採用顧及條約目的
及宗旨之最能調和各約文之意義。

第四節　條約與第三國

第34條　關於第三國之通則

條約非經第三國同意，不為該國創設義務或權利。

第35條　為第三國規定義務之條約

如條約當事國有意以條約之一項規定作為確立一項義務之方法，且該項義務經一第三國以書面明示接受，則該第三國即因此項規定而負有義務。

第36條　為第三國規定權利之條約

一、如條約當事國有意以條約之一項規定對一第三國或其所屬一組國家或所有國家給予一項權利，而該第三國對此表示同意，則該第三國即因此項規定而享有該項權利。該第三國倘無相反之表示，應推定其表示同意，但條約另有規定者不在此限。

二、依第一項行使權利之國家應遵守條約所規定或依照條約所確定之條件行使該項權利。

第37條　取消或變更第三國之義務或權利

一、依照第三十五條使第三國擔負義務時，該項義務必須經條約各當事國與該第三國之同意，方得取消或變更，但經確定其另有協議者不在此限。

二、依照第三十六條使第三國享有權利時，倘經確定原意為非經該第三國同意不得取消或變更該項權利，當事國不得取消或變更之。

第38條　條約所載規則由於國際習慣而成為對第三國有拘束力

第三十四條至第三十七條之規定不妨礙條約所載規則成為對第三國有拘束力之公認國際法習慣規則。

第四編　條約之修正與修改

第39條　關於修正條約之通則

條約得以當事國之協議修正之。除條約可能另有規定者外，此種協議適用第二編所訂之規則。

第40條　多邊條約之修正

一、除條約另有規定外，多邊條約之修正依下列各碩之規定。

二、在全體當事國間修正多邊條約之任何提議必須通知全體締約國，各該締約國均應有權參加：

（甲）關於對此種提議採取行動之決定；

（乙）修正條約之任何協定之談判及締結。

三、凡有權成為條約當事國之國家亦應有權成為修正後條約之當事國。

四、修正條約之協定對已為條約當事國而未成為該協定當事國之國家無拘束力，對此種國家適用第三十條第四項（乙）款。

五、凡於修正條約之協定生效後成為條約當事國之國家，倘無不同意思之表示：

（甲）應視為修正後條約之當事國；並

（乙）就其對不受修正條約協定拘束之條約當事國之關係言，應視為未修正條約之當事國。

第41條　僅在若干當事國間修改多邊條約之協定

一、多邊條約兩個以上當事國得於下列情形下締結協定僅在彼此間修改條約：

（甲）條約內規定有作此種修改之可能者；或

（乙）有關之修改非為條約所禁止，且：

(一)不影響其他當事國享有條約上之權利或履行其義務者；

(二)不干涉任何如予損抑即與有效實行整個條約之目的及宗旨不合之規定者。

二、除屬第一項（甲）款範圍之情形條約另有規定者外，有關當事國應將其締結協定之意思及協定對條約所規定之修改，通知其他當事國。

第五編　條約之失效、終止及停止施行

第一節　總則

第42條　條約之效力及繼續有效

一、條約之效力或一國承受條約拘束之同意之效力僅經由本公約之適用始得加以非議。

二、終止條約，廢止條約，或一當事國退出條約，僅因該條約或本公約規定之適用結果始得為之。同一規則適用於條約之停止施行。

第43條　無須基於條約之國際法所加義務

條約因本公約或該條約規定適用結果而失效，終止或廢止，由當事國退出，或停止施行之情形，絕不損害任何國家依國際法而毋須基於條約所負履行該條約所載任何義務之責任。

第44條　條約之規定可否分離

一、除條約另有規定或當事國另有協議外，條約內所規定或因第五十六條所生之當事國廢止、退出或停止施行條約之權利僅得對整個條約行使之。

二、本公約所承認之條約失效、終止、退出或停止施行條約之理由僅得對整個條約援引之，但下列各項或第六十條所規定之情形不在此限。

三、倘理由僅與特定條文有關，得於下列情形下對各該條文援引之：

（甲）有關條文在適用上可與條約其餘部分分離；

（乙）由條約可見或另經確定各該條文之接受並非另一當事國或其他當事國同意承受整個條約拘束之必要根據；及

（丙）條約其餘部分之繼續實施不致有失公平。

四、在第四十九條及第五十條所稱情形下，有權援引詐欺或賄賂理由之國家得對整個條約或以不違反第三項為限專對特定條文援引之。

五、在第五十一條、第五十二條及第五十三條所稱之情形下，條約之規定一概不許分離。

第45條　喪失援引條約失效、終止、退出或停止施行條約理由之權利一國於知悉事實後而有下列情形之一者，即不得再援引第四十六條至第五十條或第六十條及第六十二條所規定條約失效、終止、退出或停止施行條約之理由

（甲）該國業經明白同意條約有效，或仍然生效或繼續施行；或

（乙）根據該國行為必須視為已默認條約之效力或條約之繼續生效或施行。

第二節　條約之失效

第46條　國內法關於締約權限之規定

一、一國不得援引其同意承受條約拘束之表示為違反該國國內法關於締約權限之一項規定之事實以撤銷其同意，但違反之情事顯明且涉及其具有基本重要性之國內法之一項規則者，不在此限。

二、違反情事倘由對此事依通常慣例並秉善意處理之任何國家客觀視之為顯然可見者，即係顯明違反。

第47條　關於表示一國同意權力之特定限制

如代表表示一國同意承受某一條約拘束之權力附有特定限制，除非在其表示同意前已將此項限制通知其他談判國，該國不得援引該代表未遵守限制之事實以撤銷其所表示之同意。

第48條　錯誤

一、一國得援引條約內之錯誤以撤銷其承受條約拘束之同意，但此項錯誤以關涉該國於締結條約時假定為存在且構成其同意承受條約拘束之必要根據之

事實或情勢者為限。

二、如錯誤係由關係國家本身行為所助成，或如當時情況足以使該國知悉有錯誤之可能，第一項不適用之。

三、僅與條約約文用字有關之錯誤，不影響條約之效力；在此情形下，第七十九條適用之。

第49條　詐欺

倘一國因另一談判國之詐欺行為而締結條約，該國得援引詐欺為理由撤銷其承受條約拘束之同意。

第50條　對一國代表之賄賂

倘一國同意承受條約拘束之表示係經另一談判國直接或間接賄賂其代表而取得，該國得援引賄賂為理由撤銷其承受條約拘束之同意。

第51條　對一國代表之強迫

一國同意承受條約拘束之表示係以行為或威脅對其代表所施之強迫而取得者，應無法律效果。

第52條　以威脅或使用武力對一國施行強迫

條約係違反聯合國憲章所含國際法原則以威脅或使用武力而獲締結者無效。

第53條　與一般國際法強制規律（絕對法）牴觸之條約

條約在締結時與一般國際法強制規律牴觸者無效。就適用本公約而言，一般國際法強制規律指國家之國際社會全體接受並公認為不許損抑且僅有以後具有同等性質之一般國際法規始得更改之規律。

第三節　條約之終止及停止施行

第54條　依條約規定或經當事國同意而終止或退出條約

在下列情形下，得終止條約或一當事國得退出條約：

（甲）依照條約之規定；或

（乙）無論何時經全體當事國於諮商其他各締約國後表示同意。

第55條　多邊條約當事國減少至條約生效所必需之數目以下

除條約另有規定外，多邊條約並不僅因其當事國數目減少至生效所必需之數目以下而終止。

第56條　廢止或退出並無關於終止廢止或退出規定之條約

一、條約如無關於其終止之規定，亦無關於廢止或退出之規定，不得廢止成退出，除非：

（甲）經確定當事國原意為容許有廢止成退出之可能；或

（乙）由條約之性質可認為含有廢止或退出之權利。

二、當事國應將其依第一項廢止或退出條約之意思至遲放12個月以前通知之。

第57條　依條約規定或經當事國同意而停止施行條約

在下列情形下，條約得對全體當事國或某一當事國停止施行：

（甲）依照條約之規定；或

（乙）無論何時經全體當事國於諮商其他各締約國後表示同意。

第58條　多邊條約僅經若干當事國協議而停止施行

一、多邊條約兩國以上當事國得暫時並僅於彼此間締結協定停止施行條約之規
　　　定，如：

（甲）條約內規定有此種停止之可能；或

（乙）有關之停止非為條約所禁止，且：

　　　(一)不影響其他當事國事有條約上之權利或履行其義務；

　　　(二)非與條約之目的及宗旨不合。

二、除屬第一項（甲）款範圍之情形條約另有規定者外，有關當事國應將其締
　　　結協定之意思及條約內其所欲停止施行之規定通知其他當事國。

第59條　條約因締結後訂條約而默示終止或停止施行

一、任何條約於其全體當事國就同一事項締結後訂條約，且有下列情形之一
　　　時，應視為業已終止：

（甲）自後訂條約可見或另經確定當事國之意思為此一事項應以該條約為準；
　　　或

（乙）後訂條約與前訂條約之規定不合之程度使兩者不可能同時適用。

二、倘自後訂條約可見或另經確定當事國有此意思，前訂條約應僅視為停止施
　　　行。

第60條　條約因違約而終止或停止施行

一、雙邊條約當事國一方有重大違約情事時，他方有權援引違約為理由終止該
　　　條約，或全部右局部停止其施行。

二、多邊條約當事國之一有重大違約情事時：

（甲）其他當事國有權以一致協議：

　　　(一)在各該國與違約國之關係上；或

　　　(二)在全體當事國之間，

將條約全部或局部停止施行或終止該條約；

（乙）特別受違約影響之當事國有權援引違約為理由在其本國與違約國之關係
　　　上將條約全部或局部停止施行。

（丙）如由於條約性質關係，遇一當事國對其規定有重大違反情事，致每一當事國繼續履行條約義務所處之地位因而根本改變，則違約國以外之任何當事國皆有權援引違約為理由將條約對其本國全部或局部停止施行。

三、就適用本條而言，重大違約係指：

（甲）廢棄條約，而此種廢棄非本公約所准許者；或

（乙）違反條約規定，而此項規定為達成條約目的或宗旨所必要者。

四、以上各項不妨礙條約內適用於違約情事之任何規定。

五、第一項至第三項不適用於各人道性質之條約內所載關於保護人身之各項規定，尤其關於禁止對受此種條約保護之人採取任何方式之報復之規定。

第61條　發生意外不可能履行

一、倘因實施條約所必不可少之標的物永久消失或毀壞以致不可能履行條約時，當事國得援引不可能履行為理由終止或退出條約。如不可能履行係屬暫時性質，僅得援引為停止施行條約之理由。

二、倘條約不可能履行係一當事國違反條約義務或違反對條約任何其他當事國所負任何其他國際義務之結果，該當事國不得援引不可能履行為理由終止、退出或停止施行條約。

第62條　情況之基本改變

一、條約締結時存在之情況發生基本改變而非當事國所預料者，不得援引為終止或退出條約之理由，除非：

（甲）此等情況之存在構成當事國同意承受條約拘束之必要根據；及

（乙）該項改變之影響將根本變動依條約尚待履行之義務之範圍。

二、情況之基本改變不得援引為終止或退出條約之理由：

（甲）倘該條約確定一邊界；或

（乙）倘情況之基本改變係援引此項理由之當事國違反條約義務或違反對條約任何其他當事國所負任何其他國際義務之結果。

三、倘根據以上各項，一當事國得援引情況之基本改變為終止或退出條約之理由，該國亦得援引該項改變為停止施行條約之理由。

第63條　斷絕外交或領事關係

條約當事國間斷絕外交或領事關係不影響彼此間由條約確定之法律關係，但外交或領事關係之存在為適用條約所必不可少者不在此限。

第64條　一般國際法新強制規律（絕對法）之產生

遇有新一般國際法強制規律產生時，任何現有條約之與該項規律牴觸者即成為無效而終止。

第四節　程序

第65條　關於條約失效、終止、退出條約或停止施行條約應依循之程序

一、當事國依照本公約之規定援引其承受條約拘束之同意有誤為理由或援引非難條約效力、終止、退出或停止施行條約之理由者,必須將其主張通知其他當事國。此項通知應載明對條約所提議採取之措施及其理由。

二、在一非遇特別緊急情形不得短於自收到通知時起算3個月之期間屆滿後,倘無當事國表示反對,則發出通知之當事國得依第六十七條規定之方式,實施其所提議之措施。

三、但如有任何其他當事國表示反對,當事國應藉聯合國憲章第三十三條所指示之方法以謀解決。

四、上列各項絕不影響當事國在對其有拘束力之任何關於解決爭端之現行規定下所具有之權利或義務。

五、以不妨礙第四十五條為限,一國未於事前發出第一項所規定之通知之事實並不阻止該國為答覆另一當事國要求其履行條約或指稱其違反條約而發出此種通知。

第66條　司法解決、公斷及和解之程序

倘在提出反對之日後12個月內未能依第六十五條第三項獲致解決,應依循下列程序:

(甲) 關於第五十三條或第六十四條之適用或解釋之爭端之任一當事國得以請求書將爭端提請國際法院裁決之,但各當事國同意將爭端提交公斷者不在此限;

(乙) 關於本公約第五編任一其他條文之適用或解釋之爭端之任一當事國得向聯合國秘書長提出請求,發動本公約附件所定之程序。

第67條　宣告條約失效、終止、退出或停止施行條約之文書

一、第六十五條第一項規定之通知須以書面為之。

二、凡依據條約規定或第六十五條第二項或第三項規定宣告條約失效、終止、退出或停止施行條約之行為;應以文書致送某他當事國為之。倘文書未經國家元首、政府首長或外交部長簽署,得要求致送文書國家之代表出具全權證書。

第68條　撤銷第六十五條及第六十七條所規定之通知及文書

第六十五條或第六十七條所規定之通知或文書得在其發生效力以前隨時撤銷之。

第五節　條約失效、終止或停止施行之後果

第69條　條約失效之後果

一、條約依本公約確定失效者無效。條約無效者，其規定無法律效力。

二、但如已有信賴此種條約而實施之行為，則：

（甲）每一當事國得要求任何其他當事國在彼此關係上儘可能恢復未實施此項行為前原應存在之狀況；

（乙）在援引條約失效之理由前以善意實施之行為並不僅因條約失效而成為不合法。

三、遇第四十九條、第五十條、第五十一條或第五十二條所稱之情形，第二項之規定對應就詐欺、賄賂行為或強迫負責之當事國不適用之。

四、遇某一國家承受多邊條約拘束之同意成為無效之情形，上列各項規則在該國與條約當事國之關係上適用之。

第70條　條約終止之後果

一、除條約另有規定或當事國另有協議外，條約依其規定或依照本公約終止時：

（甲）解除當事國繼續履行條約之義務；

（乙）不影響當事國在條約終止前經由實施條約而產生之任何權利、義務或法律情勢。

二、倘一國廢止或退出多邊條約，自廢止或退出生效之日起，在該國與條約每一其他當事國之關係上適用第一項之規定。

第71條　條約因與一般國際法強制規律相牴觸而失效之後果

一、條約依第五十三條無效者，當事國應：

（甲）儘量消除依據與任何一般國際法強制規律相牴觸之規定所實施行為之後果；及

（乙）使彼此關係符合一般國際法強制規律。

二、遇有條約依第六十四條成為無效而終止之情形，條約之終止：

（甲）解除當事國繼續履行條約之義務；

（乙）不影響當事國在條約終止前經由實施條約而產生之任何權利、義務或法律情勢；但嗣後此等權利、義務或情勢之保持僅以與一般國際法新強制規律不相牴觸者為限。

第72條　條約停止施行之後果

一、除條約另有規定或當事國另有協議外，條約依其本身規定或依照本公約停

止施行時：

（甲）解除停止施行條約之當事國於停止施行期間在彼此關係上履行條約之義
務；

（乙）除此以外，並不影響條約所確定當事國間之法律關係。

二、在停止施行期間，當事國應避免足以阻撓條約恢復施行之行為。

第六編　雜項規定

第73條　國家繼承、國家責任及發生敵對行為問題

本公約之規定不妨礙國家繼承或國家所負國際責任或國家間發生敵對行為所引
起關於條約之任何問題。

第74條　外交及領事關係與條約之締結

兩個以上國家之間斷絕外交或領事關係或無此種關係不妨礙此等國家間締結條
約。條約之締結本身不影響外交或領事關係方面之情勢。

第75條　侵略國問題

本公約之規定不妨礙因依照聯合國憲章對侵略國之侵略行為所採措施而可能引
起之該國任何條約義務。

第七編　保管機關、通知、更正及登記

第76條　條約之保管機關

一、條約之保管機關得由談判國在條約中或以其他方式指定之。保管機關得為
一個以上國家或一國際組織或此種組織之行政首長。

二、條約保管機關之職務係國際性質，保管機關有秉公執行其職務之義務。條
約尚未在若干當事國間生效或一國與保管機關間對該機關職務之行使發生
爭議之事實，尤不應影響該項義務。

第77條　保管機關之職務

一、除條約內另有規定或締約國另有協議外，保管機關之職務主要為：

（甲）保管條約約文之正本及任何送交保管機關之全權證書；

（乙）備就約文正本之正式副本及條約所規定之條約其他語文本，並將其分送
當事國及有權成為條約當事國之國家；

（丙）接收條約之簽署及接收並保管有關條約之文書。通知及公文；

（丁）審查條約之簽署及有關條約之任何文書、通知或公文是否妥善，如有必

要並將此事提請關係國家注意；

（戊）將有關條約之行為、通知及公文轉告條約當事國及有權成為條約當事國之國家；

（己）於條約生效所需數目之簽署或批准書、接受書、贊同書或加入書已收到或交存時轉告有權成為條約當事國之國家；

（庚）向聯合國秘書處登記條約；

（辛）擔任本公約其他規定所訂明之職務。

二、倘一國與保管機關間對該機關職務之執行發生爭議時，保管機關應將此問題提請簽署國及締約國注意，或於適當情形下提請關係國際組織之主管機關注意。

第78條　通知及公文

除條約或本公約另有規定外，任何國家依本公約所提送之通知或公文，應：

（甲）如無保管機關，直接送至該件所欲知照之國家，或如有保管機關，則送至該機關；

（乙）僅於受文國家收到時，或如有保管機關，經該機關收到時，方視為業經發文國家提送；

（丙）倘係送至保管機關，僅於其所欲知照之國家經保管機關依照第七十七條第一項（戊）款轉告後，方視為業經該國收到。

第79條　條約約文或正式副本錯誤之更正

一、條約約文經認證後，倘簽署國及締約國僉認約文有錯誤時，除各該國決定其他更正方法外，此項錯誤應依下列方式更正之：

（甲）在約文上作適當之更正，並由正式授權代表在更正處草簽；

（乙）製成或互換一項或數項文書，載明協議應作之更正；或

（丙）按照原有約文所經之同樣程序，製成條約全文之更正本。

二、條約如設有保管機關，該機關應將此項錯誤及更正此項錯誤之提議通知各簽署國及締約國，並應訂明得對提議之更正提出反對之適當期限。如在期限屆滿時：

（甲）尚無反對提出，則保管機關應即在約文上作此更正加以草簽，並製成關於訂正約文之紀事錄，將該紀事錄一份遞送各當事國及有權成為條約當事國之國家；

（乙）已有反對提此則保管機關應將此項反對遞送各簽署國及締約國。

三、遇認證約文有兩種以上之語文，而其中有不一致之處，經簽署國及締約國協議應予更正時，第一項及第二項之規則亦適用之。

四、除簽署國及締約國另有決定外，更正約文應自始替代有誤約文。

五、已登記條約約文之更正應通知聯合國秘書處。

六、遇條約之正式副本上發現錯誤時，保管機關應製成一項紀事錄載明所作之訂正，並將該紀事錄一份遞送各簽署國及締約國。

第80條　條約之登記及公布

一、條約應於生效後送請聯合國秘書處登記或存案及紀錄，並公布之。

二、保管機關之指定，即為授權該機關實施前項所稱之行為。

第八編　最後規定

第81條　簽署

本公約應聽由聯合國或任何專門機關或國際原子能總署之全體會員國或國際法院規約當事國，及經聯合國大會邀請成為本公約當事國之任何其他國家簽署，其辦法如下：至1969年12月30日止，在奧地利共和國聯邦外交部簽署，其後至1970年4月30日止，在紐約聯合國會所簽署。

第82條　批准

本公約須經批准。批准書應送請聯合國秘書長存放。

第83條　加入

木公約應聽由屬於第八十一條所稱各類之一之國家加入。加入書應送請聯合國秘書長存放。

第84條　發生效力

一、本公約應於第35件批准書或加入書存放之日後第30日起發生效力。

二、對於在第35件批准書或加入書存放後批准或加入本公約之國家，本公約應於各該國存放批准書或加入書後第30日起發生效力。

第85條　作準文本

本公約之原本應送請聯合國秘書長存放，其中文、英文、法文、俄文及西班牙文各本同一件準。

為此，下列全權代表各秉本國政府正式授予簽字之權，謹簽字於本公約，以昭信守。

公曆1969年5月23日訂於維也納。

附件一　關於和解委員會的規定

　　一、聯合國祕書長應製成並保持一和解員名單，由合格法學家組成。為此目的，應請為聯合國會員國或本公約當事國之每一國指派和解員二人，如此指派之人士之姓名即構成上述名單。和解員之任期，包括遇因故出缺被派補實之任何和解員之任期在內，應為5年，並得連任。任一和解員任期屆滿時應繼續執行其根據下項規定被選擔任之職務。

　　二、遇根據第六十六條對祕書長提出請求時，祕書長應將爭端提交一依下列方式組成之和解委員會：

　　成為爭端當事一力之一國或數國應指派：

　　（甲）為其本國或其中一國之國民之和解員一人，由第一項所稱名單選出或另行選出；及

　　（乙）非其本國或其中任何一國之國民之和解員一人，由名單中選出。

　　成為爭端當事另一方之一國或數國亦應照此方式指派和解員2人。各當事國所選之和解員4人應於自祕書長接到請求之日後60日內指派之。

　　此四名和解員應自其中最後一人被指派之日後60日內，自上述名單選出第5名和解員，擔任主席。

　　倘主席或和解員中任一人之指派未於上稱規定期間內決定，應由祕書長於此項期間屆滿後60日內為之。主席得由祕書長自名單中或自國際法委員會委員中，指派之。爭端之當事國得以協議延展任一指派期限。

　　遇任何人員出缺之情形，應依為第一次指派所定方式補實之。

　　三、和解委員會應自行決定其程序。委員會得經爭端各當事國之同意邀請條約任何當事國向委員會提出口頭或書面意見。委員會之決定及建議以委員5人之過半數表決為之。

　　四、委員會得提請爭端各當事國注意可能促進友好解決之任何措施。

　　五、委員會應聽取各當事國之陳述，審查其要求與反對意見，並向各當事國擬具提議以求達成爭端之友好解決。

　　六、委員會應於成立後12個月內提出報告書。報告書應送請祕書長存放並轉送爭端各當事國。委員會之報告書包括其中關於事實或法律問題所作之任何結論，對各當事國均無拘束力，且其性質應限於為求促成爭端之友好解決而提供各當事國考慮之建議。

　　七、祕書長應供給委員會所需之協助與便利。委員會之費用應由聯合國擔負。

附件三　聯合國條約法會議通過之宣言及決議案（摘要）

禁止以軍事、政治或經濟強迫締結條約宣言

聯合國條約法會議，

尊崇凡有效之條約對其當事各國有拘束力，必須由各該國善意履行之原則，重申國家主權平等之原則；

深信國家必須有實施任何有關締結條約之行為之完全自由；

深憾過去有時發生國家受他國所施各種形式之壓力而被迫締結條約之情事；亟欲保證今後關於條約之締結，任何國家均不施行任何形式之此種壓力；

一、嚴重譴責任何國家違反國家主權平等及自由同意之原則使用威脅或任何形式之壓力，無論其為軍事、政治或經濟性質，以強迫另一國家實施任何有關締結條約之行為；

二、決定本宣言應作為條約法會議藏事文件之一部分。

普遍參加維也納條約法公約宣言

聯合國條約法會議，

確信關於國際法之編纂及逐漸發展或其目的及宗旨與整個國際社會有關之多邊條約，應聽任普遍參加，

鑑及維也納條約法公約第八十一條及第八十三條使大會可向非為聯合國或任一專門機關或國際原子能總署之會員國或國際法院規約當事國之國家發出為公約當事國之特別邀請，

一、請大會於其第二十四屆會考慮發出邀請一事，以保證維也納條約法公約；儘可能獲得最普遍之參加；

二、希望聯合國各會員國努力達成本宣言之目的；

三、請聯合國秘書長提請大會注意本宣言；

四、決定本宣言應作為聯合國條約法會議藏事文件之一部分。

關於禁止以軍事、政治或經濟強迫締結條約宣言之決議案

聯合國條約法會議，

業經通過禁止以軍事、政治或經濟強迫締結條約宣言作為本會議藏事文件之一部分，

一、請聯合國秘書長提請所有會員國及參加本會議其他各國以及聯合國各主要機關注意該宣言；

二、請各會員國予該宣言以最廣泛之宣揚及傳播。

（條約及附件均取自外交部譯本）

附錄五　國際海洋法公約相關條款

RELATED ARTICLES OF THELAW OF THE SEA CONVENTION

The States Parties to this Convention

Prompted by the desire to settle, in a spirit of mutual understanding and co-operation, all issues relating to the law of the sea and aware of the historic significance of this Convention as an important contribution to the maintenance of peace, justice and progress for all peoples of the world,

Noting that developments since the United Nations Conferences on the Law of the Sea held at Geneva in 1958 and 1960 have accentuated the need for a new and generally acceptable Convention on the law of the sea,

Conscious that the problems of ocean space are closely interrelated and need to be considered as a whole,

Recognizing the desirability of establishing through this Convention, with due regard for the sovereignty of all States, a legal order for the seas and oceans which will facilitate international communication, and will promote the peaceful uses of the seas and oceans, the equitable and efficient utilization of their resources, the conservation of their living resources, and the study, protection and preservation of the marine environment,

Bearing in mind that the achievement of these goals will contribute to the realization of a just and equitable international economic order which takes into account the interests and needs of mankind as a whole and, in particular, the special interests and needs of developing countries, whether coastal or land-locked,

Desiring by this Convention to develop the principles embodied in resolution 2749 (XXV) of 17 December 1970 in which the General Assembly of the United Nations solemnly declared inter alia that the area of the sea-bed and ocean floor and the subsoil thereof, beyond the limits of national jurisdiction, as well as its resources, are the common heritage of mankind, the exploration and exploitation of which shall be carried out for the benefit of mankind as a whole, irrespective of the geographical location of States,

Believing that the codification and progressive development of the law of the sea achieved in this Convention will contribute to the strengthening of peace, security, co-operation and friendly relations among all nations in conformity with the principles of justice and equal rights and will promote the economic and social advancement of all peoples of the world, in accordance with the Purposes and Principles of the United Nations as set forth in the Charter, Affirming that matters not regulated by this Convention continue to be governed by the rules and principles of general international law,

Have agreed as follows:

PART I

PURPOSES AND PRINCIPLES

Article 1

Use of terms and scope

1. For the purposes of this Convention:

(1)"Area" means the sea-bed and ocean floor and subsoil thereof, beyond the limits of national jurisdiction;

(2)"Authority" means the International Sea-Bed Authority;

(3)"activities in the Area" means all. activities of exploration for, and exploitation of the resources of the Area;

(4)"pollution of the marine environment" means the introduction by man, directly or indirectly, of substances or energy into the marine environment, including estuaries, which results or is likely to result in such deleterious effects as harm to living resources and marine life, hazards to human health hindrance to marine activities, including fishing and other legitimate uses of the sea, impairment of quality for use of sea water and reduction

(5)

(a)"dumping" means:

(i)any deliberate disposal of wastes or other matter from vessels, aircraft, platforms or other man-made structures at sea;

(ii)any deliberate disposal of vessels, aircraft platforms or other manmade, structures at sea;

(b)"dumping" does not include:

(i)the disposal of wastes or other matter incidental to, or derived from the normal operations of vessels, aircraft, platforms or other man-made structures at sea and their equipment, other than wastes or other matter transported by or to vessels, aircraft, platforms or other man-made structures at Sea operating for the purpose of disposal of such matter or derived from the treatment of such wastes or other matter on such vessels, aircraft, platforms or structures;

(ii)placement of matter for a purpose other than the mere disposal thereof, provided that Such placement is not contrary to the aims of this Convention.

2.

(1)"States Parties" means States which have consented to be bound by this Convention and for which this Convention is in force.

(2)This Convention applies mutatis mutandis to the entities referred to in article 305, paragraph 1(b), (c), (d), (e) and (f), which become Parties to this Convention in accordance with the conditions relevant to each, and to that extent "States Parties" refers to those entities.

PART II

TERRITORIAL SEA AND CONTIGUOUS ZONE

Article 1.

GENERAL PROVISIONS

Article 2

Legal status of the territorial sea, of the air space over the territorial sea and of its bed and subsoil

1. The sovereignty of a coastal State extends, beyond its land territory and internal waters and, in the case of an archipelagic State, is archipelagic State, its archipelagic waters, to and adjacent belt of sea, described as the territorial sea.

2. This sovereignty extends to the air space over the territorial sea as well as to its bed and subsoil.

3. The sovereignty over the territorial sea is exercised subject to this Convention and to other rules of international law.

SECTION 2, LIMITS OF THE TERRITORIAL SEA

Article 3

Breadth of the territorial sea

Every State has the right to establish the breadth of its territorial sea up to a limit not exceeding 12 nautical miles, measured from baselines determined in accordance with this Convention.

Article 4
Outer limit of the territorial sea

The outer limit of the territorial sea is the line every point of which is at a distance from the nearest point of the baseline equal to the breadth of the territorial sea.

Article 5
Normal baseline

Except where otherwise provided in this Convention, the normal baseline for measuring the breadth of the territorial sea is the low-water line along the coast as marked on large-scale charts officially recognized by the coastal State.

Article 6
Reefs

In the case of islands situated on atolls or of islands having fringing reefs, the baseline for measuring the breadth of the territorial sea is the seaward low-water line of the reef, as shown by the appropriate symbol on charts officially recognized by the coastal State.

Article 7
Straight baselines

1. In localities where the coastline is deeply indented and cut into, or if there is a fringe of islands along the coast in its immediate vicinity, the method of straight baselines joining appropriate points may be employed in drawing the baseline from which the breadth of the territorial sea is measured.

2. Where because of the presence of a delta and other natural conditions the coastline is highly unstable, the appropriate points may be selected along the furthest seaward extent of the low-water line and, notwithstanding subsequent regression of the low-water line, the straight baselines shall remain effective until changed by the coastal State in accordance with this Convention.

3. The drawing of straight baselines must not depart to any appreciable extent from the general direction of the coast, and the sea areas lying within the lines must be sufficiently closely linked to the land domain to be subject to the regime of internal waters.

4. Straight baselines shall not be drawn to and from low-tide elevations, unless lighthouses or similar installations which are permanently above sea level have been built on them or except in instances where the drawing of baselines to and from such elevations has received general international recognition.

5. Where the method of straight baselines is applicable under paragraph 1, account may be taken in determining particular baselines, of economic interests peculiar to the region concerned, the reality and the importance of which are clearly evidenced by long usage.

6. The system of straight baselines may not be applied by a State in such a manner as to cut off the territorial sea of another State from the high seas or an exclusive economic zone.

Article 8

Internal waters

1. Except as provided in Part IV, waters on the landward side of the baseline of the territorial sea form part of the internal waters of the State.

2. Where the establishment of a straight baseline in accordance with the method set forth in article 7 has the effect of enclosing as internal waters areas which had not previously been considered as such, a right of innocent passage as provided in this Convention shall exist in those waters.

Article 9

Months of rivers

If a river flows directly into the sea, the baseline shall be a straight line across the month of the river between points on the low-water line of its banks.

Article 10

Bays

1. This article relates only to bays the coasts of which belong to a single State.

2. For the purposes of this Convention, a bay is a well-marked indentation

whose penetration is in such proportion to the width of its mouth as to contain land-locked waters and constitute more than a mere curvature of the coast. An indentation shall not, however, be regarded as a bay unless its area is as large as, or larger than, that of the semi-circle whose diameter is a line drawn across the mouth of that indentation.

3. For the purpose of measurement, the area of an indentation is that lying between the low-water mark around the shore of the indentation arid a line joining the low-water mark of its natural entrance points. Where, because of the presence of islands, an indentation has more than one mouth, the semi-circle shall be drawn on a line as long as the sum total of the lengths of the lines across the different mouths. Islands within an indentation shall be included as if they were part of the water area of the indentation.

4. If the distance between the low-water marks of the natural entrance points of a bay does not exceed 24 nautical miles, a closing line may be drawn between these two low-water marks, and the waters enclosed thereby shall be considered as internal waters,

5. Where the distance between the low-water marks of the natural entrance points of a bay exceeds 24 nautical miles, a straight baseline of 24 nautical miles shall be drawn within the bay in such a manner as to enclose the maximum area of water that is possible with a line of that length.

6. The foregoing provisions do not apply to so-called "historic" bays, or in any case where the system of straight baselines provided for in article 7 is applied.

Article 11
Ports

For the purpose of delimiting the territorial sea, the outermost permanent harbour works which form an integral part of the harbour system are regarded as forming part of the coast. Off-shore installations and artificial islands shall not be considered as permanent harbour works.

Article 12
Roadsteads

Roadsteads which are normally used for the loading, unloading and anchoring of ships, and which would otherwise be situated wholly or partly outside the outer limit of the territorial sea, are included in the territorial sea.

Article 13
Low-tide elevations

1. A low-tide elevation is a naturally formed area of land which is surrounded by and above water at low tide but submerged at high tide. Where a low-tide elevation is situated wholly or partly at a distance not exceeding the breadth of the territorial sea from the mainland or an island, the low-water line on that elevation may be used as the baseline for measuring the breadth of the territorial sea.

2. Where a low-tide elevation is wholly situated at a distance exceeding the breadth of the territorial sea from the mainland or an island, it has no territorial sea of its own.

Article 14
Combination of methods for determining baselines

The coastal State may determine baselines in turn by any of the methods provided for in the foregoing articles to suit different conditions.

Article 15

Delimitation of the territorial sea between States with opposite or ad-jacent coasts

Where the coasts of two States are opposite of adjacent to each other, neither of the two States is entitled, failing agreement between them to the contrary, to extend its territorial sea beyond the median line every point of which is equidistant from the nearest points on the baselines from which the breadth of the territorial seas of each of the two States is measured. The above provision does not apply, however, where it is necessary by reason of historic title or other special circumstances to delimit the territorial seas of the two States in a way which is at variance therewith.

Article 16

Charts and lists of geographical co-ordinates

1. The baselines for measuring the breadth of the territorial sea determined in accordance with articles 7, 9 and 10, or the limits derived therefrom, and the lines of delimitation drawn in accordance with articles 12 and 15 shall be shown on charts of a scale or scales adequate for ascertaining their position.

Alternatively, a list of geographical co-ordinates of points, specifying the geodetic datum, may be substituted.

2. The coastal State shall give due publicity to such charts or lists of geographical co-ordinates and shall deposit a copy of each such chart or list with the Secretary-General of the United Nations.

SECTION 3. INNOCENT PASSAGE IN THE TERRITORIAL SEA SUBSICCTION A. RULES APPLICABLIC TO ALL SHIPS

Article 17

Right of innocent passage

Subject to this Convention, ships of all States, whether coastal or land-locked, enjoy the right of innocent passage through the territorial sea.

Article 18

Meaning of passage

1. Passage means navigation through the territorial sea for the purpose of:

(a)traversing that sea without entering internal waters or calling at a roadstead or port facility outside internal waters; or

(b)proceeding to or from internal waters or a call at such roadstead or port facility.

2. Passage shall be continuous and expeditious. However, passage includes stopping and anchoring but only in so far as the same are incidental to ordinary navigation or are rendered necessary by force majeure or distress or for the purpose of rendering assistance to persons, ships or aircraft in danger or distress.

Article 19

Meaning of innocent passage

1. Passage is innocent so long as it is not prejudicial to the peace, good order or security of the coastal State. Such passage shall take place in conformity with this Convention and with other rules of international law.

2. passage of a foreign ship shall be considered to be prejudicial to the peace, good order or security of the coastal State if in the territorial sea it engages in any of the following activities:

(a)any threat or use of force against the sovereignty, territorial integrity or political independence of the coastal State, or in any other manner in violation of the principles of international law embodied in the Charter of the United Nations;

(b)any exercise or practice with weapons of any kind;

(c)any act aimed at collecting information to the prejudice of the defence or security of the coastal State;

(d)any act of propaganda aimed at affecting the defence or security of the coastal State;

(e)the launching, landing or taking on board of any aircraft;

(f)the launching, landing or taking on board of any military device;

(g)the loading or unloading of any commodity, currency or person contrary to the customs, fiscal, immigration or sanitary laws and regulations of the coastal State;

(h)any act of wilful and serious pollution contrary to this Convention;

(i)any fishing activities;

(j)the carrying out of research or survey activities;

(k)any act aimed at interfering with any systems of communication or any other facilities or installations of the coastal State;

(l)any other activity not having a direct bearing on passage.

Article 20

Submarines and other underwater vehicles

In the territorial sea, submarines and other underwater vehicles are required to navigate on the surface and to show their flag.

Article 21

Laws and regulations of the coastal State relating to innocent passage

1. The coastal State may adopt laws and regulations, in conformity with the provisions of this Convention and other rules of international law, relating to innocent passage through the territorial sea, in respect of all or any of the following:

(a)the safety of navigation and the regulation of maritime traffic;

(b)the protection of navigational aids and facilities and other facilities or installations;

(c)the protection of cables and pipelines;

(d)the conservation of the living resources of the sea;

(e)the prevention of infringement of the fisheries laws and regulations of the coastal State;

(f)the preservation of the environment of the coastal State and the prevention, reduction and control of pollution thereof,

(g)marine scientific research and hydrographic surveys;

(h)the prevention of infringement of the customs, fiscal, immigration or sanitary laws and regulations of the coastal State.

2. Such laws and regulations shall not apply to the design, construction manning or equipment of foreign ships unless they are giving effect to generally accepted international rules or standards.

3. The coastal State shall give due publicity to all such laws and regulations.

4. Foreign ships exercising the right of innocent passage through the territorial sea shall comply with all such laws and regulations and all generally accepted international regulations relating to the prevention of collisions at sea.

Article 22

Sea lanes and traffic separation schemes in the territorial sea

1. The coastal State may, where necessary having regard to the safety of navigation, require foreign ships exercising the right of innocent passage through its territorial sea to use such sea lanes and traffic separation schemes as it may designate or prescribe for the regulation of the passage of ships.

2. In particular, tankers, nuclear-powered ships and ships carrying nuclear or other inherently dangerous or noxious substances or materials may be required to confine their passage to such sea lanes.

3. In the designation of sea lanes and the prescription of traffic separation schemes under this article, the coastal State shall take into account:

(a)the recommendations of the competent international organization;

(b)any channels customarily used for international navigation;

(c)the special characteristics of particular ships and channels; and

(d)the density of traffic.

4. The coastal State shall clearly indicate such sea lures and traffic separation schemes on charts to which due publicity shall be given.

Article 23

Foreign nuclear-powered ships and ships carrying nuclear or other in-herently dangerous or noxious substances

Foreign nuclear-powered ships and ships carrying nuclear or other inherently dangerous or noxious substances shall, when exercising the right of innocent passage through the territorial sea, carry documents and observe special precautionary measures established for such ships by international agreements.

Article 24

Duties of the coastal State

1. The coastal State shall not hamper the innocent passage of foreign ships through the territorial sea except in accordance with this Convention. In particular, in the application of this Convention or of any laws or regulations adopted in conformity with this Convention, the coastal State shall not:

(a)impose requirements on foreign ships which have the practical effect of denying or impairing the right of innocent passage; or

(b)discriminate in form or in fact against the ships of any State or against ships carrying cargoes on behalf of any State.

2. the coastal State shall give appropriate publicity to any danger to navigation, of which it has knowledge, within its' territorial sea.

Article 25

Rights of protection of the coastal State

1. The coastal State may take the necessary steps in its territorial sea to prevent passage which is not innocent.

2. In the case of ships proceeding to internal waters or a call at a port facility outside internal waters the coastal State also has the right to take the necessary steps to prevent any breach of the conditions to which admission of those ships to internal waters or such a call is subject.

3. The coastal State may, without discrimination in form or in fact among foreign ships, suspend temporarily in specified areas of its territorial sea the innocent passage of foreign ships if such suspension is essential for the protection of its security, including weapons exercises. Such suspension shall take effect only after having been duly published.

Article 26

Charges which may be levied upon foreign ships

1. No charge may be levied upon foreign ships by reason only of their passage through the territorial sea.

2. Charges may be levied upon a foreign ship passing through the territorial sea as payment only for specific services rendered to the ship. These charges shall be levied without discrimination.

SUBSECTION B. RULES APPLICABLE TO MERCHANT SHIPS AND GOVERNMENT SHIPS OPERATED FOR COMMERCIAL PURPOSES

Article 27

Criminal jurisdiction on board a foreign ship

1. The criminal jurisdiction of the coastal State should not be exercised on board a foreign ship passing through the territorial sea to arrest any person or to conduct any investigation in connection with any crime committed on board the ship during its passage, save only in the following cases:

(a)if the consequences of the crime extend to the coastal State;

(b)if the crime is of a kind to disturb the peace of the country or the good order of the territorial sea;

(c)if the assistance of the local authorities has been requested by the master of the ship or by a diplomatic agent or consular officer of the flag State; or

(d)if such measures are necessary for the suppression of illicit traffic in narcotic drugs or psychotropic substances.

2. The above provisions do not affect the right of the coastal State to take any steps authorized by its laws for the purpose of an arrest or investigation on board a foreign ship passing through the territorial sea after leaving internal waters.

3. In the cases provided for in paragraphs 1 and 2, the coastal State shall, if the master so requests, notify a diplomatic agent or consular officer of the flag State before taking any steps, and shall facilitate contact between such agent or officer and the ship's crew. In cases of emergency this notification may be communicated while the measures are being taken.

4. In considering whether or in what manner an arrest should be made, the local authorities shall have due regard to the interests of navigation.

5. Except as provided in Part XII or with respect to violations of laws and regulations adopted in accordance with Part V, the coastal State may not take any steps on board a foreign ship passing through the territorial sea to arrest any person or to conduct any investigation in connection with any crime committed before the ship entered the territorial sea, if the ship, proceeding from a foreign port, is only passing through the territorial sea without entering internal waters.

Article 28
Civil jurisdiction in relation to foreign ships

1. The coastal State should not stop or divert a foreign ship passing through the territorial sea for the purpose of exercising civil jurisdiction in relation to a person on board the ship.

2. The coastal State may not levy execution against or arrest the ship for the purpose of any civil proceedings, save only in respect of obligations or liabilities assumed or incurred by the ship itself in the course or for the purpose of its voyage through the waters of the coastal State.

3. Paragraph 2 is without prejudice to the right of the coastal State, in accordance with its laws, to levy execution against or to arrest, for the purpose of any civil proceedings, a foreign ship lying in the territorial sea, or passing through the territorial sea after leaving internal waters.

SUBSECTION C. RULES APPLICABLE TO WARSHIPS AND OTHER GOVERNMENT SHIPS OPERATED FOR NON-COMMER-CIAL PURPOSE

Article 29
Definition of warships

For the purposes of this Convention, "warship" means a ship belonging to the armed forces of a Stare bearing the external marks distinguishing such ships of its nationality, under the command of an officer duly commissioned by the government of the State and whose name appears in the appropriate service list or its equivalent, and manned by a crew which is under regular armed forces discipline.

Article 30

Non-compliance by warships with the laws and regulations of the coastal State

If any warship does not comply with the laws and regulations of the coastal State concerning passage through the territorial sea and disregards any request for compliance therewith which is made to it, the coastal State may require it to leave the territorial sea immediately.

Article 31

Responsibility of the flag State for damage caused by a warship or other government ship operated for noncommercial purposes

The flag State shall bear international responsibility for any loss or damage to the coastal State resulting from the noncompliance by a warship or other government ship operated for non-commercial purposes with the laws and regulations of the coastal State concerning passage through the territorial sea or with the provisions of this Convention or other rules of international law.

Article 32

Immunities of warships and other government ships operated for non-commercial purposes

With such exceptions as are contained in subsection A and in articles 30 and 31, nothing in this Convention affects the immunities of warships and other government ships operated for non-commercial purposes.

SECTION 4. CONTIGUOUS ZONE

Article 33

Contiguous zone

1.In a zone contiguous to its territorial sea, described as the contiguous zone, the coastal State may exercise the control necessary to:

(a)prevent infringement of its customs, fiscal, immigration or sanitary laws and regulations within its territory of territorial sea;

(b)punish infringement of the above laws and regulations committed within its territory of territorial sea.

2.The contiguous zone may not extend beyond 24 nautical miles from the baselines from which the breadth of the territorial sea is measured.

PART III

STRAITS USED FOR INTERNATIONAL NAVIGATION SECTION 1. GENERAL PROVISIONS

Article 34

Legal status of waters forming straits used for international navigation

1.The regime of passage through straits used for international navigation established in this Part shall not in other respects affect the legal status of the waters forming such straits or the exercise by the States bordering the straits of their sovereignty or jurisdiction over such waters and their air space, bed and subsoil.

2.The sovereignty or jurisdiction of the States bordering the straits is exercised subject to this Part and to other rules of international law.

Article 35

Scope of this Part

Nothing in this Part affects;

(a)any areas of internal waters within a strait, except where the stablishment of a straight baseline in accordance with the method set forth in article 7 has the effect of enclosing as internal waters areas which had not previously been considered as such;

(b)the legal status of the waters beyond the territorial seas of States bordering straits as exclusive economic zones or high seas; or

(c)the legal regime in straits in which passage is regulated in whole or in part by long-standing international conventions in force specifically relating to such straits.

Article 36

High seas routes or routes through exclusive economic zones through straits used for international navigation

This Part does not apply to a strait used for international navigation if there exists through the strait a route through the high seas or through an exclusive economic zone of similar convenience with respect to navigational and hydrographical characteristics; in such routes, the other relevant Parts of this Convention, including the provisions regarding the freedoms of navigation and overflight, apply.

SECTION 2. TRANSIT PASSAGE

Article 37

Scope of this section

This section applies to straits which are used for international navigation between one part of the high seas or an exclusive economic zone and another part of the high seas or an exclusive economic zone.

Article 38

Right of transit passage

1. In straits referred to in article 37, all ships and aircraft enjoy the right of transit passage, which shall not be impeded; except that, if the strait is formed by an island of a State bordering the strait and its mainland, transit passage shall not apply if there exists seaward of the island a route through the high seas or through an exclusive economic zone of similar convenience with respect to navigational and hydrographical characteristics.

2. Transit passage means the exercise in accordance with this Part of the freedom of navigation and overflight solely for the purpose of continuous and expeditious transit of the strait between one part of the high seas or an exclusive economic zone and another part of the high seas or an exclusive economic zone. However, the requirement of continuous and expeditious transit does not preclude passage through the strait for the purpose of entering, leaving or returning from a State bordering the strait, subject to the conditions of entry to that State.

3. Any activity which is not an exercise of the right of transit passage through a strait remains subject to the other applicable provisions of this Convention.

Article 39

Duties of ships and aircraft during transit passage

1. Ships and aircraft, while exercising the right of transit passage, shall:

(a)proceed without delay through or over the strait;

(b)refrain from any threat or use of force against the sovereignty, territorial integrity or political independence of States bordering the strait, or in any other manner in violation of the principles of international law embodied in the Charter of the United Nations;

(c)refrain from any activities other than those incident to their normal modes of continuous and expeditious transit unless rendered necessary by force majeure or by distress;

(d)comply with other relevant provisions of this Part.

2.Ships in transit passage shall:

(a)comply with generally accepted international regulations, procedures and practices for safety at sea, including the International Regulations for Preventing Collisions at Sea;

(b)comply with generally accepted international regulations, procedures and practices for the prevention, reduction and control of pollution from ships.

3. Aircraft in transit passage shall:

(a)observe the Rules of the Air established by the International Civil Aviation Organization as they apply to civil aircraft; state aircraft will normally comply with such safety measure and will at all times operate with due regard for the safety of navigation;

(b)at all times monitor the radio frequency assigned by the competent internationally designated air traffic control authority or the appropriate international distress radio frequency.

Article 40

Research and survey activities

During transit passage, foreign ships, including marine scientific research and hydrographic survey ships, may not carry out any research or survey activities without the prior authorization of the States bordering straits.

Article 41

Sea lanes and traffic separation schemes in straits used for international navigation

1. In conformity with this Part, States bordering straits may designate sea lanes and prescribe traffic separation schemes for navigation in straits where necessary to promote the safe passage of ships.

2. Such States may, when circumstances require, and after giving due publicity thereto, substitute other sea lanes or traffic separation schemes for any sea lanes or traffic separation schemes previously designated or prescribed by them.

3. Such sea lanes and traffic separation schemes shall conform to generally accepted international regulations.

4. Before designating or substituting sea lanes or prescribing or substituting traffic separation schemes, States bordering straits shall refer proposals to the competent international organization with a view to their adoption. The organization may adopt only such sea lanes and traffic separation schemes as may be agreed with the States bordering the straits, after which the States may designate, prescribe or substitute them.

5. In respect of a strait where sea lanes or traffic separation schemes through the waters of two or more States bordering the strait are being proposed, the States concerned shall co-operate in formulating proposals in consultation with the competent international organization.

6. States bordering straits shall clearly indicate all sea lanes and traffic separation schemes designated or prescribed by them on charts to which due publicity shall be given.

7. Ships in transit passage shall respect applicable sea lanes and traffic separation schemes established in accordance with this article.

Article 42

Laws and regulations of States bordering straits relating to transit passage

1. Subject to the provisions of this section, States bordering straits may adopt laws and regulations relating to transit passage through straits, in respect of all or any of the following:

(a)the safety of navigation and the regulation of maritime traffic, as provided in article 41;

(b)the prevention, reduction and control of pollution, by giving effect to applicable international regulations regarding the discharge of oil, oily wastes and other noxious substances in the strait;

(c)with respect to fishing vessels, the prevention of fishing, including the stowage of fishing gear;

(d)the loading or unloading of any commodity, currency or person in contravention of the customs, fiscal, immigration or sanitary laws and regulations of States bordering straits.

2. Such laws and regulations shall not discriminate in form or in fact among foreign ships or in their application have the practical effect of denying, hampering or impairing the right of transit passage as defined in this section.

3. States bordering straits shall give due publicity to all such laws and regulations.

4. Foreign ships exercising the right of transit passage shall comply with such laws and regulations.

5. The flag State of a ship or the State of registry of an aircraft entitled to sovereign immunity which acts in a manner contrary to such laws and regulations or other provisions of this Part shall bear international responsibility for any loss or damage which results to States bordering straits.

Article 43

Navigational and safety aids and other improvements and the prevention, reduction and control of pollution

User States and States bordering a strait should by agreement co-operate:

(a)in the establishment and maintenance in a strait of necessary navigational and safety aids or other improvements in aid of international navigation; and

(b)for the prevention, reduction and control of pollution from ships.

Article 44

Duties of States bordering straits

States bordering straits shall not hamper transit passage and shall give appropriate publicity to any danger to navigation or overflight within or over the strait of which they have knowledge. There shall be no suspension of transit passage.

SECTION 3. INNOCENT PASSAGE

Article 45

Innocent passage

1. The regime of innocent passage, in accordance with Part II, section 3, shall apply in straits used for international navigation:

(a)excluded from the application of the regime of transit passage under article 38, paragraph 1; or

(b)between a part of the high seas or an exclusive economic zone and the territorial sea of a foreign State.

2. There shall be no suspension of innocent passage through such straits.

PART IV ARCHIPELAGIC STATES

Article 46

Use of terms

For the purposes of this Convention:

(a)"archipelagic State" means a State constituted wholly by one more archipelagos and may include other islands;

(b)"archipelago" means a group of islands, including parts of islands, inter-connecting waters and other natural features which are so closely inter-related that such islands, waters and other natural features form an intrinsic geographical, economic and political entity, or which historically have been regarded as such.

Article 47

Archipelagic baselines

1. An archipelagic State may draw straight archipelagic baselines joining the outermost points of the outermost islands and drying reefs of the archipelago provided that within such baselines are included the main islands and an area in which the ratio of the area of the water to the area of the land including atolls, is between 1 to 1 and 9 to 1.

2. The length of such baselines shall not exceed 100 nautical miles, except that up to 3 per cent of the total number of baselines enclosing any archipelago may exceed that length, up to a maximum length of 125 nautical miles.

3. The drawing of such baselines shall not depart to any appreciable extent from the general configuration of the archipelago.

4. Such baselines shall not be drawn to and from low-tide elevations, unless lighthouses or similar installations which are permanently above sea level have been built on them or where a low-tide elevation is situated wholly or partly at a distance not exceeding the breadth of the territorial sea from the nearest island.

5. The system of such baselines shall not be applied by an archipelagic State in such a manner as to cut off from the high seas or the exclusive economic zone the territorial sea of another State.

6. If a part of the archipelagic waters of an archipelagic State lies between two parts of an immediately adjacent neighbouring State, existing rights and all other legitimate interests which the latter State has traditionally exercised in such waters and all rights stipulated by agreement between those States shall continue and be respected.

7. For the purpose of computing the ratio of water to land under paragraph 1, land areas may include waters lying within the fringing reefs of islands and atolls, including that part of a steep-sided oceanic plateau which is enclosed or nearly enclosed by a chain of limestone islands and drying reefs lying on the perimeter of the plateau.

8. The baselines drawn in accordance with this article shall be shown on charts of a scale or

scales adequate for ascertaining their position. Alternatively, lists of geographical co-ordinates of points, specifying the geodetic datum, may be substituted.

9. The archipelagic State shall give due publicity to such charts or lists of geographical coordinates and shall deposit a copy of each such chart or list with the Secretary-General of the United Nations.

Article 48

Measurement of the breadth of the territorial sea, the contiguous zone, the exclusive economic zone and the continental shelf

The breadth of the territorial sea, the contiguous zone, the exclusive economic zone and the continental shelf shall be measured from archipelagic baselines drawn in accordance with article 47.

Article 49

Legal status of archipelagic waters, of the air space over archipelagic waters and of their bed and subsoil

1. The sovereignty of an archipelagic State extends to the waters enclosed by the archipelagic baselines drawn in accordance with article 47, described as archipelagic waters, regardless of their depth or distance from the coast.

2. This sovereignty extends to the air space over the archipelagic waters, as well as to their bed and subsoil, and the resources contained therein.

3. This sovereignty is exercised subject to this Part.

4. The regime of archipelagic sea lanes passage established in this Part shall not in other respects affect the status of the archipelagic waters, including the sea lanes, or the exercise by the archipelagic State of its sovereignty over such waters and their air space, bed and subsoil, and the resources contained therein.

Article 50

Delimitation of internal waters

Within its archipelagic waters, the archipelagic State may draw closing lines for the delimitation of internal waters, in accordance with articles 9, 10 and 11.

Article 51

Existing agreements, traditional fishing rights and existing submarine cables

1. Without prejudice to article 49, an archipelagic State shall respect existing agreements with other States and shall recognize traditional fishing rights and other legitimate activities of the immediately adjacent neighbouring States in certain areas falling within archipelagic waters. The terms and conditions for the exercise of such rights and activities, including the nature, the extent and the areas to which they apply, shall, at the request of any of the States concerned, be regulated by bilateral agreements between them. Such rights shall not be transferred to or shared with third States or their nationals.

2. An archipelagic State shall respect existing submarine cables laid by other States and passing through its waters without making a landfall. An archipelagic State shall permit the maintenance and replacement of such cables upon receiving due notice of their location and the intention to repair or replace them.

Article 52

Right of innocent passage

1. subject to article 53 and without prejudice to article 50, ships of all States enjoy the right of innocent passage through archipelagic waters, in accordance with Part II, section 3.

2. The archipelagic State may, without discrimination in form or in fact among foreign ships, suspend temporarily in specified areas of its archipelagic waters the innocent passage of foreign ships if such suspension is essential for the protection of its security. Such suspension shall take effect only after having beenduly published.

Article 53

Right of archipelagic sea lanes passage

1. An archipelagic State may designate sea lanes and air routes thereabove, suitable for the continuous and expeditious passage of foreign ships and aircraft through or over its archipelagic waters and the adjacent territorial sea.

2. All ships and aircraft enjoy the right of archipelagic sea lanes passage in such sea lanes and air routes.

3. Archipelagic sea lanes passage means the exercise in accordance with this Convention of the rights of navigation and overflight in the normal mode solely for the purpose of continuous, expeditious and unobstructed transit between one part of the high seas or an exclusive economic zone and another

part of the high seas or an exclusive economic zone.

　　4. Such sea lanes and air routes shall traverse the archipelagic waters and the adjacent territorial sea and shall include all normal passage routes used as routes for international navigation or overflight through or over archipelagic waters and, within such routes, so for as ships are concerned, all normal navigational channels, provided that duplication of routes of similar convenience between the same entry and exit points shall not be necessary.

　　5. Such sea lanes and air routes shall be defined by a series of continuous axis lines from the entry points of passage routes to the exit points. Ships and aircraft in archipelagic sea lanes passage shall not deviate more than 25 nautical miles to either side of such axis lines during passage, provided that such ships and aircraft shall not navigate closer to the coasts than 10 per cent of the distance between the nearest points on islands bordering the sea lane.

　　6. An archipelagic State which designates sea lanes under this article may also prescribe traffic separation schemes for the safe passage of ships through narrow channels in such sea lanes.

　　7. An archipelagic State may, when circumstances require, after giving due publicity thereto, substitute other sea lanes or traffic separation schemes for any sea lanes or traffic separation schemes previously designated or prescribed by it.

　　8. Such sea lanes and traffic separation schemes shall conform to generally accepted international regulations.

　　9. In designation or substituting sea lanes or prescribing or substituting traffic separation schemes, an archipelagic State shall refer proposals to the competent international organization with a view to their adoption. The organization may adopt only such sea lanes and traffic separation schemes as may be agreed with the archipelagic State, after which the archipelagic State may designate, prescribe or substitute them.

　　10. The archipelagic State shall clearly indicate the axis of the sea lanes and the traffic separation schemes designated or prescribed by it on charts to which due publicity shall be given.

　　11. Ships in archipelagic sea lanes passage shall respect applicable sea lanes and traffic separation schemes established in accordance with this article.

　　12. If an archipelagic State does not designate sea lanes or air routes, the right of archipelagic sea lanes passage may be exercised through the routes normally used for international navigation.

Article 54

　　Duties of ships and aircraft during their passage, research and survey activities, duties of the archipelagic State and laws end regulations of the archipelagic State relating to archipelagic sea lanes passage

Articles 39, 40, 42 and 44 apply mutatis mutandis to archipelagic sea lanes passage.

PART V

EXCLUSIVE ECONOMIC ZONE

Article 55

Specific legal regime of the exclusive economic zone

The exclusive economic zone is an area beyond and adjacent to the territorial sea, subject to the specific legal regime established in this Part, under which the rights and jurisdiction of the coastal State and the rights and freedoms of other States are governed by the relevant provisions of this Convection.

Article 56

Application of the provisions of this Part

The provisions of this Part apply to all parts of the sea that are not included in the exclusive economic zone, in the territorial sea or in the internal waters of a State, or in the archipelagic waters of an archipelagic State. This article does not entail any abridgement of the freedoms enjoyed by all States in the exclusive economic zone in accordance with article 58.

Article 57

Freedom of the high seas

1. The high seas are open to all States, whether coastal or land-locked.

Freedom of the high seas is exercised under the conditions laid down by this Convention and by other rules of international law. It comprises, inter alia, both for coastal and land-locked States:

(a)freedom of navigation;

(b)freedom of overflight;

(c)freedom to lay submarine cables and pipelines, subject to Part VI;

(d)freedom to construct artificial islands and other installations permitted under international law, subject to Part VI;

(e)freedom of fishing, subject to the conditions laid down in section 2;

(f)freedom of scientific research, subject to Parts VI and XIII.

2. These freedoms shall be exercised by all States with due regard for the interests of other States

in their exercise of the freedom of the high seas, and also with due regard for the rights under this Convention with respect to activities in the Area.

附錄六　世界人權宣言

1948年12月10日通過

前言

　　茲鑒於人類一家，對於人人固有尊嚴及其平等不移權利之承認確係世界自由、正義與和平之基礎；

　　復鑒於人權之忽視及侮蔑恆釀成野蠻暴行，致使人心震憤，而自由言論、自由信仰、得免憂懼、得免貧困之世界業經宣示為一般人民之最高促望，復鑒於為使人類不致迫不得已鋌而走險以抗專橫與壓迫，人權須受法律規定之保障；

　　復鑒於國際友好關係之促進，實屬切要；

　　復鑒於聯合國人民已在憲章中重申對於基本人權、人格尊嚴與價值、以及男女平等權利之信念，並決心促成大自由中之社會進步及較善之民生；

　　復鑒於各會員國業經誓願與聯合國同心協力促進人權及基本自由之普遍尊重與遵行；

　　復鑒於此種權利自由之公共認識對於是項誓願之徹底實現至關重大；

　　大會爰於此

　　頒布世界人權宣言，作為所有人民所有國家共同努力之標的，務婢個人及社會團體永以本宣言銘諸座右，力求藉訓道與教育激勵人權與自由之尊重，並藉國家與國際之漸近措施獲得其普遍有效之承認與遵行；會員國本身人民及所轄領土人民均各永享咸遵。

第1條　人皆生而自由；在尊嚴及權利上均各平等。人各賦有理性良知，誠應和睦相處，情同手足。

第2條　人人皆得享受本宣言所載之一切權利與自由，不分種族、膚色、性別、語言、宗教、政見或他種主張、國籍或門第、財產、出生或他種身分。且不得因一人所隸國家或地區之行政、行政或國際地位之不同而有所區別，無論該地區係獨立、託管、非自治或受其他主權上之限制。

第3條　人人有權享有生命、自由與人身安全。

第4條　任何人不容使為奴役；奴隸制度及奴隸販賣，不論出於任何種方式，悉應予以禁止。

第5條　任何人不能加以酷刑，或施以殘忍不人道或侮謾之待遇或處罰。

第6條　人人於任何所在有被承認為法律上主體之權利。

第7條　人人在法律上悉屬平等，且應一體享受法律之平等保護。人人有權享受平等保

護，以防止違反本宣言之任何歧視及煽動此種歧視之任何行為。

第8條　人人於其憲法或法律所賦予之基本權利被侵害時，有權享受國家管轄法庭之有效救濟。

第9條　任何人不容加以無理逮捕、拘禁或放逐。

第10條　人人於其權利與義務受判定寺及被刑事控告時，有權享受獨立無私法庭之絕對平等不偏且公開之聽審。

第11條　凡受刑事控告者，在未經依法公開審判證實有罪前，應視為無罪，審判時並須予以答辯上所需之一切保障。任何人在刑事上之行為或不行為，於其發生時依國家或國法律均不構成罪行者，應不為罪。刑罰不得重於犯罪時法律之規定。

第12條　任何個人之私生活、家庭、住所或通訊不容無理侵犯，其榮譽及信用亦不容侵害。人人為防止此種侵犯或侵害有權受法律保護。

第13條　人人在一國境內有自由遷徙及擇居之權。

　　　　人人有權離去任何國家，連其本國在內，並有權歸返其本國。

第14條　人人為避迫害有權在他國尋求並享受庇身之所。

　　　　控訴之確源於非政治性之犯罪或源於違反聯合國宗旨與原則之行為者，不得享受此種權利。

第15條　人人有權享有國籍。

　　　　任何人之國籍不容無理褫奪，其更改國籍之權利不容否認。

第16條　成年男女，不受種族、國籍或宗教之任何限制，有權婚嫁及成立家庭。

　　　　男女在婚約方面，在結合期間及在解除婚約時，俱有平等權利。

　　　　婚約之締訂僅能以男女雙方之自由完全承諾為之。家庭為社會之當然基本團體單位，並應受社會及國家之保護。

第17條　人人有權單獨占有或與他人合有財產。

　　　　任何人之財產不容無理剝奪。

第18條　人人有思想、良心與宗教自由之權；此項權利包括其改變宗教或信仰之自由，及其單獨或集體、公開或私自以教義、躬行、禮拜及戒律表示其宗教或信仰之自由。

第19條　人人有主張及發表自由之權；此項權利包括保持主張而不受干涉之自由，及經由任何方法不分國界以尋求、接收並傳播消息意見之自由。

第20條　人人有平和集會結社自由之權。

　　　　任何人不容強使隸屬於某一團體。

第21條　人人有權直接或以自由選擇之代表參加其本國政府。

　　　　人人有以平等機會參加其本國公務之權。

人民意志應為政府權力之基礎；人民意志應以定期且真實之選舉表現之，其選舉權必須普及而平等，能當以不記名投票或相竹寺之自由投票程序為之。

第22條　人既為社會之一員，自有權享受社會保障，並有權享受個人尊嚴及人格自由發展所必需之經濟、社會及文化各種權利之實現；此種實現之促成，端賴國家措施與國際合作並當依各國之機構與資源量力為之。

第23條　人人有權工作、自由選擇職業、享受公平優裕之工作條件及失業之保障。

人人不容任何區別，有同工同酬之權利。

人人工作時，有權享受公平優裕之報酬，務使其本人及其家屬之生活足以維持人類尊嚴必要時且應有他種社會保護辦法，以資補益。

人人為維護其權益，有組織及參加工會之權。

第24條　人人有休息及閒暇之權，包括工作時間受合理限制及定期有給休假之權。

第25條　人人有權享受其本人及其家屬康樂所需之生活程度，舉凡次、食、住、醫藥及必要之社會服務均包括在內，且於失業患病、殘廢、寡居衰老或因不可抗力之事故致有他種喪失生活能力之情形寺，有權享受保障。

母親及兒童應受特別照顧及協助。所有兒童，無論婚生或非婚生，均應享受同等社會保護。

第26條　人人皆有受教育之權。教育應屬免費，至少初級及基本教育應然。初級教育應屬強迫性質。技術與職業教育應廣為設立。高等教育應予人人平等機會，以成績為準。教育之目標在於充分發展人格，加強對人權及基本自由之尊重。教育應謀促進各國、各種族或宗教團體間之諒解、容恕及友好關係，並應促進聯合國維繫和平之各種工作。

父母對其子女所應受之教育，有優先抉擇之權。

第27條　人人有權自由參加社會之文化生活，欣賞藝術，並共同襄享科學進步及其利益。

人人對其本人之任何科學、文學或美術作品所獲得之精神與物質利益，有享受保護之權。

第28條　人人有權享受本宣言所載權利與自由可得全部實現之社會及國際秩序。

第29條　人人對於社會負有義務，個人人格之自由充分發展厥為社會是賴。

人人於行使其權利及自由時僅應受法律所定之限制且此種限制之唯一目的應在確認及尊重他人之權利與自由並謀合民主社會中道德、公共秩序及一般福利所需之公允條件。

此等權利與自由之行使，無論在任何情形下，均不得違反聯合國之宗旨及原則。

第30條　本宣言所載，不得解釋為任何國家、團體或個人有權以任何活動或任何行為破壞本宣言內之任何權利與自由。

UNIVERSAL DECLARATION OF HUMAN RIGHTS. Adopted by the U.N. General Assembly, 10 December 1948. G.A.Res.217A, U.N.GAOR, 3rd Sess., Pt. I, Resolutions, at 71, U.N. Doc.A/810 (1948)

PREAMBLE

On December 10, 1948 the General Assembly of the United Nations adopted and proclaimed the Universal Declaration of Human Rights the full text of which appears in the following pages. Following this historic act the Assembly called upon all Member countries to publicize the text of the Declaration and "to cause it to be disseminated, displayed, read and expounded principally in schools and other educational institutions, without distinction based on the political status of countries or territories."

Whereas recognition of the inherent dignity and of the equal and inalienable rights of all members of the human family is the foundation of freedom, justice and peace in die world,

Whereas disregard and contempt for human rights have resulted in barbarous acts which have outraged the conscience of mankind, and the advent of a world in which human beings shall enjoy freedom of speech and belief and freedom from fear and want has been proclaimed as the highest aspiration of the commonpeople,

Whereas it is essential, if man is not to be compelled to have recourse, as a last resort, to rebellion against tyranny and oppression, that human rights should be protected by the rule of law,

Whereas it is essential to promote the development of friendly relations between nations,

Whereas the peoples of the United Nations have in the Charter reaffirmed their faith in fundamental human rights, in the dignity and worth of the human person and in the equal rights of men and Women and have determined to promote social progress and better standards of life in larger freedom,

Whereas Member States have pledged themselves to achieve, in co-operation, with the United Nations, the promotion of universal respect for and observance of human rights and fundamental freedoms,

Whereas a common understanding of these rights and freedoms is of the greatest importance for the full realization of this pledge,

Now, Therefore

THE GENERAL ASSEMBLY

Proclaims this Universal Declaration of Human Rights as a common standard of achievement for all peoples and all nations, to the end that every individual and every organ of society, keeping this Declaration constantly in mind, shall strive by teaching and education to promote respect for these rights and freedoms and by progressive measures, national and international, to secure their universal and effective recognition and observance, both among the peoples of Member States themselves and among the peoples of territories under their jurisdiction.

Article 1.

All human beings are born free and equal in dignity and rights. They are endowed with reason and conscience and should act towards one another in a spirit of brotherhood.

Article 2.

Everyone is entitled to all the rights and freedoms set forth in this Declaration, without distinction of any kind, such as race, colour, sex, language, religion, political or other opinion, national or social origin, property, birth or other status.

Furthermore, no distinction shall be made on the basis of the political, jurisdictional or international status of the country or territory to which a person belongs, whether it be independent, trust, non-self-governing or under any other limitation of sovereignty.

Article 3.

Everyone has the right to life, liberty and security of person.

Article 4.

No one shall be held in slavery or servitude; slavery and the slave trade shall be prohibited in all their forms.

Article 5.

No one shall be subjected to torture or to cruel, inhuman or degrading treatment or punishment.

Article 6.

Everyone has the right to recognition everywhere as a person before the law.

Article 7.

All are equal before the law and are entitled without any discrimination to equal protection of the law. All are entitled to equal protection against any discrimination in violation of this Declaration and against any incitement to such discrimination.

Article 8.

Everyone has the right to an effective remedy by the competent national tribunals for acts violating the fundamental rights granted him by the constitution or by law.

Article 9.

No one shall be subjected to arbitrary arrest) detention or exile.

Article 10.

Everyone is entitled in full equality to a fair and public hearing by an independent and impartial tribunal, in the determination of his rights and obligations and of any criminal charge against him.

Article 11.

(1) Everyone charged with a penal offence has the right to be presumed innocent until proved guilty according to law in a public trial at which he has had all the guarantees necessary for his defence.

(2) No one shall be held guilty of any penal offence on account of any act or omission which did not constitute a penal offence, under national or international law, at the time when it was committed Nor shall a heavier penalty be imposed than the one that was applicable at the time the penal offence was committed.

Article 12.

No one shall be subjected to arbitrary interference with his privacy, family, home or correspondence, nor to attacks upon his honour and reputation Everyone has the fight to the protection of the law against such interference or attacks.

Article 13.

(1) Everyone has the right to freedom of movement and residence within the borders of each state.

(2) Everyone has the right to leave any country, including his own, and to return to his country.

Article 14.

(1) Everyone has the right to seek and to enjoy in other countries asylum from persecution.

(2) This right may not be invoked in the case of prosecutions genuinely arising from non-political crimes or from acts contrary to the purposes and principles of the United Nations.

Article 15.

(1) Everyone has the right to a nationality.

(2) No one shall be arbitrarily deprived of his nationality nor denied the right to change his nationality.

Article 16.

(1) Men and women of full age, without any limitation due to race, nationality or religion, have the

right to marry and to found a family. They are entitled to equal rights as to marriage, during marriage and at its dissolution.

(2) Marriage shall be entered into only with the free and full consent of the intending spouses.

(3) The family is the natural and fundamental group unit of society and is entitled to protection by society and the State.

Article 17.

(1) Everyone has the right to own property alone as well as in association with others.

(2) No one shall be arbitrarily deprived of his property.

Article 18.

Everyone has the right to freedom of thought, conscience and religion; this right includes freedom to change his religion or belief, and freedom, either alone or in community with others and in public or private, to manifest his religion or belief in teaching, practice, worship and observance.]

Article 19.

Everyone has the right to freedom of opinion and expression; this right includes freedom to hold opinions without interference and to seek, receive and impart information and ideas through any media and regardless of frontiers.

Article 20.

(1) Everyone has the right to freedom of peaceful assembly and association.

(2) No one may be compelled to belong to an association.

Article 21.

(1) Everyone has the right to take part in the government of his country, directly or through freely chosen representatives.

(2) Everyone has the right to equal access to public service in his country.

(3) The will of the people shall be the basis of the authority of government; this shall be expressed in periodic and genuine elections which shall be by universal and equal suffrage and shall be held by secret vote or by equivalent free voting procedures.

Article 22.

Everyone, as a member of society, has the right to social security and is entitled to realization, through national effort and international co-operation and in accordance with die organization and resources of each. State, of the economic, social and cultural rights indispensable for his dignity and the free development of his personality.

Article 23.

(1) Everyone has the right to work, to free choice of employment, to just and favourable conditions of work and to protection against unemployment.

(2) Everyone, without any discrimination, has the right to equal pay for equal work.

(3) Everyone who works has the right to just and favourable remuneration ensuring for himself and his family an existence worthy of human dignity, and supplemented, if necessary, by other means of social protection.

(4) Everyone has the right to form and to join trade unions for the protection of his interests.

Article 24.

Everyone has the right to rest and leisure, including reasonable limitation of working hours and periodic holidays with pay.

Article 25.

(1) Everyone has the right- to a standard of living adequate for the health and well being of himself and of his family, including food, clothing, housing and medical care and necessary social services, and the right to security in the event of unemployment, sickness, disability, widowhood, old age or other lack of livelihood in circumstances beyond his control.

(2) Motherhood and childhood are entitled to special care and assistance. All children, whether born in or out of wedlock, shall enjoy the same social protection.

Article 26.

(1) Everyone has the right to education. Education shall be free, at least in the elementary and fundamental stages. Elementary education shall be compulsory. Technical and professional education shall be made generally available and higher education shall be equally accessible to all on the basis of merit.

(2) Education shall be directed to the full development of the human personality and to the strengthening of respect for human rights and fundamental freedoms. It shall promote understanding, tolerance and friendship among all nations, racial or religious groups, and shall further the activities of the United Nations for the maintenance of peace.

(3) Parents have a prior right to choose the kind of education that shall be given to their children.

Article 27.

(1) Everyone has the right freely to participate in the cultural life of the community, to enjoy the arts and to share in scientific advancement and its benefits.

(2) Everyone has the right to the protection of the moral and material interests resulting from any scientific, literary or artistic production of which he is the author.

Article 28.

Everyone is entitled to a social and international order in which the rights and freedoms set forth in this Declaration can be fully realized.

Article 29.

(1) Everyone has duties to the community in which alone the flee and full development of his personality is possible.

(2) In the exercise of his rights and freedoms, everyone shall be subject only to such limitations as are determined by law solely for the purpose of securing due recognition and respect for the rights and freedoms of others and of meeting the just requirements of morality, public order and the general welfare in a democratic society.

(3) These rights and freedoms may in no case be exercised contrary to the purposes and principles of the United Nations.

Article 30.

Nothing in this Declaration may be interpreted as implying for any State, group or person any right to engage in any activity or to perform any act aimed at the destruction of any of the rights and freedoms set forth herein.

國家圖書館出版品預行編目資料

當代國際法／吳嘉生著.
—初版.—臺北市：五南，2009.01
　冊；　公分
參考書目：面
ISBN 978-957-11-5373-5（平裝）
ISBN 978-957-11-5374-2（平裝）
1.國際法
579　　　　　　　　97016885

1V60
當代國際法（下）

作　　者 — 吳嘉生(70.1)

發 行 人 — 楊榮川

總 編 輯 — 龐君豪

主　　編 — 劉靜芬　林振煌

責任編輯 — 李奇蓁　胡天如

封面設計 — 童安安

出 版 者 — 五南圖書出版股份有限公司

地　　址：106台北市大安區和平東路二段339號4樓

電　　話：(02)2705-5066　傳　真：(02)2706-6100

網　　址：http://www.wunan.com.tw

電子郵件：wunan@wunan.com.tw

劃撥帳號：01068953

戶　　名：五南圖書出版股份有限公司

台中市駐區辦公室/台中市中區中山路6號

電　　話：(04)2223-0891　傳　真：(04)2223-3549

高雄市駐區辦公室/高雄市新興區中山一路290號

電　　話：(07)2358-702　傳　真：(07)2350-236

法律顧問　元貞聯合法律事務所　張澤平律師

出版日期　2009年 1月初版一刷
　　　　　2011年10月初版二刷

定　　價　新臺幣400元